传媒业产业组织研究

——一个拓展的RC-SCP产业组织分析框架

CHUANMEIYE CHANYE ZUZHI YANJIU
YIGE TUOZHAN DE RC-SCP CHANYE ZUZHI FENXI KUANGJIA

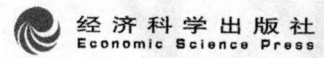

柳旭波 著

经济科学出版社
Economic Science Press

图书在版编目（CIP）数据

传媒业产业组织研究：一个拓展的 RC – SCP 产业组织分析框架 / 柳旭波著．—北京：经济科学出版社，2007.12
ISBN 978 – 7 – 5058 – 6786 – 4

Ⅰ．传…　Ⅱ．柳…　Ⅲ．传播媒介 – 产业组织 – 研究 – 中国　Ⅳ．G206.2

中国版本图书馆 CIP 数据核字（2007）第 196937 号

序　言

　　文化是人类改造世界的结果性表征，不同民族在不同时代有着自己不同的文化精神和文化产品。在21世纪，国与国之间的竞争不仅体现为经济力、科技力和军事力的竞争，更体现为文化力的竞争，文化代表着一个国家的软实力。而且，随着信息技术的迅猛发展和知识经济的快速来临，文化产业正在从各国经济的边缘向中心内聚，成为持续发展的新兴产业。为此，党的"十七大"将文化产业的发展放在了突出位置，强调指出："当今时代，文化越来越成为民族凝聚力和创造力的重要源泉，越来越成为综合国力竞争的重要因素，丰富精神文化生活越来越成为我国人民的热切愿望。"

　　作为文化产业的核心领域，传媒是国家的战略性资源，是公认的"社会公器"，关系着国家安全、社会稳定和民心向背。传媒产业不仅在弘扬社会正气、构建社会主义和谐社会等方面发挥着积极的作用，而且还是新科技成果转化的重要载体。传媒产业为其他产业提供了大量的产品附加值，进而贡献于国民经济的增长和综合国力的提升，这已被国际经验所证明。在美、英、法、德、日、韩等发达国家，传媒作为重要的产业部门，已经成为国家新的经济增长点和支柱产业。基于此，传媒产业经济成为理论界的研究重点和热点。柳旭波博士既是新闻出版业的从业者，又是产业经济理论的研究人员。其新著《传媒业产业组织研究》一书，理论联系实际，所论及的问题极具现实意义，相信会引起传媒产业及社会各界的关注与思考。

首先，中国传媒产业的发展正处在深刻变革之中，建立和谐的传媒生态体系是本次变革的基本要求。中国传媒产业并不仅仅依靠自身的理论逻辑和市场逻辑发展，而与中国的制度现实、技术现实和产业现实紧密结合在一起。因此，在本次传媒产业的变革中必须突出制度建设，完善传媒产业的市场规范，增强产业活力，推动其与经济建设、政治建设、文化建设协调发展。在本书中，作者运用新兴的制度经济学原理，分析了我国传媒产业制度变迁的特征，指出了传媒产业制度变迁的路径依赖及创新方向，对于深化传媒体制改革，完善扶持公益性文化事业和发展文化产业的政策，具有重要的理论指导意义。

其次，从国际视野分析，产业融合成为传媒产业转型过程中一个特别值得关注的现象。从20世纪70年代开始，数字技术的发展推进了电信、邮政、广播、报刊等产业间的相互合作。特别是近十几年来，在互联网和家用电脑普及后，电信、广播电视、新闻出版等产业间原有的固定边界日益模糊和消失，这种突出的融合现象打破了传媒产业各子产业之间以及传媒产业与电信产业之间的分立状况，改变了原有的市场结构，对传统的传媒经济理论提出了新的挑战。在本书中，作者不仅分析了传媒业产业融合的机理和具体形式，而且还系统地分析了产业融合对传媒产业市场结构、市场行为、市场绩效的影响，对于正确地把握未来传媒业产业组织的发展方向具有指导意义。

再次，科学把握传媒产业发展规律才能推动社会主义传媒产业的持续发展。通过大量有效数据的分析来揭示事物本质是科学研究的常用方法。在本书中，作者注重从实际出发，运用翔实数据来分析研究传媒经济的发展问题。通过对中、美两国报业、期刊业、广播业、电视业、互联网业市场结构的实证分析，作者揭示出传媒业各子产业均会呈现为程度不同的寡头型市场结构特征的规律，对于制定传媒产业政策具有重要的参考价值。

总之，关于传媒业产业组织、产业融合的研究对完善和发展产业经济学的基础理论体系具有重大意义，对传媒产业的应用研究也有积极的指导作用。因此，本书研究分析所得出的战略性创新思路和结论，不仅将对我国传媒产业体制改革和产业政策调整产生重要的影响，而且为各传媒企业制定市场竞争战略提供了重要的科学依据。

最后，需要特别指出的是，本书的研究范围除产业经济理论外，还涉及到传播学、管理学、政治经济学等多个领域。综合运用众多学科知识和产业融合理论等前沿经济理论来研究传媒产业，本身就具有相当大的难度。作者在长期传媒经济研究的基础上，通过大量文献积累和广泛论证，提出了传媒业产业组织的系统理论并进行了实证研究，应当说难能可贵、实属不易！

作为一部具有深度的理论著作，本书中的部分理论新见和学术新解尚待实践检验，但柳旭波博士所选择的研究方向无疑是正确的。我们期待着有更多的学者关注传媒经济理论的研究，为我国建设和谐文化、推进文化产业大发展、大繁荣做出贡献。

赵曙光
2007 年 11 月

中文摘要

自20世纪90年代以来，传媒产业在世界范围内发生了一系列重大变化，放松规制和全球化成为其发展趋势。与此同时，中国传媒产业也经历了一场巨大的变革，我国传媒产业开始向市场化、产业化方向转变，传媒产业在国民经济中的地位不断提高，并获得了长足的发展。因此，传媒产业的发展和急速变革已引起学术界的广泛关注。然而令人遗憾的是，这并没有带来传媒经济理论研究应有的发展，特别是没有对传媒业产业组织进行深入的研究，即使对传媒业产业组织进行研究，也依然停留在对传统主流产业组织理论SCP范式的简单引用阶段。

传媒产品是精神产品，具有意识形态属性，加之其外部性、准公共品性、信息不对称性、自然垄断性的产品属性，决定了大多数国家必然对传媒产业实行比一般产业更多的规制，规制是决定传媒产业市场结构和市场行为的主要因素之一。另外，20世纪90年代以来，随着信息技术的发展及广泛运用，特别是互联网的形成与成熟，电信、广播电视和报纸期刊等部门出现固定化产业边界的模糊与消失的产业融合现象，在此背景下，产业融合作为一种产业创新的手段和方法，不仅改变了传媒产业的市场结构和竞争关系，而且还将催生新型的产业组织形态，决定着产业组织变动的方向。而传统的"SCP"范式是建立在市场竞争和产业分立背景下的，因此，直接将"SCP"范式移植到现代的传媒产业，难以解释和说清现今传媒产业的产业组织特征和发展方向。

本书认为在研究传媒业产业组织的时候，规制和产业融合是不容忽视的重要因素，因而，应在传媒业产业组织理论研究中，加入这两个重要的现代经济因素，这就需要一种新的理论作为指导。就经济理论的现状看，推翻原有的 SCP 理论框架，构建一种全新的理论来解释传媒业产业组织不是科学之举，更理性和现实的做法是将规制理论、产业融合理论和"SCP"范式相融合，建立一个"政府规制、产业融合—市场结构—市场行为—产业绩效"（RC-SCP）的理论框架，用这个理论框架来解释传媒业产业组织。

本书主要包括五部分内容：第一部分（第 1 章导论），主要明确了选题的背景和意义，总结了国内外相关文献，提出本书的研究方法和创新点；第二部分（第 2、3、4 章），在说明传媒产业所涉及的基本概念和传媒产业的经济技术特征的基础上，分析了传媒产业规制的模式和主要理论依据，研究了传媒产业融合的机理和具体形式；第三部分（第 5 章），构建一个"政府规制、产业融合—市场结构—市场行为—产业绩效"（RC-SCP）的理论框架，对该理论框架的分析既是前面分析的概括，又为后面各章的分析提供逻辑一致的理论体系；第四部分（第 6、7、8 章），是本书的主要内容，在"RC-SCP"分析框架下，分别考察了传媒产业的市场结构、市场行为、产业绩效，探讨了政府规制和产业融合对市场结构、市场行为、产业绩效的影响；第五部分（第 9 章），重点研究中国传媒产业规制的重建和促进产业融合的产业政策调整。

本书研究的主要特点和具有创新性的地方在于：第一，产业组织分析范式的创新。本书将规制理论、产业融合理论和"SCP"范式相融合，建立了一个"政府规制、产业融合—市场结构—企业行为—市场绩效"（RC-SCP）的理论框架，并用该理论框架来解释传媒业产业组织的现状和发展，这是对哈佛学派"SCP"范式在传媒业产业组织分析的应用与扩展，丰富了传统产业组织理论。第二，通过实证分析的方法，分别对比分析了我国和美国报业、期刊业、广播业、电视业、互联网业的市场结构，揭示了传媒产业寡占型市场结构的特征。第三，运用网络产业经济的有关理论分析了传媒产业市场结构的内在成因。规制虽然会影响传媒产业市场结构，但并不是造成传媒市场集中的根本因素，规制只属于影响传媒市场结构的外部因素。传媒产业具有网络型产业的技术经济特征是造成传媒市场集中的根本原因。第四，把产业融合这一新的产业理论用于分析传媒产业，探索性地分析了产业融合对传媒业产业组织的影响。产业融合打破了传统的传媒产业各子产业之间以及传媒产业与电信产业之间的分立状况，改变了原有的市场结构，必将带来传媒产业市场结构、行为、绩效巨大变化。本书通过系统地分析产业融合对传媒产业市场结构、市场行为、市场绩效的影响，揭示了未来传媒业产业组织的发展方向。

关键词： 传媒产业　产业组织　RC – SCP　政府规制　产业融合

Abstract

Since 1990s, great changes have taken place in the media industry of the world. Based on background of globalization, deregulation is remolding the development of media industry. At the same time, China's media industry is being in a fast-changing period. Market-orientation and industrialization represent the developing tendencies of China's media industry. Media industry got tremendous development; its importance in national economy is gradually improving. As a result, the rapid development of the media industry has attracted much attention of scholars. However, the current situation of media economic research is not satisfactory. In particular, media industrial organization (IO) has not been studied thoroughly. The study of media industrial organization still stays on the stage of simply using traditional Market Structure, Market Conduct, Market Performance (SCP) paradigm established by Harvard school.

In Essence, media product is spiritual product and holds the feature of ideology, quasi-public goods, information asymmetry and natural monopoly. Media industry generally has been more strictly regulated than other industries in many countries. Regulation is a key factor which affects market structure and conduct in media industry. In addition, since 1990s, industry convergence has taken place among telecommunications, broadcasting, television, newspaper and magazine industry in which industry boundaries become vague and even disappear with the development of ICT technologies. The convergence changes market structure and results in new situation of competition. Moreover, a new industrial organization is going to be realized. SCP paradigm, however, was established under the environment, so that directly 'transplant' it to the media industry cannot explain and illuminate the development of media industrial organization.

The dissertation is of the opinion that regulation and industrial convergence are non-negligible factors when studying media industrial organization. These two economic causes should be considered into the study of media industrial organization. Therefore, a new theoretical paradigm should be adopted to illuminate media industry. As far as the development of economic theories, it is irrational to completely overthrow the paradigm of "SCP". This dissertation is trying to unify the regulation theory, industrial convergence theory and traditional SCP paradigm, in order to establish a theory framework of Government Regulation, Industrial Convergence and Market Structure, Market Conduct, Market Performance (RC - SCP) to analyze the industrial organization of media industry.

This dissertation consists of five parts as the following:

The first part, that is chapter 1, starts from the background and the significance of the research topics, and then gives a review of related literatures. This part also covers the research methods and innovative points of the dissertation.

The second part, including chapter 2, 3 and 4, chapter 2 gives us clear explanation of some basic concepts and introduces the technical factors in media industry, such as communication, media, media industry, communication media etc. The chapter 3 further clarifies the different patterns and theoretical foundation for the regulation of the media industry. The chapter 4 investigates the mechanism and the modes of industrial convergence in media industry.

The third part, i. e. chapter 5, builds an analytical framework of Government Regulation, Industrial Convergence and Market Structure, Market Conduct, Market Performance (RC – SCP).

Chapter 6, chapter 7, and chapter 8 make up of the fourth part. This part gives an overall review of market structure, market conduct and industrial performance under the analytical framework of RC – SCP, and furthermore discusses how the regulation and industrial convergence affect the market structure, market conduct and industrial performance of media industry.

The fifth part, that is chapter 9, discusses the reconstruction of the regulation system and the industrial policies adjustment of China media industry.

The main opinions and innovative points of this dissertation are as follows:

Firstly, the innovation of the paradigm in IO studies. The dissertation is trying to bring the regulation theory, industrial convergence theory and "SCP" together, in order to construct a coherent theoretical framework consisting of Government Regulation, Industrial Convergence and Market Structure, Market Conduct, Market Performance (RC – SCP) to analyze the industrial organization pattern of China media industry. In contrast of Harvard school, this theoretical framework may advance IO studies.

Secondly, the dissertation, by means of comprehensive investigation, places emphasis on the market structure characteristics of newspaper industry, magazine industry, broadcasting industry, television industry, internet industry about China and USA, and furthermore makes clear that media industry has Oligopolistic feature in market structure.

Thirdly, this dissertation analyses the influential factors of media market structure by using the economic theory of network industry.

Regulation may affect media structure, but it is only a superficial factor. The network technical character is the basic factor which makes media industry become more concentrated.

Fourthly, this paper analyses media industry with industrial convergence theory—a recent framework. The dissertation focuses on the effect by which industrial convergence has implemented on media industry SCP. The Industrial convergence breaks up the separation situation between media industry and telecommunication industry, tremendously changes of media industry SCP.

Key Words: Media Industry Industrial Organization RC – SCP Regulation Industrial Convergence

目　　录

第1章　导　论 ··· 1

　1.1　选题的背景及意义 ··· 1
　1.2　国内外相关研究与述评 ···································· 6
　1.3　研究思路与研究方法 ······································ 24
　1.4　本书的研究框架 ·· 26
　1.5　主要创新点 ··· 27

第2章　传媒产业的界定及其产业特性 ······················· 29

　2.1　传媒与传媒的分类 ··· 29
　2.2　传媒产业的内涵与产业属性 ····························· 38
　2.3　传媒产业的产业特性 ······································ 43
　本章小结 ··· 51

第3章　传媒产业政府规制模式和理论依据 ················ 53

　3.1　政府规制理论及其发展 ··································· 53
　3.2　西方传媒业产业规制的模式 ···························· 65
　3.3　传媒产业政府规制的理论依据 ························· 69
　3.4　传媒产业政府规制的发展趋势 ························· 81
　本章小结 ··· 83

第4章 传媒业产业融合的机理与形式 ……………………… 85
4.1 产业融合类型和作用的一般分析 ………………… 85
4.2 传媒业产业融合的机理 …………………………… 95
4.3 传媒业产业融合的具体形式 ……………………… 104
本章小结 ……………………………………………………… 113

第5章 传媒产业的 RC–SCP 产业组织理论分析框架 …… 115
5.1 SCP 产业组织范式的形成与发展 ………………… 115
5.2 传媒产业的 RC–SCP 产业组织分析框架 ………… 123
本章小结 ……………………………………………………… 132

第6章 传媒产业的 RC–SCP 分析（Ⅰ）：市场结构 …… 134
6.1 传媒产业市场结构的分类及其测度方法 ………… 134
6.2 传媒产业市场结构的实证分析 …………………… 141
6.3 影响传媒产业市场结构的网络技术经济因素 …… 198
6.4 政府规制对传媒产业市场结构的影响 …………… 203
6.5 产业融合对传媒产业市场结构的作用 …………… 210
本章小结 ……………………………………………………… 217

第7章 传媒产业的 RC–SCP 分析（Ⅱ）：市场行为 …… 219
7.1 传媒产业的市场行为分析 ………………………… 219
7.2 政府规制对传媒企业行为的影响 ………………… 234
7.3 产业融合对传媒企业行为的影响 ………………… 239
本章小结 ……………………………………………………… 245

第8章 传媒产业的 RC–SCP 分析（Ⅲ）：产业绩效 …… 247
8.1 传媒产业的产业绩效分析 ………………………… 247
8.2 政府规制对传媒业产业绩效的影响 ……………… 262
8.3 产业融合对传媒业产业绩效的作用 ……………… 266

本章小结 ………………………………………… 272

第9章 中国传媒产业的规制重建和政策调整 ………… 274

9.1 中国传媒产业的规制重建 ………………………… 274
9.2 促进中国传媒业产业融合的产业政策 …………… 298
本章小结 ………………………………………… 303

第10章 结论及有待进一步研究的问题 ……………… 305

10.1 基本结论 ………………………………………… 305
10.2 有待进一步研究的问题 ………………………… 309

参考文献 ………………………………………………… 310

后记 ……………………………………………………… 321

第1章

导 论

1.1 选题的背景及意义

1.1.1 选题的背景

传媒产业是信息产业的重要分支,广义的传媒包括报纸、杂志、广播、电视、互联网、通讯社、电影、图书、音像制品等在内的一切传播工具、手段和载体。狭义的传媒主要包括报纸、期刊、电视、广播、互联网。这些传媒在市场的范畴中,是一个个大小不等的企业和企业群落,并聚合成为传媒产业。本书所研究的正是后者,即以报纸、电视、广播、期刊等几种传统的大众传媒和新兴的互联网为主要研究对象。

进入21世纪,知识经济和网络经济成为带动社会经济发展的主要动力源,由于传媒产业具有知识经济和网络经济特点,传媒产业的发展为社会经济生活带来的改变,尤为值得社会各界关注。传媒产业对社会经济的带动作用表现在两个方面:一是传媒产业自身产业链的拓展和发展。从传统的报纸,到现在的数字电视、计算机多媒体、手机报等,传媒产业自身产业链已经得到了极大的拓展;二是传媒产业对社会经济发展的影响。2003年10月8日,澳大利亚新闻集团董事长兼首席执行官罗伯特·默多克在中央党校作了一场题为《文化产业的价值》的演讲，他指出"传媒作为一项产业，处于几种不同的市场交叉点上——科技、制造业、零售业、市场营销、广告——传媒的发展能够强有力地激励整个国民经济的发展"。新世纪，我国传媒产业得到了前所未有的发展。据统计，截至 2005 年年末全国共有广播电台 273 座，电视台 302 座，教育台 50 座。全国有线电视用户 12569 万户，有线数字电视用户 413 万户。广播综合人口覆盖率为 94.5%，电视综合人口覆盖率为 95.8%。互联网用户达到 1.1 亿，宽带用户数量达到 6430 万。出版各类报纸 404 亿份，各类期刊 27.5 亿册。从 1990 年到 2005 年，传媒产业规模连年增长，传媒产业经济收入由 150 亿元增加到 3205 亿元，占国民生产总值的比重由 0.9% 提高到 1.8%。①

但是，2005 年以来，中国传媒产业发展出现了过去未曾有过的新问题，新媒体的冲击、纸媒体的危机、报业寒冬等议论不绝于耳。最引起业内关注的是平面媒体广告首次出现了下滑，这似乎预示着中国报刊业多年来高歌猛进的步伐开始减速，中国报刊业陷入了一场深刻的经营危机，传统媒体的拐点已经呈现。而以互联网和手机为代表的新兴媒体的影响在日渐扩大，这些数字媒体不断涌现出新的商业模式与细分市场，在刷新人们的媒体接触习惯和生活方式的同时，也对传统的媒体形成了巨大的冲击。在与新媒体的竞争中，传统媒体需要寻找自己的定位与空间，实现经营模式的转型。2006 年 1 月，中共中央、国务院发出了《关于深化文化体制改革的若干意见》，指出了我国传媒体制改革的目标、任务、原则和要求，为今后传媒产业的快速发展奠定了基础，中国传媒产业正面临着前所未有的机遇和挑战。

然而令人遗憾的是，传媒产业的发展和急速变革并没有带来

---

① 数据来源：《中华人民共和国 2005 年国民经济和社会发展统计公报》和根据历年公报数字计算得来。

传媒经济理论研究应有的重视与发展，中国对传媒经济理论的研究还相当滞后，对传媒产业的研究依然聚焦于对传统经济理论的简单引用。而网络媒体冲破了时空的限制，传统意义的区域市场不复存在，所有媒体基本上都能面向同一个市场——全球市场，而且都能提供多种媒体产品服务。因此，以空间、时间为主要参数的市场划分体系将变成以消费偏好为主要参数的市场划分体系。在整个传媒产业转型过程中最突出的模式是产业融合，传媒领域各子产业间在发生融合，不同子产业间的边界在发生变化，越来越模糊，这必将导致传媒产业市场结构、企业行为、市场绩效发生变化。而这些都是传统的经济理论难以解释的。因此，在传媒技术革命的推动下，传媒经济学即将爆发理论革命，需要新的理论来解释和引导传媒产业的发展。

笔者在传媒领域从事经营管理工作十余年，在传媒产业的经营与知识方面有一定的积累，对传媒产业研究有着浓厚的兴趣。基于上述考虑，本着创新和发展的原则，笔者确定将"传媒业产业组织研究———一个拓展的 RC－SCP 产业组织分析框架"作为本书研究的对象和主题，希望能在这一边缘学科的研究过程中有所创新。

1.1.2 选题的意义

将论文选题定为"传媒业产业组织研究———一个拓展的 RC－SCP 产业组织分析框架"进行研究，具有一定的理论和现实意义。

1.1.2.1 理论意义

首先，传媒经济学是一门新兴的边缘学科，各种理论尚在形成过程中，笔者希望通过对已有著作和文献的学习研究，结合新的分析工具、理论框架和具体国情，得出一些具有理论深度和创新的传媒产业理论。

其次,传媒产品作为信息产品,具有不同于传统产品的经济特性,而对信息产品的经济理论研究尚处于不成熟阶段。西方学者德朗和弗鲁姆金在对信息产品与传统产品进行对比分析后深刻地指出:"信息产品的非传统特性极有可能对新经济的产业结构造成深远的影响。"他们警告说,如果把微观经济学中有关"看不见的手"的各种假设套进明天即将出现的信息经济中,这些假设势必将难以成立①。因此,笔者希望对原有的方法论进行反思,运用新兴的网络经济学的原理,对传媒产业的一些特有的产品特征作出新解释。

再次,技术革命导致传媒革命,传媒革命必将催生传媒产业经济理论革命。数字技术对社会经济生活的影响是前所未有的,特别是20世纪90年代互联网形成和家用电脑普及后,不仅出现了互联网这一新媒体,而且电信、广播电视、出版等产业出现了原有固定边界的模糊与消失的产业融合现象,并且这一现象正迅速向各个产业扩散。近几年,随着信息技术的进一步发展,媒体融合的势头也越来越强劲,趋势越来越明显,传媒业各子产业间融合的势头远比学界想象的要迅猛得多。产业融合就其经济意义及其本质来讲,是对传统产业分立的一种否定,这必将带来产业经济理论新的发展。通过对传媒产业融合的研究,不但可以极大地促进传媒产业的发展,而且将促进和丰富产业经济学理论。

1.1.2.2 现实意义

首先,传媒产业在综合国力竞争中具有突出的地位,研究传媒业产业组织具有重要的现实意义。传媒产业作为信息经济的核心主体之一,正影响着世界经济的发展,改变着世界经济发展的面貌和发展模式。事实表明,随着我国现代化的发展,作为信息产业重要组成部分的传媒产业的规模在不断壮大,在国民经

---

① 布赖恩·卡欣,哈尔·瓦里安. 传媒经济学. 北京:中信出版社,2003.32

济中的比重也日益增加，传媒产业与经济发展成正相关的关系。更重要的是，传媒产业是国家在国际舞台扩大影响力的有力工具，也是国家政治和文化全面发展的重要手段，作为一种重要的软实力，传媒产业在综合国力竞争中的地位和作用越来越突出。

其次，传媒产业是经济发展的"内推力"，探索传媒产业的发展规律有助于推动国民经济的发展。传媒产品属于信息产品，信息的价值不仅表现在其自身的内容上，而且通过传媒受众组成的无形网络所提供的服务和产生的影响更大。社会发展和消费水平的不断提高使各种各样潜在的消费欲望凸显出来，社会各种需求也在激增。在原有庞大的消费群中，这些需求显露不足或暴露不明显，但是如果这种意识需求一旦通过传媒激发出来，并把满足某种需求的可能性显示出来的时候，这种意识需求便转化为现实生产力的推动力，甚至成为社会日常产品"流行趋势"的"助推器"。因此，传媒产业是经济发展的"内推力"，对经济发展起着巨大的助力作用。

再次，研究传媒业产业组织可以为传媒产业运作和制定科学的产业政策提供理论依据。随着经济全球化步伐的加快，中国传媒产业不仅在产业形态上与世界范围内的传媒产业趋同，在市场经济中的互动合作也日益加深，中国的平面媒体每天刊载的广告中，来自跨国传媒机构的产品占据了相当的份额，中国传媒市场的竞争也日益加剧，传媒经营管理急需科学理论指导。系统研究传媒业产业组织问题有助于我们掌握传媒机构和传媒市场的活动规律；有助于我们准确预测传媒公司的市场行为；有助于我们分析和掌握各种外部力量是如何影响传媒市场的。通过对传媒产业融合和传媒产业规制的研究，可以为我们国家正在进行的传媒体制改革和制定科学的产业政策提供理论依据。

1.2 国内外相关研究与述评

1.2.1 国外相关研究述评

国外关于传媒经济学的研究起步较早,已有八十多年的历史,初步形成了完整的传媒经济研究体系。例如美国不仅有一批高层次的传媒经济研究专家,而且还有《传媒经济》等专业学术期刊。但是,产业组织理论引入传媒经济研究只有十几年的历史,相对于其他产业而言,针对传媒业产业组织的文章和专著要少得多。

1.2.1.1 传媒经济理论的形成与发展

从传媒经济理论的发展脉络看,传媒经济研究的历程大致可划分为三个阶段:20世纪70年代之前为传媒领域各学科独立发展阶段、20世纪70年代末至80年代末为传媒经济研究综合发展阶段、20世纪90年代至今为传媒经济与相关学科融合渗透阶段。

20世纪70年代之前,针对报纸、期刊、广播、电视等传媒领域各子产业的经济研究相对比较独立。在此阶段的研究,仅限于对传媒领域各子产业的经济学概念、投入产出分析和劳动力关系等基本经济问题。1925年,美国威斯康星大学的经济学教授杰米(Jame, Hiram Leonard, 1895—1958)在其著作《广播产业经济学》中首次提出了"广播经济学"的概念。[①] 1927年,美国明尼苏达大学经济学教授威乐(Vaile, Roland Snow)出版

---

① Jame, Hiram Leonard. Economics of the radio industry. Chicago, New York, A. W. Shaw company, 1925.

了专著《广告经济学》,① 揭示了企业销售收入与广告投入量之间的关系,极大地推动了广告经济学的发展。1960年,美国加州大学经济学和政治学教授伯恩斯坦(Bernstein, Irving)在其《电视片生产与发行的经济学》② 著作中提出了"电视经济学"的概念,在此之前有多位学者探讨电视节目生产与技术的经济学现象,但是大多局限在"公共产品"的理论框架之下,没有明确提出过电视经济学概念。1963年,英国剑桥大学的应用经济学教授瑞德威(Reddaway, W. B. 1913—2002)在《经济杂志》(Economic Journal)上发表了题为"报业经济学"(Economics of Newspaper)的论文,③ 他总结了前人的研究,提出了报业经济学研究的新思路。

20世纪70年代到80年代末,以"传媒经济学"概念的问世为标志,对传媒产业的研究从报纸、期刊、广播、电视各子产业的独立发展走向综合。在1970年,斯坦福大学经济学博士研究生欧文(Owen Bruce Metal)在整理传媒经济研究资料时提出了"大众传媒经济学"的概念。④ 1982年,斯坦福大学的学者米聂等(Miller, Roger LeRoy and Arline Alchian Hoel)编著了《传媒经济学资料汇编》。⑤ 这些学者都将报纸、期刊、广播、电视、通信等作为传媒经济的研究领域。1988年,美国密苏里大学新闻学博士皮卡特教授创立《传媒经济学》杂志并担任主编,主要刊载传媒产业各个子产业的结构及其行为的原创研究成果,并努力扩大视野,诸如经济和财政对于传媒经营管理的影响。次

---

① Vaile, Roland Snow. Economics of advertising. New York, Ronald Press Company, 1927.
② Bernstein, Irving. The Economics of television film production and distribution. Sherman Oaks, Calif. 1960.
③ Reddaway, W. B. The Economics of Newspapers. Economic Journal, 1963, V 73.
④ Owen, Bruce Metal. A Selected Bibliography in the Economics of Mass Media. Stanford University, 1970.
⑤ Miller, Roger Leroy, Arline Alchian Hoel. Media economics sourcebook. Saint Paul West Pub. Co. 1982.

年，皮卡特教授又撰写了世界上第一部《传媒经济学》① 教科书，内容包括传媒经济学导论、传媒市场概念与角色、消费者选择与市场反应、生产者选择与市场反应、市场的垄断与竞争、传媒资本市场、政府对传媒产业的影响以及劳动力市场等，成为传媒经济学的入门读物，是传媒经济学史的一个重要转折点。

20世纪90年代至今，传媒经济研究与相关学科融合渗透，引入产业组织理论、新制度经济学和博弈论等内容，使传媒经济学在研究基础、分析方法和分析手段上取得了新的进展。1993年，乔治亚大学新闻学教授亚历山大（Alison Alexander）等编写的《传媒经济学理论与实务》②（Media Economic—Theory and Practice）出版，它是一本由传媒经济学界的权威学者合著的书，分为两部分：上篇是传媒经济学的理论分析，包括导论、传媒所有权、传媒资产评估、传媒企业并购和传媒产业相关法规；下篇对传媒领域的八个子产业：日报、电视网、有线电视、好莱坞（影视娱乐）、广播、音乐、国际传媒以及在线传媒分别进行介绍与分析。本书于1998年、2004年分别出版了第2、第3版。1996年，北得克萨斯大学广播电视电影系主任艾尔布兰（Alan B. Albarran）教授的著作《传媒经济学：理解其市场、产业和内容》③（Media Economics——Understanding Markets, Industries and Concepts）问世。该专著一共分为五部分：第一部分是"传媒经济学的基本原理"，艾尔布兰用三个章节阐释了经济学的基本概念、对于市场的理解和传媒市场的评估；第二部分到第四部分共有九个章节，作者分媒体形式阐述了广播电视产业、电影和唱片产业、印刷产业的经济运营，涉及到的具体传媒形式包括广播、电视、有线电视、付费电视、动画、唱片、报纸、杂志、图书；

---

① Picard, Robert. Media Economics: Concepts and Issues. Newbury Park, Calif. Sage Publications. 1989.
② Alison Alexander, James Owers and Rod Carveth. Media Economics, Third edition. Hill Sdale, Lawrence Erlbaum Associates, 2004.
③ Albarran, Alan B., Media Economics: Understanding Markets, Industries and Concepts. Ames: Iowa State University Press, 1996.

第五部分仅有一章，题为"传媒经济研究的未来"。2000年，美国哈佛法学院信息基础研究项目创立人布赖恩·卡欣（Brian Kahin）教授与加州大学伯克利分校信息管理和系统学院院长哈尔·瓦里安（Hal R. Varian）合著的《传媒经济学》[①] 在全球传媒业和传播理论界产生了较大影响。作者考察了国际信息市场、研究机构和信息企业的嬗变和演绎，讨论了世界出版业界和信息、接入方面日趋完善的经济模式和经营模式。其研究的议题包括各种技术因素和市场环境因素对信息产品定价的影响，生产成本、交易成本、知识产权的经济价值及其相互关系，电信和互联网服务中不同的定价策略对信息产品定价的效应，信息服务项目的组合销售与拆零销售，成本结构的变化与作者、出版商、中介机构之间权益的分配，包括广告在内的互补产品和服务的市场状况及其对信息定价和应用的影响，不同的定价模式和政策及其效应等等。2002年，苏格兰斯特灵大学电影和传媒研究系主任多勒（Gillian Doyle）的著作《解读传媒经济学》[②] 出版，引起世界传媒经济学界的关注。有多年记者经历的多勒的著作不但通俗，而且颇有新意：一是将近年来传媒经济学的研究重点比较充分地反映在书中，例如，第二章为"公司战略"，第八章为"新媒体"；二是将"传媒经济与公共政策"单独成章，反映了欧洲社会以及经济学界的传媒经济研究的价值取向。2004年，加拿大艾尔贝特大学（University of Alberta）侯斯肯斯教授（Colin Hoskins）出版了传媒经济学教科书《传媒经济学：应用于新旧媒体的经济学》。[③] 他集中研究以广播、电视、电影为主要内容的文化产业。

从以上分析可以看出，传媒经济学的研究与传媒产业的发展

[①] Brian Kahin, Hal R. Varian. Internet Publishing and Beyond: The Economics of Digital Information and Intellectual Property. The President and Fellows of Harvard College, 2000.

[②] Doyle, G., Understanding Media Economics. London: Sage Publications, 2002.

[③] Hoskins, Colin. Media economics: applying economics to new and traditional media. . Thousand Oaks, Calif: Sage Publications, 2004.

息息相关，传媒经济学前60年的发展速度相对缓慢，近20年来的发展速度较快。其研究特点是经济学原理在传媒产业的具体化。从研究内容看，主要涉及传媒市场概念与角色、消费者选择与市场反应、生产者选择与市场反应、定价方式、市场垄断与竞争、传媒资本市场、政府对传媒产业的影响以及劳动力市场等方面，传媒经济学理论体系的轮廓已经初步显现，为今后深入研究传媒产业打下了基础。

1.2.1.2 关于传媒业产业组织理论的研究

皮卡特教授1988年创办《传媒经济学》杂志时制定的办刊宗旨是：研究大众传媒产业的结构、行为和绩效，对比分析传媒领域各子产业间的经济问题，以及传媒产业的政策和规制。1998年其主编艾尔布兰教授在该刊创办十周年时撰文认为，该杂志研究的论文主要集中在四个方面：微观经济学，市场结构、行为、绩效的产业组织模型（SCP），政策，政治经济学。[①] 可以看出这一传媒经济学最权威的杂志将传媒业产业组织问题作为了最重要的议题。但是，从其所刊载的有关传媒业产业组织的论文看，一直停留在主流产业组织学哈佛学派的SCP范式阶段，对于芝加哥学派、新奥地利学派等非主流产业组织理论几乎没有涉及。

进入21世纪后，针对传媒业产业组织的研究有增无减。2004年，第六届世界传媒经济学学术会议在加拿大召开，在本次会议50多篇学术论文中，有十几篇论文涉及到了传媒业产业组织问题，并且第一场报告的主题是"传媒市场集中与市场失灵"。哥伦比亚大学商学院教授诺曼（Eli M. Noam）分析了美国

---

① Albarran, B. Alan. Research Paradigms: Issues and Contributions to Mass Communication Theory, Mass Communication & Society. Media Economics, 1998, I (3/4): 117 - 129.

地方媒体的市场集中现象。① 他采用通用指标（HHI，CR_1，CR_4）分析的结果表明：所有地方媒体都处于高度集中阶段。北得克萨斯大学教授艾尔布兰等在比较分析美国与欧洲传媒集中现象的报告中提供一组补充数据：② 在美国市场上，收入最多的4家公司占整个传媒产业总收入的比例5年间接近翻一番，从1995年的25%上升到2001年的49%。西班牙学者阿方索（Alfonso, Sanchez-Tabernero）在比较欧洲广播电视市场中公共系统与商业系统之间的竞争论文中指出，在电视产业发展之初，欧洲许多国家选择了远离"美国模式"的道路。尽管欧洲经济由市场的供需法则主导，但欧洲广播电视系统由国有电视台垄断市场。国有电视网垄断一直持续到20世纪70年代，到1985年时，国有垄断格局才被商业电视网打破。1995年之前，是国有电视网与私有电视网争夺市场最激烈时期，而今商业电视网取代了国有电视网的领导地位，成为市场新垄断者。HHI数据显示：除希腊、比利时外，其他13个欧盟成员国的电视市场都处于高度集中阶段。③

综上分析，近几年，虽然国外关于传媒业产业组织的论文很多，但是依然停留在对传统主流产业组织理论SCP范式的简单引用阶段，理论创新性不足。传媒产业作为具有意识形态属性的新兴信息产业，具有不同于一般产业的产业特征，研究传媒产业需要有系统的假设。但是，在近几年的研究中，针对传媒业产业组织的理论模型尚未出现，也没有将现代的政府规制理论、产业融合理论等新兴的产业经济理论纳入到传媒业产业组织理论的研究体系之中。

---

① Eli M. Noam. Local Media Concentration in America. http://www.cem.ulaval.ca/6thwmec/noam.pdf.

② Alan B. Albarran. Media Concentration in the U.S. and European Union: A Comparative Analysis. http://www.cem.ulaval.ca/6thwmec/albarran_mierzejewsk.pdf.

③ Alfonso Sanchez-Tabernaro. Competition between Public Service and Commercial Television in the European Market. http://www.cem.ulaval.ca/6thwmec/tabernaro.pdf.

1.2.2 国内相关研究述评

中国新闻传播学的研究虽然已有近百年的历史，但是在改革开放前，我国始终将传媒完全置于与市场经济无关的地位，使我们对传媒经济的研究相当滞后。直到 1984 年 5 月，在厦门召开的广播电视系统函授教学工作会议上，首次提出了广播电视经济这一概念，① 也是我国首次将传媒与经济联系在一起。1992 年 9 月，在中国报业协会举行的报社经营管理经验交流会上，首次提出了报业经济这个概念。② 自此，传媒经济成为业界的热门话题，研究的重点集中在传媒业有无商品属性、传媒产业该不该产业化以及传媒集团化和资本经营方面，但是缺乏对传媒业产业组织的系统研究。

1.2.2.1 传媒产业有无商品属性的争论

1978 年末，《人民日报》等七家新闻单位率先试行"事业单位企业化管理"，随着这一制度的推广，引发了对报纸、新闻有没有商品属性以及新闻转轨的研究，产生了一批有代表性的研究成果。1987 年，陈力丹撰文《新闻是一种特殊的商品》，详细揭示了新闻具有商品属性问题。③ 但是，当时业界对新闻是否具有商品属性并没有得到统一认识。尤其是 20 世纪 90 年代初期，由于"有偿新闻"的泛滥，新闻商品属性的论题再次提起，新闻传播学界就新闻是否具有商品属性以及与"有偿新闻"现象的关系展开了新一轮的争论。1995 年中国人民大学宋建武教授指出："近年来，随着社会主义市场经济理论的提出，新闻事业内部经营管理改革的深化，一些同志提出了'新闻也是商品'的论点，还有些同志则认为，'新闻虽不是商品，但其载体——报

---

① 周鸿铎. 广播电视经济学. 中国广播电视出版社, 2000. 48.
② 董天策. 中国报业的产业化运作. 四川大学出版社, 2002. 27.
③ 陈力丹. 新闻是一种特殊的商品. 新闻界, 1986 (6).

纸是商品'。许多同志是出于促进新闻改革的目的提出这些论点的，也有些同志甚至以是否同意某种形式的'商品论'作为'划线'（区分'改革派'与'保守派'）的标准，但笔者认为，从科学的态度出发，以经济学角度来分析，以上两种'商品论'都缺乏充分的科学依据。"① 而张允若在《新闻的商品属性是一种客观存在——同持反对意见的朋友商榷》一文指出"在商品经济环境中，新闻产品进入市场进行交换，这样它们就转换为商品"。② 刘保全的综述文章《关于报纸和新闻有无商品性问题讨论综述》③ 从报纸有没有商品性的问题、新闻有没有商品性，新闻是不是商品的问题、对马克思"认为英国所有的报纸都是一种商店"这句话的正确含义的理解三个方面总结了这一场讨论。不过，1998年，唐绪军的文章《论"报纸是一种附带有形的服务形式"》④ 中又提出："报业的两重性决定了报纸这种服务形式可以是无偿的公益性服务，也可以是有偿的商业性服务。因此，不能笼统地说报纸是商品或者不是商品。就抽象的意义来说，报纸可以是商品也可以不是商品。但在现实中，报纸都是具体的存在，我们必须具体地考察每家报纸的资金来源、服务目的、劳动价值的补偿形式，然后才能判断它到底是以市场为指向的商业性服务，还是以文化为指向的公益性服务。如果某家报纸是以市场为指向的商业性服务，可以认为这种报纸是一种商品；但假如某家报纸是以文化为指向的公益性服务，就不能认为这种报纸是一种商品。所以，得具体问题具体分析，决不能一概而论"。2001年，刘为民撰文《关于报纸商品属性的把握》⑤ 指出"承认报纸

---

① 宋建武．新闻非商品论．中国人民大学学报，1995（5）：89~91。
② 张允若．新闻的商品属性是一种客观存在——同持反对意见的朋友商榷．新闻与传播，1994（2）：46~49。
③ 刘保全．关于报纸和新闻有无商品性问题讨论综述．中国人民大学学报，1994（2）：74~78。
④ 唐绪军．试论"报纸是一种附带有形的服务形式"．新闻与传播，1998（2）：45~48。
⑤ 刘为民．关于报纸商品属性的把握．新闻界，2001（1）：16~18。

的商品属性,认识并研究报纸的商品属性,可以带领我们走出许多计划经济条件下形成的观念误区,帮助我们按照市场经济的规律办事,减少决策上的失误"。2005 年,李松龄、方林佑撰文《传媒产品及其商品属性》① 提出,"传媒产品与物质产品的本质区别,在于它既有政治属性,也有经济属性。传媒产品作为商品生产和商品交换,不能而且也不应该忽视它的政治属性。建立在政治属性基础上的传媒产品价值的两重性表现为客观性和主体性(主观性),建立在经济属性基础上的传媒产品作为商品的两重性表现为价值和使用价值。传媒产品价值的两重性与传媒产品作为商品的两重性的结合,不仅有必要,而且也有可能。"

1.2.2.2 传媒产业化的研究

1996 年 11 月在广州电台主持的"中国城市广播的现状和发展趋势研讨会"上,北京广播学院的黄升民教授首次提出了"传媒产业化"的观点。他的这一观点遭到了广播电视学会的代表的反对,从而形成两派意见:一派认为,从我国新闻性质来看,根本就不存在所谓的"产业化"问题,所以,不能也没有必要提出"媒介产业化";另一派坚持媒介产业化就是一个现实,一种必然的发展趋势。这两派都是少数,占多数的是"该不该提派",他们不否认也不承认"媒介产业化",只是说,"媒介产业化"这个问题现在合不合适提出来,该不该提出来。② 会后,黄升民对媒介产业化问题进行了系列研究,于 1997 年 9 月出版了《媒介经营与产业化研究》③ 一书,首次系统地研究了"传媒产业化"的问题。此后,有大量文章研究或涉及传媒产业化问题,尤其是 1999 年~2002 年,这方面的论文最多,且

---

① 李松龄,方林佑. 传媒产品及其商品属性. 山东社会科学,2005 (1):54~58。
② 黄升民,丁俊杰. 国际化背景下的中国媒介产业化透视. 企业管理出版社,1999.5。
③ 黄升民. 媒介经营与产业化研究. 北京广播学院出版社,1997。

研究的领域和范围也很广泛和深入。2000年，黄升民在其《重提媒介产业化》一文中，指出传媒产业化是中国独有现象。所谓的传媒产业化，"是指从单纯的文化、精神生产事业的媒介单位沿着经营和理性的轨迹向企业状态过渡的一种现象。媒介经营的个体发展到一定阶段，必然向独立的企业法人过渡，并以市场平等、竞争的原则建构内外关系，从而形成经济学意义上的'同类企业的集合体'——'媒介产业'"。并且指出媒介产业化的动因为："一是媒介大市场的形成；二是对应大市场的存在，媒介内部规模化的趋势；三是作为纽带的大资本的需求作用"。①

1997年11月，国家新闻出版署正式发文成立"广州日报报业集团"，这标志着我国传媒产业化的进程进入了快速发展阶段。随后，传媒产业化关注的重点从"该不该产业化"的问题过渡到"如何产业化"的问题。复旦大学童兵教授、林爱珺博士认为，市场经济是法制经济，在市场经济中参与经营活动的市场主体是平等的，进行经营活动的传媒主体也应该是平等的，传媒主体与其他市场主体同样是平等的。要发展传媒产业，首先应当重新定位传媒业的市场主体性质，这是中国传媒产业化的法律前提。② 武汉大学冉华认为"中国媒介的产业化发展，应服从媒介自身双重属性的特殊规定性，应符合中国社会制度下社会及公众对媒介作为一种特殊社会组织的角色期待，并鉴于西方媒介商业化运作教训，正确确立起文化传播与产业经营的双重取向，并由此建立起文化传播与产业经营的互动机制和模式"。③ 2002年，冉华又对媒介产业化的管理体制进行了深入研究，指出"当我国媒介普遍发生产业经营行为的现在，许多媒介依然沿袭这种旧有的组织结构模式，将严重影响到我国媒介运作模式的转换和产

---

① 黄升民．重提媒介产业化．现代传播，2000（5）：1~6。
② 林爱珺，童兵．中国传媒产业化的法律前提．2005（3）：20~22。
③ 冉华．论媒介的本质属性及其产业化发展．中国广播电视学刊，1999（7）：16~19。

业化发展。兼顾媒介'社会公器'和产业组织双重属性与双重职能，媒介有必要从现行的管理运作体制下走出来，普遍建立起以社长（台长）统辖下，以受众市场为中心，总编辑与总经理双轨齐驱、协同发展的新的经营管理运作模式。总编辑主持采编，总经理主持经营，而由社长（台长）将采编与经营统辖为一体。""新的经营管理体制与运作模式的建立，并不能解决媒介产业化发展过程中的诸多问题，但至少能提供一种体制上的保证。"① 2005年6月，在新疆举办的"传媒产业化发展与传媒理论创新高峰论坛"会议上专家学者普遍认为："在传媒体制上坚持'一体双轨'是一条可行之路。一体，即坚持社会主义事业之体，把事业之体按其地位和作用分为'公益性事业'和'经营性事业'两类。所谓'双轨'，即以新闻宣传规律和市场经济规律作为体制创新的依据，把采编部门和经营部门严格分开，作为运行的'双轨'。新闻媒体的这种'双轨'体制，既能保证党对媒体的绝对领导，又能够为媒体实现产业化经营提供组织保证。"②

综合以上观点，我们不难发现，在传媒如何产业化的问题上，理论界普遍强调应重视传媒产品的双重属性，重视我国将传媒作为"社会公器"、"人民喉舌"的实际，传媒产业化应是在切实保证履行传媒作为"社会公器"的重大社会责任前提下的产业化。

1.2.2.3 传媒集团化的研究

我国关于传媒集团化的研究和实践始于报业，广播电视集团化起步较晚。从1993年《广州日报》总编辑黎元江在我国首次提出建设报业集团问题，③ 到1996年1月15日，经由中共中央宣传部同意，国家新闻出版署正式批准广州日报社作为报业集团

---

① 冉华. 媒介产业化发展中的几个问题. 现代传播，2002（2）：126~128.
② 郑瑜. 探寻传媒产业发展之路. 当代传播，2005（5）：23~24.
③ 黎元江. 建设社会主义现代化报业集团. 新闻战线，1993（1）.

试点单位，组建我国第一家报业集团，历时三年时间。这期间业界主要针对报业集团产生的必然性、可行性以及中国报业集团的特征、报业集团建设的策略和难题等问题进行了论述。

关于报业集团产生的必然性、可行性研究很多，如杨文增在《试论我国报业集团化趋势》一文中指出：报业集团是生产力发展至一定阶段出现的至少有两家以上报纸组成的出版及经营的联合实体，它具有相对雄厚的出版实力和经营规模，是适应社会发展和报业竞争需求而出现的。作者并且认为，改革开放15年，我国报业发展很快。除报纸数量增长很快外，在办报观念上，发生了把报纸看成是宣传品到认为报纸是商品的观念的转变；在报纸功能上，发生了从武器、工具论到多种功能论的转变；在报业结构上，发生了从单一机关报结构到多层次、多类别报业结构的转变；在报社性质上，发生了从"事业"向"企业"的转变；在经营方式上，发生了从多种经营向规模经营的转变。作者指出改革开放以来我国社会生产力水平的提高和报业自身的发展，已经把报业推到了集团化的十字路口。集团化是综合国力发展到一定阶段的必然产物。① 何向芹的《建设跨世纪报业集团的实践体会和理论思考》一文阐述了建立报业集团的三个原因：社会主义市场经济体系的建立，把报业经济推向了自负盈亏、自我发展的轨道；利用当前的政策优势，不失时机地建立起稳固的多元化的报业经营架构，增强经济实力，打好发展基础，应对未来的市场竞争；建立报业集团是维护和增值国有报业资产的要求。②

1997年11月国家新闻出版署正式批准成立广州日报报业集团，由此，关于报业集团的研究转向报业集团的发展问题。众多学者从政府规制的角度论述了报业集团的发展。何洪斌的文章

---

① 杨文增. 试论我国报业集团化趋势. 新闻与传播研究，1994（3）：9~12.
② 何向芹. 建设跨世纪报业集团的实践体会和理论思考. 新闻战线，1995（4）：30~32.

《报业集团运作中的政府行为分析》①认为,政府将是我国报业改革的主体,那么政府就应当积极运用行政、政策手段在报业集团化改革中发挥主导作用。从目前的情况来看,政府可以在以下领域出台有关政策进行引导:(1)推进优胜劣汰,鼓励兼并;(2)制定财税优惠政策和建构报业融资体系;(3)建立国家调控与市场调节相结合的管理机制。宋健武的文章《报业经济、集团化与媒介产业政策》②提出:政府必须制定科学的、符合我国国情和媒介经济一般规律的媒介产业政策,来指导和规范报业集团化工作。必须在保证党和政府对报业的绝对领导的前提下,把报业集团试点工作与报业实行现代企业制度的试点工作结合起来,同时应结合我国国情,尊重报业经济规律,积极扶持中央级综合性报纸和省级党报发展地方版。在取得经验之后,逐步放宽对报刊社异地办报办刊的限制,最终取消媒介行业内部的壁垒。张龙平的文章《报业集团化:路径依赖、马太效应、政策优化》③一文指出,由于路径依赖的原因,我国非同步的报业集团化进程极有可能导致报业经济地区发展失衡、利益格局扭曲的"马太现象",为促进我国报业整体水平的迅速提高,防止报业走入马太效应的误区,针对我国报业改革的路径优化和报业集团化改革提出了市场审批、全面推广;革故鼎新、逐步规范;东报西进、报业扶贫等政策优化建议。也有一部分学者从企业行为的角度论述了报业集团化的发展,如谭果的文章《从经济角度看报业集团化》④指出:我国目前有阻碍报业资本流动的许多因素。首先是国有报业资本所有者缺位,谁来担任国资的代表?党委只进行政治领导,它不是政府部门,不能行使所有者代表的职权;政府的广电、新闻出版部门不能既是媒介的管理者又是所有

---

① 何洪斌. 报业集团运作中的政府行为分析. 新闻大学,1997(3):82~86。
② 宋健武. 报业经济、集团化与媒介产业政策. 新闻与传播研究,1997(4):19~23。
③ 张龙平. 报业集团化:路径依赖、马太效应、政策优化. 新闻知识,1999(3):8~10。
④ 谭果. 从经济角度看报业集团化. 新闻大学,1999(春):64~65。

权的代表，因为这违反"政企分开"的原则，政府部门不能既当裁判又当运动员。实际上，中国报业遇到的产权问题是国企改革中遇到的共同问题。最好的办法是将分散在委、办、局里的产权归并由国有资产管理局管理。

进入 21 世纪，中国广播电视产业集团化的研究也掀起热潮，对广电媒介未来整合路径进行了预测。国家广电总局办公厅的梁山在《广播电视集团化发展战略思考》①一文中指出，中国广播电视集团化发展的基本思路是：（1）转变运行机制，转变政府职能。这是我国广播电视集团化发展的根本要求。广播电视集团化发展，就是要变电台、电视台"单打独斗"为"联合舰队"，变机关化、行政化运行机制为规模化、企业化运行机制，改变当前广播电视领域"小而散"、"小而全"和机制不活等状况。（2）先横向整合，后纵向联合。这是我国广播电视集团化发展的实施步骤。横向整合，主要工作是推进有线台与无线台合并，推进广播电视传输网络公司的组建，推进广播、电影、电视的联合，尽快形成集团的基础和规模实力。纵向联合，主要工作是推进地（市）县广播电视机构职能的转变，推动其加入省（自治区、直辖市）广播电视集团。目前成立的几家广播影视集团（总台）还处在横向整合的阶段。（3）以资产、业务为纽带这是我国广播电视集团化发展的实现方式。组建广播电视集团，需要行政手段的推动，但不能完全依靠行政手段"拉郎配"、"归大堆"，还需要更多地采用经济手段。罗霆在《湖南电视产业发展模式研究》②一文中指出，"'体制外先行'的战略也被称为'增量改革'战略，这种战略在农业中取得成功以后，被推广到国民经济的其他领域。国情的普遍性使得'增量改革'的战略思路同样体现在湖南电视的改革中，并且对于决定广电系统今后的改革走向仍然具有很强的现实意义"。"进入资本市场

---

① 梁山. 广播电视集团化发展战略思考. 中国广播电视学刊，2001（9）：4~6。
② 罗霆. 湖南电视产业发展模式研究. 现代传播，2002（4）：88~92。

是湖南电视产业发展过程中最为成功和关键的举措","从对外发展模式来看,湖南电视实施的是一种面向全国的频道扩张战略"。"媒介产业化的进程绝不是脱离现实国情基础的,它受到宏观社会发展的制约,它不可能超越国家政治体制改革和政治民主化的进程。"

2005 年,冉华、梅明丽发表文章《中国传媒集团化发展的历史检讨》[①] 对我国传媒集团化发展进行了评判,指出我国传媒的集团化发展是产业化发展的必然结果,是我国政府和我国传媒的"公共选择"。政府的行政介入加快了中国传媒的发展速度,降低了传媒集团的组建成本,实现了中国传媒的超常规发展。这种超常规发展路径的选择是一种必须,又为传媒的可持续发展造成诸多障碍。作为传媒发展特定时期的一个制度安排,集团化的制度局限性就在于造成了区域市场的垄断,并使传媒的发展失去竞争的内在活力。

1.2.2.4 传媒资本经营的研究

1999 年 3 月,湖南电广实业在深圳交易所上市,筹集资金 4 亿多元。2001 年 5 月,在中国证监会颁布的《上市公司行业分类指引》中,将传媒与文化产业定为上市公司 13 个基本产业门类之一。这些表明,资本经营正式登上传媒产业经营的舞台,对传媒业资本经营的研究也越来越多。

段永刚在《我国媒介产业的资本运作》[②] 一文中指出:"鉴于我国大众传播的制度环境,媒介资本运作的前提是明确运作的主体与客体。(1) 运作主体,由于我国新闻媒体产权均属国有独资,而各级媒体的主管大致有宣传部、广播电视局、新闻出版局、群众团体、机关事业单位,等等,产权不清晰,资本运作主体在理论上不确切,在具体运作中模糊,因此进行资本运作首先

---

① 冉华,梅明丽. 中国传媒集团化发展的历史检讨. 江西社会科学,2005 (5):37~42。

② 段永刚. 我国媒介产业的资本运作. 新闻与传播研究,2001 (2):12~18。

要明确媒体产权的法人地位。(2) 运作客体，即哪些是可以运作的价值资本，哪些是不可以经营的非价值资本。在我国，新闻传播耳目喉舌的性质使其成为非经营资源。如何既搞好经营，又确保新闻宣传及社会公器的性质，成为必须解决好的问题。当资本介入媒介资源配置时，其所支配的范围必须明确，其所不能涉足的禁地也必须明确。"

许多学者对传媒为什么要进行资本运作，利用业外资本的合法性等方面进行了深入的探讨，得出传媒产业对资本具有依赖性。如《中国传媒利用业外资本合法性研究》[①]、《我国媒介产业的资本运作》、《媒体的社会资本与经营》[②] 等。

此外，学者还对传媒产业资本介入的法律政策研究和具体投资策略进行了详细的研究。如《中国媒体产业投资风险研究》、《大众传媒资本经营的陷阱与对策》、《世纪初中国传媒业与资本市场：政策与机会》等文章。黄必烈在《世纪初中国传媒业与资本市场：政策与机会》[③] 一文中指出："目前平面媒体的管制政策日趋宽松，可能面临政策突破；广播电视媒体管制较紧；网络媒体管制少，跨媒体政策管制关联多。"

1.2.2.5 传媒业产业组织的研究

2002 年中国社会科学院工业经济研究所金碚出版了专著《报业经济学》，[④] 在国内首次从产业经济学理论出发，系统地研究了报纸产业的经济关系和经济规律。他认为报纸的特殊性在于它经济性质上的独特性，报纸经济独特性是报业经济学的理论基础和逻辑分析的起点，报纸具有多方面的二重性；报纸生产涉及前后相连的若干环节，这些环节的连接可以通过市场

---

① 魏永征. 中国传媒利用业外资本合法性研究. 新闻与传播研究, 2001 (2): 2~12.
② 向梦龙. 媒体的社会资本与经营. 新闻与传播研究, 2001 (2): 19~22.
③ 黄必烈. 世纪初中国传媒业与资本市场：政策与机会. 现代传播, 2003 (3): 88~91.
④ 金碚. 报业经济学. 北京: 经济管理出版社, 2002.

交易的方式来实现,或者组织成企业、报社或其他机构来实现,从而完成报纸生产的整个过程;应分别从需求和供给两个方面入手,研究报纸的市场关系,研究报业的产业组织和市场结构以及报纸生产者的策略行为;书中还探讨了政府对报业的管制等理论和现实问题。2003 年,彭永斌出版了专著《中国传媒产业发展的系统理论分析》①,书中从市场集中度、市场壁垒、产品差异化三方面分析了我国图书、期刊、报纸等印刷媒介产业组织现状。还指出中国传媒产业组织的优化途径宜从以下几个方面考虑:转变政府职能、重构传媒行政管理体制是传媒产业组织优化的基本前提;产权改革是传媒产业组织优化的必要条件;实施集团化战略是传媒产业组织的现实途径。何国勇、申其辉的文章《论我国广播电视网络产业的市场结构》② 分析了我国广电网络产业市场结构方面存在的诸多问题,指出寡头垄断是广电网络产业市场结构的目标模式。要实现这一目标模式,既要发挥中央政府的主导作用,也要发挥地方政府的积极性,还要利用市场机制的基础作用。陈蕾、李本乾的文章《中国传媒产业市场结构、行为与绩效分析》③ 对我国实行传媒集团化战略后产业组织进行了分析。

2004 年,中南大学肖光华的博士论文"我国报业产业组织研究"④ 从产业组织理论视角出发,揭示了我国报业在市场结构、市场行为和市场绩效方面所存在的一系列矛盾和问题;通过对报业规模经济实现程度的分析,进一步探讨了我国报业产业组织的合理化目标模式;文中还针对我国报业正处于产业化转型时期的特点,提出了进一步完善我国报业产业组织政策的具体建

---

① 彭永斌. 中国传媒产业发展的系统理论分析. 成都:西南财经大学出版社,2003.
② 何国勇,申其辉. 论我国广播电视网络产业的市场结构. 湖北社会科学,2003 (7):119～120.
③ 陈蕾,李本乾. 中国传媒产业市场结构、行为与绩效分析. 新闻大学,2005 (秋):43～46.
④ 肖光华. 我国报业产业组织研究:[博士论文]. 长沙:中南大学,2004.

议。暨南大学王桂科的博士论文"我国媒介业的产业视角分析"①，应用经济学的一些基本理论和分析方法，以现代媒介产业发展变化的特征为起点，对媒介业的产业结构、产业布局、产业组织、组织制度、政府规制和人力资源进行系统的分析研究。运用SCP分析框架研究了我国媒介市场结构、企业行为和市场绩效，比较分析了三者间的基本特点和因果关系；从公共选择理论、新公共管理和新公共服务等前沿理论出发，提出了政府的行政治理模式和政府管理的制度创新。

总体来看，尽管我国对传媒产业的研究较之以往丰富了许多，但是传媒经济理论远远滞后于实践。尤其是从产业组织理论的角度研究大众传媒产业，不仅起步较晚，而且还存在明显的不足：一是传媒经济研究的成果中经验性描述、解释性的成果居多，预测性的成果较少，缺乏一种对整个传媒产业发展的、系统的、高屋建瓴的阐释；二是对传媒业产业组织的研究局限于传统的产业组织理论的简单应用，没有充分考虑传媒业的产业特性；三是欠缺对传媒产业的系统性分析，未能全面地透析传媒产业的整个产业体系和产业门类；四是缺乏对传媒产业的实证研究，经济学模型使用较少，在采纳数据方面，主要运用传播学的抽样调查方法，而非经济学所通常采用的已有的公开数据。

有鉴于此，本书试图将新兴的网络产业经济理论、政府规制理论、产业融合理论应用于传媒产业分析，形成较为完整的传媒业产业组织理论架构，这既是本研究的一个最大的创新点，也是本书选题的立足点和着眼点。

---

① 王桂科. 我国媒介业的产业视角分析：[博士论文]. 广州：暨南大学，2004.

1.3 研究思路与研究方法

1.3.1 研究思路

本书的基本研究思路和着力点，亦即新思路是把政府规制和产业融合两个重要因素与传统的"SCP"范式相结合，从而改造了传统的"SCP"范式，以此来构建分析传媒产业新的理论框架，之所以如此，是因为：传媒产业作为新兴的信息产业，具有不同于传统产业的经济特征，"SCP"范式在传媒产业组织研究中有相当的局限性。这种局限性主要表现在两个方面：

一方面，规制在传媒产业体系内具有重要作用，"SCP"范式中有必要加入规制这一维度。在世界上大多数国家，传媒产业都是一个政府参与和规制较多的产业，尤其是在中国当前的国情之下，传媒产业具有非常突出的产业特殊性，政府对传媒产业活动普遍深度参与和进行严格的产业规制。在规制严格的经济体内，政府采取国有化或严格规制的方法控制传媒产业，此时进入壁垒主要是政府的进入规制，这样的进入壁垒是潜在的进入者无法突破的，因此市场结构长期保持着单一稳定的市场状态，被国有资本垄断。在垄断的市场结构下，产业规制直接作用于企业行为，对之进行规制调整，以此提高企业的效率和社会福利。规制成为决定市场结构和企业行为的重要力量。而在放松规制的经济体内，传媒产业初步具备了竞争性的市场结构，但是由于传媒产业的网络正反馈效应和在位企业的排他性行为，放松进入规制后，潜在进入者虽然不存在政府的进入障碍，但并不意味着没有别的进入壁垒。事实上，传媒产业的网络正反馈效应和在位企业的排他性行为同样是难以突破的进入壁垒。由于放松规制的目的要建立竞争性的市场环境，而这又是进入者自己无法达到的，因此只能借助于政府规制。某种意义上说，虽然放松了传媒市场的进入规制，但是针对市场行为的政府规制并没有减少，规制仍然是影响传媒市场的重要因素之一。

另一方面，产业融合作为一种产业创新的手段和方法，改变了传统的产业边界。产业融合不仅是当前的一种重要的产业经济现象，而且最早发生在传媒领域，在传媒领域各产业间的融合程度也最深入。产业组织理论是以产业边界既定为基本假设前提的，产业融合使传统的产业边界日趋模糊化，改变了这一假设前提，暗含着产业组织的重大变动，包括市场结构、行为、绩效以及与此相适应的企业组织结构等方面的变动。这种变化将对产业组织体系产生重大影响，推动产业组织形态的突破和创新。因此，在产业融合的大背景下，传统的"SCP"范式用于分析传媒产业具有明显的局限性，研究产业组织问题有必要加进产业融合这一因素，来揭示传媒业产业组织未来的变化方向。

综上所述，产业规制和产业融合对传媒产业组织有着重要的影响，"SCP"范式无法完全解释传媒业产业组织。因此，在研究传媒产业组织理论的时候，需要一种新的理论作为指导。就经济理论的现状看，构建一种全新的理论来解释传媒产业组织的可能性不大，更现实的做法是将现有的产业组织理论、规制理论和产业融合理论结合在一起，形成一个解释传媒产业的新理论。因此，本书的研究思路是在"SCP"范式中加进政府规制、产业融合两个要素，建立一个"政府规制、产业融合—市场结构—企业行为—市场绩效"（RC - SCP）的理论框架来解释传媒产业组织的现状和发展。

1.3.2 研究方法

传媒产业发展问题的研究涉及产业经济学和其他学科的诸多问题，是一个非常复杂并具有交叉学科特征、有一定研究难度的课题，因此，科学有效的研究方法就显得十分必要。本书采取以下研究方法：

1. 实证研究和规范研究相结合的方法。实证研究和规范研究是经济学的基本研究方法。传媒产业研究是一项实践性和应用性很强的学科，因此笔者通过多种途径收集了大量数据、案例等资料来论证问题，并跟踪国内外的研究动态，把研究重点放在实证基础上的规范分析，以传媒产业特性为前提，提出了"应该是什么"或"应该怎么做"的观点，做到了实证研究与规范研究相结合。

2. 比较分析与历史分析相结合的方法。通过对传媒产业横向和纵向的分析比较，可以揭示其内在的发展规律。本研究既有我国和美国传媒产业市场结构的横向比较分析，又有我国和美国不同时期传媒产业组织的纵向分析，通过比较分析，得出了一些对传媒产业发展有实用价值的结论。

3. 定量和定性分析相结合的方法。定性分析与定量分析相结合是研究经济问题的常用方法，通过定性分析与定量分析方法的综合运用，有助于分析各种经济现象之间的关联性及其内部规律性。本书在实证研究时，尽量采用最新数据进行定量分析，以支持定性的论点，体现实效性。但定量分析的落脚点还在于得出定性的结论，完全定量的结论没有真正的现实意义，所以本书根据论述的需要，采用了两者相结合的研究方法。

除上述研究方法外，本书还采用了归纳分析、演绎分析、历史分析、案例分析等方法。在分析中，尽可能采用较全面的统计资料、图表以及分析模型来说明问题，以避免脱离实际状况的主观推论。

1.4 本书的研究框架

本书的基本框架结构如图1-1所示。

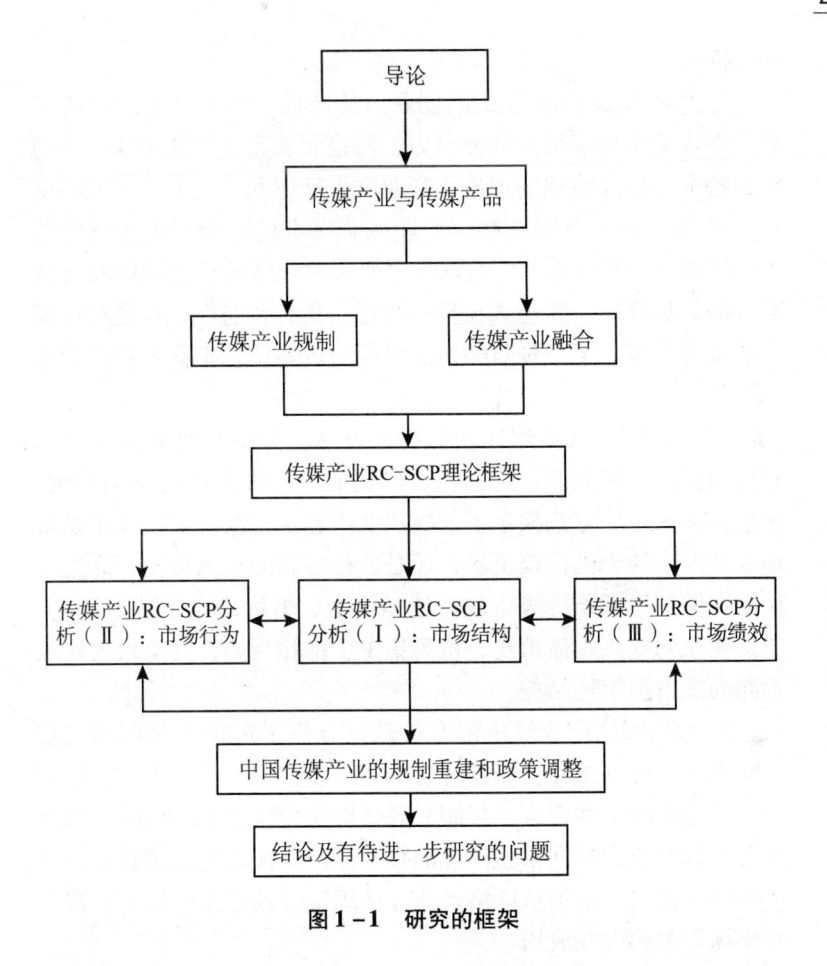

```
                    ┌──────┐
                    │ 导论 │
                    └──┬───┘
                       │
              ┌────────▼────────┐
              │ 传媒产业与传媒产品 │
              └────────┬────────┘
                　　　 │
              ┌────────┴────────┐
         ┌────▼─────┐      ┌────▼─────┐
         │传媒产业规制│      │传媒产业融合│
         └────┬─────┘      └────┬─────┘
              └────────┬────────┘
                       │
            ┌──────────▼──────────┐
            │传媒产业RC-SCP理论框架│
            └──────────┬──────────┘
         ┌─────────────┼─────────────┐
┌────────▼────────┐┌──▼──────────┐┌─▼──────────────┐
│传媒产业RC-SCP分 ││传媒产业RC-SCP││传媒产业RC-SCP分│
│析（Ⅱ）：市场行为││分析（Ⅰ）：市场结构││析（Ⅲ）：市场绩效│
└─────────────────┘└──────┬──────┘└────────────────┘
                          │
              ┌───────────▼───────────┐
              │中国传媒产业的规制重建和政策调整│
              └───────────┬───────────┘
                 ┌────────▼────────┐
                 │结论及有待进一步研究的问题│
                 └──────────────────┘
```

图 1-1　研究的框架

1.5　主要创新点

本书主要是运用现代产业组织理论、规制理论、产业融合理论三块理论的结合具体研究传媒这一新兴产业，这可视为本书的研究角度创新。从内容上看，本书拟做出的创新主要包括以下几个方面：

1. 产业组织分析范式的创新。传统的"SCP"范式尽管对竞争性市场结构有很强的解释力，但也无法完全解释传媒产业的组织特征。本书将规制理论、产业融合理论和"SCP"范式相融合，建立一个"政府规制、产业融合—市场结构—企业行为—市场绩效"（RC-SCP）的理论框架来解释传媒产业组织的现状和发展。尽管这一新范式在现阶段还不具有普遍性，但是对传媒产业来说，建立了一种新的产业组织分析体系，丰富了传统产业组织理论。

2. 本研究首次运用比较分析的方法，分别对比分析了我国和美国报业、期刊业、广播业、电视业、互联网业的市场结构，通过实证分析的方法揭示了传媒产业市场结构的特征：无论是市场规制严格的中国传媒市场，还是放松规制的美国市场，无论是报纸、期刊等纸质传媒市场，还是广播、电视等电子传媒市场，还是互联网新兴媒体市场，市场集中度都相当高，均呈现为程度不同的寡占型市场结构。

3. 运用网络产业经济的有关理论分析了传媒产业市场结构内在成因。规制虽然会影响传媒产业市场结构，但并不是造成传媒市场集中的根本因素，规制只属于影响传媒市场结构的外部因素。传媒产业具有网络型产业的技术经济特征是造成传媒市场集中的根本原因。本书从网络产业经济理论的新视角分析了传媒产业市场集中的内在成因。

4. 把产业融合这一新的产业理论用于分析传媒产业，探索性地分析了产业融合对传媒业产业组织的影响。产业融合打破了传统的传媒产业各子产业之间以及传媒产业与电信产业之间的分立状况，改变了原有的市场结构，是对原有传媒产业体系的根本性改变。这种新的产业革命必将带来传媒产业市场结构、行为、绩效巨大变化，必将对传统的产业组织理论提出新的挑战。本书通过系统地分析产业融合对传媒产业市场结构、市场行为、市场绩效的影响，揭示了未来传媒业产业组织的发展方向。

第 2 章
传媒产业的界定及其产业特性

在展开对传媒业产业组织这一主题研究之前，必须理清传播、媒介、媒体、传媒等基本概念，这些概念在理论研究和实际工作中经常被搞混，弄清这些概念和传媒产业的内涵及其产业属性，有利于理论研究和实证分析思路的清晰。另外，传媒产品有着独特的使用价值和价值实现形式，传媒经济学之所以能够成为经济学的一个分支，正是基于传媒产业具有同其他产业显著不同的产业特性，因此，研究传媒业产业组织，首先要分析传媒产业的产业特性。

2.1 传媒与传媒的分类

2.1.1 传播·媒介·传媒·媒体

传媒产业经济是一门新兴的边缘学科，其理论尚不成熟，而且鲜为人知，特别是对传媒产业组织的研究几乎还是空白。传媒是传播媒介的简称，这里涉及到几个基本概念，即什么是传播？什么是媒介？什么是媒体？什么是传媒？对传媒产业的研究有必要首先对这些相关的概念进行必要的科学界定。

2.1.1.1 传播与大众传播

传播，在英语中对应的单词是 Communication。由于传播媒介各式各样，传播模式各不相同，传播机制各有所长，传播对象纷繁庞杂，因此不同的理论学派关于传播有不同的定义。综合西方学者对于"传播"这一概念作过的种种描述和解释，主要有以下代表性的观点：① 一是信息共享说，着眼于传播内容信息的共享性，认为传播是人类交换思想和观念，变独有为共有的过程；二是传递行为说，强调信息的传递行为和过程，认为传播就是把信息从一个地方传到另一个地方；三是劝服、影响说，将传播看成是传播者有意识地影响他人的劝服过程或行为；四是社会互动说，认为传播是发生在传播者与受传者之间的交流活动，传播必然使双方相互联系、相互作用。这些定义只说明了传播的某些特点或功能，并不能全面地、准确地表述传播的本质，也不能视为严谨的科学定义。

我国学者对传播这一概念也作了不同的界定，比较有代表性的有三种。一种认为，"所谓传播，即社会信息的传递或社会信息系统的运行"；② 另一种则认为，"传播是人类传递或交流信息的社会性行为"；③ 第三种观点是，"传播是人类运用符号并借助媒介来交流信息的行为与过程"。④ 笔者认为最后一种定义更为科学和准确。人类的传播活动由五个要素组成，传播者、传播内容、传播媒介、传播对象、传播效果，包含了"谁、说什么、通过什么渠道、对谁说、产生什么效果"等主要环节。这一定

---

① 西方学者关于传播的定义多种多样。1976 年，美国学者丹斯（Frank Dance）在《人类传播功能》一书中，统计了当时关于传播的定义已达 126 种之多，例如，美国学者 S. S. 史蒂文斯的"反应说"，认为传播是一个有机体对于某种刺激的各不相同的反应；美国学者约翰·B·霍本的交流说，认为传播是用言语交流思想。由于篇幅所限，本书不再一一列举。
② 郭庆光. 传播学教程. 中国人民大学出版社, 1999. 5.
③ 吴文虎. 传播学概论百题问答. 中国新闻出版社, 1988. 1.
④ 周庆山. 传播学概论. 北京大学出版社, 2004. 22.

义应该说总结了人类所有的传播现象，全面揭示了传播者、受传者、信息、符号、媒介这五个任何传播活动都不可缺少的基本要素。

对传播包括哪些类型没有绝对一致的看法，比较笼统的分法是"二分法"，即将人类传播分成人际传播与大众传播（Mass Communication）。分类标准是传播的手段。人际传播指以人体为媒介（主要以语言和身体非语言符号为手段）的信息流动方式。大众传播是由一个有组织的多数人利用一种有组织的媒介（或渠道），对广大的无法预知的大众进行传播信息的活动，是由人控制的人为的活动。大众传播的传播者和组织者一般是团体，受传者是鱼龙混杂而陌生并且千差万别的人群。从大众传播活动过程看，大众传播活动是一种双向传递信息的活动，因此，这种人类传播活动不仅要求传播者能够向受众传输大批量的信息，而且要求传播者必须十分重视信息的反馈，即重视部分输出的信息向输入方向传播（信息的反向传播或信息的部分倒流），重视受众对传播内容的反应。本书研究的对象是大众传播。

2.1.1.2 媒介

在英语中媒介 Media 系 Medium 的复数形式。西方传播学论著对于"媒介"这一概念的理解和使用十分混乱。从符号、信号、讯息，到传播工具、传播机构、传播环境、传播行业，都有人以媒介相称。传播学者麦克卢汉认为"媒介即讯息"。媒介是人体的延伸。媒介几乎存在于世界的每个角落，存在于人类生活的方方面面。因此，能够联结人与人、人与事物、事物之间关系的中介物都形成了广泛意义上的媒介。① 美国传播学者德弗勒（M. L. Defleur）从广义上诠释了媒介的概念，认为媒介可以是任

---

① 麦克卢汉把衣服、房屋、钟表、交通工具、武器、自动化系统，连同电视机、广播、卡通画统统看做是媒介，他有一句名言"媒介是人体的延伸"，反过来可以说：凡是延伸了人体功能的东西都可称作媒介。参见马歇尔·麦克卢汉著，何道宽译：《理解媒介——论人的延伸》，商务印书馆 2000 年版，第 33～50 页。

何一种用来传播人类意识的载体或一组安排有序的载体。

随着时代的进步和科学技术的发展，人们对媒介的认识不断深化，媒介概念的外延也不断地得到扩展。在19世纪末至20世纪初，西方学者对"媒介"的理解停留在传统的书籍、报纸等认识上。进入20世纪，广播电台、电影相继出现，尔后电视业蓬勃发展，近15年来互联网又高速发展。媒介形态的快速变化不断拓宽了人们对媒介理解的视野，人们不断赋予媒介新的内涵。

在我国，"媒介"一词最早见于《旧唐书·特行成传》："观古今用人，必因媒介。"这里所指的"媒介"可以理解为使双方发生关系的人或事物。我国著名传播学者胡正荣教授认为传播意义上的媒介，"是指承载传递信息的物理形式。所谓传播媒介的物理形式还包括物质实体和物理能。物质实体指文字印刷品、通讯器材等；物理能指电波、光波、声波等。传播媒介是传播赖以实现的中介，是传播活动中具有自身内在特性与规律的客观存在。"①

2.1.1.3 传媒

传媒是传播媒介（Communication media）的简称。传媒这一术语，产生于对大众传播过程的分析，实际上是将新闻传播工具放在传播关系，放在更为广泛的交流过程加以考察。它泛指一切借以实现向广大受众传递各种信息的中介工具，通常指报纸、杂志、广播、电视、电影、互联网等传播工具。

虽然"媒介"与"传媒"两个词同源，均源于英语 media。但从汉语表达的实际意义上讲它们却有着明显的区别。我国传播学者张继缅（2004）认为："媒介"只是传播的载体，"传媒"比"媒介"具有更丰富的含义。一是"媒介"侧重于静态，虽说凡物必有信息，媒介自身也的确存在着这样或那样的信息，但

---

① 胡正荣．《传播学总论》．北京广播学院出版社，1997。

更多的是在物质载体层面上的含义，即媒介是传播的载体；而"传媒"则侧重于动态，是从传播与媒介的关系上说的；二是考虑把传媒这个词语当作动宾结构来使用，即使用媒介进行传播。"媒介"在语意上说就是"载体"，而"传媒"不单是一种介质、一种载体，更具有传播的意义。①

2.1.1.4 媒体

在传播学的领域里，媒体有广义和狭义之分。狭义的媒体是指以报纸、杂志、广播、电视为代表的大众传播媒介。在我国，随着传媒产业化研究的推进，对媒体概念的认识也逐渐趋向一致。"将大众传播媒介的具体社会组织的独立单元叫做媒体，比如报社、广播电台、电视台、出版社等，但根据我们日常的用语，我们仅仅将其中以发布新闻为基础的实体叫做媒体（新闻媒体），包括报社、广播电台、电视台及新兴的'网络媒体'——Internet。"②

媒体是一个综合的概念。媒体不仅是文化产品生产和传播的主要形式，是地域文化表达的文化实体，更重要的是一种经济载体，是一种生产和传播信息内容的经济单位。在本书中，媒体是指是生产和销售（传播）信息产品的工商业组织，如报社、电视台、广播电台、杂志社、因特网络（Internet）。实际上媒体所生产和销售（传播）的内容是可以无所不包的，媒体概念的内涵远远大于新闻概念的内涵，新闻媒体只是媒体的一种。

2.1.2 传媒的分类

按照传播介质的不同，传媒可分为纸质传媒（报纸、期刊、

---

① 虽然"媒介"与"传媒"两个词同源，眼下人们在使用上尚无严格的界分，但是学界更认同"传媒"这一提法，除上述两方面原因外，"传媒"这一提法在社会上也比较通行。张继缅主编：《传媒经济概论》，中央广播电视大学出版社，2004年10月。

② 杨飙、蔡尚伟．媒体竞争论．四川民族出版社，2001．

书籍)、电子传媒(广播、电视、电影)、新传媒(互联网、手机短信)三大类;按照受众数量不同,传媒可划分为窄众传媒和大众传媒两大类。需要指出的,按照传播学和经济学界的共识,对传媒经济的研究主要集中在大众传媒方面,即报纸、杂志、广播、电视、互联网。本书主要研究对象也是这五种大众传媒。

2.1.2.1 报纸

报纸(newspaper)是指以刊登新闻、评论、知识、广告、服务为主要内容,以公众为主要阅读对象、定期出版的连续出版物。报纸按开本可分为对开、四开和散页等;按出版时间可分为日报、周报、周二(三、五)等。报纸的一个主要特征是只有视觉一个通道,但与电视所"视"的完全不同,电视所"视"的主要是图像,而且是活动图像,而报纸所"视"的主要是文字,虽然辅以一些图片,但也只是一些固定的图像。

报纸的优势特色主要表现在以下几个方面:第一,信息容量大,内容丰富多样,分析深刻。第二,易于保存,便于日后查阅。第三,读者选择的主动性大,读报方式可由读者自己选择,阅读哪一部分也由读者决定。但是,报纸与广播电视等电子传媒相比也有一些短处:第一,报道新闻的时效性远逊于广播电视。第二,报纸要求读者必须具有一定的文化程度,报纸受众有一定的限制。第三,报道形式缺乏图声并茂的电视新闻的动感,也不如以声传情的广播报道亲切、活泼。

2.1.2.2 期刊

期刊(magazine)又称"杂志",是指具有一定标题的、定期或不定期的装订在一起的连续出版物,它刊载不同作者的不同见解、观点、意见。期刊按照阅读对象可划分大众阅读的杂志(magazine)和专业人士阅读的刊物(journal);按出版时间可分为年刊、季刊、月刊、旬刊。

作为纸质传媒，期刊同报纸一样，只有视觉一个通道。期刊和报纸相比较，它们的特点是同中有异。大多数期刊仍然以使用文字符号为主。由于期刊出版周期长，时效性远逊于其他传媒，为了扬长避短，期刊更趋于专业化，力求满足不同类型的读者和他们的不同需求，而且期刊更重视图文并茂，甚至以照片、漫画等静态图像为主。在印刷技术和纸张质量上，也更讲究和追求完美。

2.1.2.3 广播

广播（broadcasting）属于电波类声像媒介，是通过无线电波或导线向广大地区播送声音、传达信息的一种大众传媒。自1920年11月世界第一家电台——美国匹兹堡KDKA电台开播以来，广播已经发展成为集多种类型为一体的大家族。按技术可分为短波、中波、长波、调幅、调频；按内容可分为综合、新闻、经济、教育、体育、音乐、服务和生活台等。

广播只有"听"一个通道，作为新闻媒介它能够使用的符号只有语言和各种音响。具有如下特点：（1）广泛性。只要发射台具备足够的发射能力，尤其是通过卫星转播，任何广播节目都可以进行广泛的传播。（2）普及性。由于收音机价格低廉，便于携带，收听广播不受文化程度限制，因此广播又具有普及性的特点。（3）传播迅速及时。（4）接近性与反馈性。

广播也有一定的局限性，主要有：传播的信息瞬间即逝，无法使信息长久保留，其流失性不仅比印刷媒介，而且比电视更严重；广播听众的选择性差，不能自由选择时间、速度和内容，只能按顺序接受信息。

2.1.2.4 电视

电视（television）是将音响、文字与活动画面结合起来，运用电子技术传送给家庭或小群体使用的大众传播媒介。电视诞生于1936年11月2日，较广播晚16年。在英国广播公司创办的首家电视台播出之时，电视台的覆盖半径只有 50 千米。第二次世界大战结束后，特别是 50 年代彩色电视的诞生后，电视业真正开始发展起来。60 年代以后，无线电技术与空间技术的结合产生通讯卫星，使电视的传播技术有了质的飞跃。1975 年 12 月，美国无线电公司发射了"通讯卫星一号"，创办了卫星直播电视和有线电视网。80 年代后，有线电视得以普及。随着电视覆盖人口不断扩大，电视以其丰富的表现力、直观性和强烈视听冲击力，使其成为影响甚至改变人们的生产与生活方式的重要媒体之一。

电视同时拥有"视"和"听"两个通道，是传媒中"视"与"听"的一种结合，与广播和报刊相比，电视可以说是一种综合性的符号载体。电视成功地实现了人类视觉与听觉的延伸，它视听兼备、声形并茂，兼有电影、戏剧、报纸、广播的特点，成为一种既具有新闻属性，又具有艺术属性的传播工具。

电视的局限性主要有：传播的信息往往过眼、过耳不留，缺乏记录性，不易保存和查找；观众的选择性差，受设备限制大；制作与播出以及接收转换，都需要昂贵的设备。

2.1.2.5 互联网

互联网（Internet），又称国际互联网或因特网，它同光纤电缆通讯网、都市型双向传播有线电视网、大型电脑数据库通讯系统、通讯卫星和卫星直播电视系统等一起被称为"新媒介"。互联网是计算机技术和网络技术的高度融合的产物，它通过计算机网络、数据网络等相互连接组成一个开放性、交互性和多元性的虚拟空间。自 1969 年阿帕计算机网络（ARPANET）问世至 1993 年，Internet 主要用于科学研究、学术交流和新闻传播。1993 年，美国总统克林顿大力发展信息高速公路，从此在全美掀起网络化浪潮。1998 年 5 月，联合国新闻委员会正式提出互联网是继平面媒体、广播、电视后产生的"第四媒体"。

互联网与报刊、广播、电视等传统大众传播媒介相比,具有如下特点:从媒体形式而言,从单媒体走向多媒体;就传播性质而言,从单向传播走向交互传播。比较而言,报刊、广播、电视之间的区别在于是单向传播文本、声音、还是图像,而互联网则兼容传统传播媒介的优势于一身,而且还带来了信息多元化的选择,改变了人们接受信息的单一方式。台湾学者马惠宁对网络的特点所作的分析可以作为参考,他认为:互联网集合资讯、传播、出版通讯、电视于一体,但与之比较又有如下许多不同。首先,由于它是由分散式网络所构成,网络上任一节点,均能与其他一点沟通。整个网络并没有所谓中央控制。因此传统上的大众传媒法则,如报社、电视台、广播电台拥有媒体的所有经营权,而控制媒体的情形,在网络上并不成立。以现在全世界通行的 INTERNET 与 WWW(world wide web)为例,任何人只要"有话要说",均可将自己的思想、观点传播出去。任何"志趣相投"的人也可以在网络上交换意见,不受"守门人"的影响。其次,新媒体在表达形式上,不被传统媒体特性所限制,新媒体欲打破旧媒体的固定表达模式,可以多种方式呈现新闻,如多媒体中的文字、声音、图像、动画,甚至虚拟环境。新媒体更强有力的是借着电脑的资料检索能力,提供背景资料等超媒体的特殊服务。再次,新媒体"提供互动式"沟通。阅听人不再只是接受信息的人。他们享有绝对的主控权,可以决定受播时间、内容、主题,像是实验中的"随机视听",阅听人更可以随时反馈其态度或决定。[1]

---

[1] 马惠宁. 传播科技——NII 应用与问题. 转引自徐佳士:《新资讯德育对两岸的文化涵义》。

2.2 传媒产业的内涵与产业属性

2.2.1 传媒产业的内涵

产业经济学认为,产业是一个介于微观经济与宏观经济之间的"集合"的概念,即具有某种同一属性的经济活动的集合。它是国民经济中按照一定的社会分工原则,为满足社会某种需要而从事产品、劳务的生产和经营的各个部门和行业。一般地,产业包括以下几个特征:一是同类性,从事同类物质生产或同类服务;二是多层性,形成一个多层次的经济系统;三是关联性,构成一个具有函数关系的经济系统;四是效益性,具有投入和产出效益的经济集群(单位)。产业化就是指某一行业或门类的结构、发展趋势具备产业属性。

关于传媒产业的定义,政府、学术界和业界从内涵和外延的角度给出了不同解释,有的学者认为,"传媒产业,系大众传播媒介产业的简称,包括广播、电视、报纸、期刊四种媒体的产业,并涉及为之配套的相关产业,由此初步形成媒体产业链锥形——包含了广告公司(客户代理公司、媒体购买公司、媒体销售公司)、发行公司、发行监测机构、收视收听监测公司、广告监测公司、节目制作公司和其他配套服务商。"[①] 周伟(2002)在《媒体前沿报告》中指出:传媒产业是以信息媒体为支柱,涵盖相关配套体系的产业,现在的相关配套体系可能还包括了信息的制作、发行和销售,但是还远远不够。国际化大型传媒集团的运行实践表明,通常被认为是传媒机构主营业务的新闻信息传播所带来的收益,在其整体收入框架中仅占比较小的一部分,而

---

① 施喆. 中国加入 WTO 与中国传媒产业. http://www.mediachina.net。

大部分收入则来自对信息的深加工所带来的增值服务。张继缅（2004）的《传媒经济概论》认为：传媒业是现代信息社会为适应传播活动的需要所形成的庞大信息、文化产业系统。这个系统由若干个子系统组合而成，这些子系统是信息搜集、加工系统，包括平面媒体和电子媒体出版机构；信息储存和传递系统，包括平面媒体和电子媒体的发行及传播机构；反馈信息的收集系统等。传媒业不仅对历史的信息、传统的文化进行储存、整理和加工，而且不断对新信息和新文化进行加工和传播。

笔者认为：传媒产业（传媒业）是通过大众传播媒介，从事信息产品的生产和传播，提供信息服务，以市场为导向的经济实体的集合。传媒业包括报纸、杂志、电视、广播、电影、图书、音像制品，以及目前正在迅速崛起的互联网络。其中，报纸、期刊、电视、广播与互联网这五种以传播新闻信息为主的产业是本书的主要研究对象。

2.2.2 传媒产业的产业属性

传媒产业既是文化产业的重要组成部分，又是信息产业的生力军，是一个横跨信息产业和文化产业的边缘性产业，既属于信息产业，又属于文化产业。发展传媒产业既要充分利用信息产业的产业优势，又要充分重视文化产业的规律。

2.2.2.1 传媒产业具有明显的信息产业特征

1962 年，美国经济学家马克卢普在他的《美国知识的生产和分配》中就提出了"知识产业"的概念，明确提出"知识产业"包括通信媒介信息设备、信息服务、教育、研究与开发等五大类。虽然他定义的是"知识产业"，但是从定义的内容来看，与今天所说的信息产业范畴大体相当。自此对信息产业的研究有了长足的发展，但对信息产业目前还没有一个统一的定义。

由美国商务部资助的"美国信息经济研究"中提出一种定

义，认为信息产业是信息产品和信息服务的生产、处理、流通并为其提供一切资源的活动。

美国信息产业协会（AILA）认为：信息产业是依靠新的信息技术和信息处理的创新手段，制造和提供信息产品、信息服务的生产活动组合。

《日本产业标准分类》中将信息产业划分为两类：一是信息技术产业。它是生产信息技术产品、提供信息劳动资料的产业；二是信息商品化产业。具体包括报道业、出版业、数据库业、咨询业、代理人业、教育业、教养业等。

欧洲信息提供者协会认为：信息产业是提供信息产品和信息服务的电子信息工业。

我国信息产业专家乌家培教授认为：信息产业是为产业服务的产业，是从事信息产品和服务的生产、信息系统的建设、信息技术装备的制造等活动的企事业单位和有关内部机构的总体。

上述关于信息产业的定义虽有不同，但是可以得出：信息产业从产业形态和产出形态上具有本产业所独有的特征（如图2-1）。

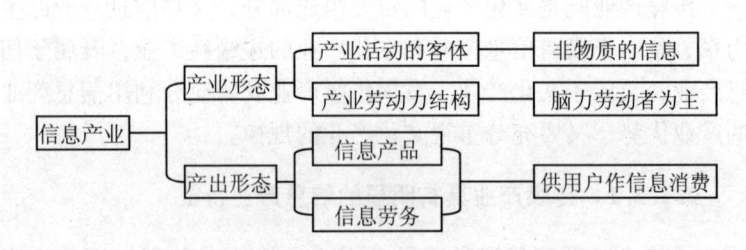

```
                  ┌─ 产业活动的客体 ── 非物质的信息
         ┌─ 产业形态 ─┤
         │        └─ 产业劳动力结构 ── 脑力劳动者为主
信息产业 ─┤
         │        ┌─ 信息产品
         └─ 产出形态 ─┤              ── 供用户作信息消费
                  └─ 信息劳务
```

图2-1 信息产业的产业形态和产出形态

信息产业的产业形态最主要的特征是，产业活动的客体即员工劳动的对象是一种无形的、非物质的信息，产业的劳动力结构是以科学家、工程技术人员、软件设计人员、信息处理分析人员等脑力劳动者为主体，这是其他产业不可能有的。所以，这是信息产业区别于非信息产业的本质特征。信息产业的产出形态是信息产品和信息劳务，这种产品和劳务是非物质的、无形的，是物质产业无法生产的。这种产品和劳务一般不能直接独立对社会发生作用，它或者要经过信息消费者的再劳动或者要和物质生产相结合才能产生效益和增值。这是其他产业所没有的。

从上述信息产业的定义可以看出：无论是国外还是国内，在研究信息产业包括的范围时，总是把传媒产业作为信息产业的一个重要部门，因为传媒业在产业形态和产出形态上具有鲜明的信息产业特征：

从传媒产业活动的客体分析，传媒产业同一般信息产业一样所使用的基本材料是非物质的信息，所应用的基础设施和技术设备都是信息技术产业部门提供的高技术产品。传媒生产以对有用信息的采集为起点，经过整理、加工、存储、传输过程，或以纸质媒体的形式，或以电子媒体的形式生产出来，然后投入市场。这些都是信息产业部门生产过程的最基本特征。

从传媒产业的就业者的文化素质来分析，其劳动者必须是知识、智力密集型的劳动者，他们必须具有一定的专业知识和宽知识结构。否则，就不能适应传媒产业发展的要求。

从传媒产业的产出形态分析，传媒产业是借助一定的物质载体，向社会受众生产并提供的是精神文化产品和服务，生产的产品和劳务都是为用户提供信息服务。这些产品是社会信息高度密集的，时效性极强的，具有一定连续性和涵盖地域范围极广的社会信息产品，它是非信息产业部门无法进行生产的。

2.2.2.2 传媒产业是文化产业的主体

对于"文化产业"的定义，学术界可谓是众说纷纭，特别是对文化产业的内涵与外延界定方面至今也没有形成比较统一的意见。文化产业作为概念有一个发展过程，大体上可以分为三个阶段，第一个阶段，20世纪40年代，法兰克福学派所批判的文化工业，当时欧洲知识界称美国文化为"文化工业"，持严厉的批评性态度。第二个阶段，以 1990 年时代华纳合并为标志，美国开始实施对各类传媒的"非管制化"政策，使得像时代华纳这样的特大型文化产业组织出现了大规模的合并趋势，并开始进军国际市场。这使得欧洲的一些国家，比如像法国，在文化上感觉到威胁，因此提出了将文化产业发展作为一种国家战略。第三个阶段，在经济全球化，特别是以美国为首的，新经济发展趋势之下，世界各国都已经把文化发展战略变成了一种国家发展战略。文化发展，文化产业的发展作为国家发展战略开始被世界各国所认可。

在这个背景下，出现了关于文化产业的最新定义。1997 年，芬兰在《文化产业最终报告》中，将文化产业定义为"基于意义内容的生产活动"。它强调内容生产，不再提工业标准，称"内容产业"，包括建筑、艺术、书报刊、广电、摄影、音像制作分销、游戏及康乐服务，等等。[1]

联合国教科文组织（UNESCO）2001 年对文化产业的定义作了阐述，文化产业一般指受著作权保护，包含创作、生产、销售"内容"的产业。文化产业一般包括印刷、出版、多媒体、视听、录音和电影制品、手工艺品和工艺设计等行业。文化产业既是知识密集型产业，也是劳动力密集型产业。

2004 年，我国国家统计局为规范文化及相关产业统计工作，出台了《文化及相关产业分类》标准，从统计学意义上对文化产业的概念和范围进行了权威界定。"文化产业"这一概念被界定为"为社会公众提供文化、娱乐产品和服务的活动，以及与这些活动有关联的活动的集合"。文化产业及相关产业的范围包括：提供文化产品、文化传播服务和文化休闲娱乐活动有直接关

---

[1] 中国社会科学院哲学所张晓明基于这一定义，将文化产业定义为"生产文化意义内容的产业"。具体分为三个层次：（1）最狭义的概念：文化创作业；（2）扩展性概念：文化制作与传播业；（3）最一般的概念：以文化意义为基础的产业。这个概念所包含的产业包括所有具有文化标记的产品，无论是传统的还是现代的。从服装业，到具有现代商标的一切产品。

联的用品、设备的生产和销售活动以及相关文化产品的生产和销售活动，具体可划分为"核心层"、"外围层"和"相关层"（如图 2-2 所示）。

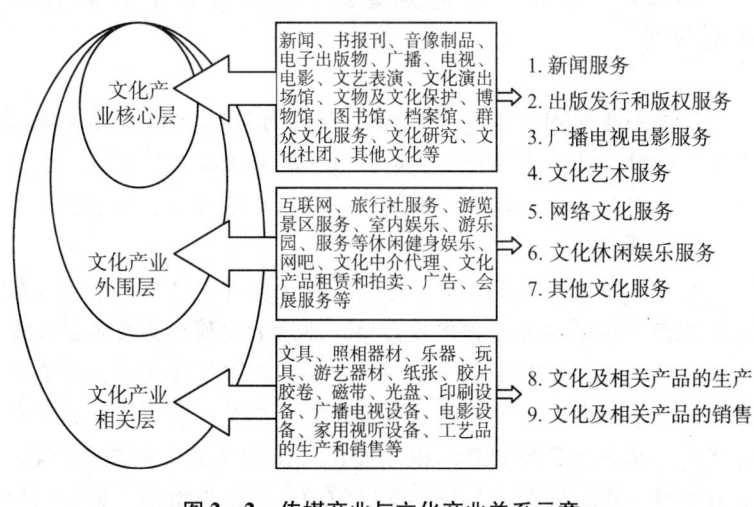

文化产业核心层 ← 新闻、书报刊、音像制品、电子出版物、广播、电视、电影、文艺表演、文化演出场馆、文物及文化保护、博物馆、图书馆、档案馆、群众文化服务、文化研究、文化社团、其他文化等

1. 新闻服务
2. 出版发行和版权服务
3. 广播电视电影服务
4. 文化艺术服务

文化产业外围层 ← 互联网、旅行社服务、游览景区服务、室内娱乐、游乐园、服务等休闲健身娱乐、网吧、文化中介代理、文化产品租赁和拍卖、广告、会展服务等

5. 网络文化服务
6. 文化休闲娱乐服务
7. 其他文化服务

文化产业相关层 ← 文具、照相器材、乐器、玩具、游艺器材、纸张、胶片胶卷、磁带、光盘、印刷设备、广播电视设备、电影设备、家用视听设备、工艺品的生产和销售等

8. 文化及相关产品的生产
9. 文化及相关产品的销售

图 2-2 传媒产业与文化产业关系示意

从图 2-2 中可以看出：以新闻出版、广播影视、文化艺术为主的行业为文化产业核心层，以网络、旅游、休闲娱乐、经纪代理、广告会展等为主的新兴文化服务业为文化产业外围层，以文化用品、设备及相关文化产品生产和销售为主的行业为文化产业相关层。由此可知，虽然文化产业范围比较广泛，但其主体行业门类却是传媒产业。

2.3 传媒产业的产业特性

传媒产业具有区别于一般产业的特殊性质：首先表现在传媒产业具有商品和意识形态双重属性，决定了传媒产业需重视经济效益和社会效益两种效益的统一；其次，传媒产业在产品、消费者、市场等方面具有"二元结构";再次,传媒产业在生产、销售、消费过程中具有独有的特点。

2.3.1 传媒产业的双重属性——意识形态属性和商品属性

传媒产业区别于其他产业的主要特征是其生产的产品为精神产品,同时,传媒要满足人们对信息、教育和娱乐的需求,决定了传媒的产业功能。因此,传媒产业具有双重属性,即意识形态属性和商品属性。

首先,传媒产业具有意识形态属性。传媒主要被用于信息传播、教育、娱乐和舆论监督等方面。政治组织利用大众传媒来宣传其政治主张,影响受众以实现其利益,巩固其政治和经济上的统治地位,这便决定了传媒的喉舌功能。甚至可以说传媒是国家机器的一部分,是国家政治机制能正常运行的必不可少的机构。西方传媒一直标榜自己是政治生活中的一支独立力量,是所谓的"第四权力"。在西方,国家和传媒之间确实存在着控制与反控制的关系,但是传媒只有在政治允许的范围内才有自由,这也是不争的事实。绝对的新闻自由只不过是一种自欺欺人的神话,是为树立民主形象由政府编造的光环。例如,一直标榜传媒"客观"、"独立"的美国,公营广播、电视机构仍然是宣传的阵地。如"美国之音"便是典型的例子,"美国之音"电台的经费经国会批准,由政府全额拨款,其台长由总统任命,并需参议院批准,各语言广播部主要负责人大都由相关外交官担任。1982年以来,"美国之音"每天广播一篇由社论室撰写的代表美国政府观点的社论。这个社论室由美国国务院新闻署、白宫、国防部和政府其他部门的官员组成。2001年,在发生了"9·11恐怖事件"之后,由于"美国之音"不顾美国国务院官员警告,播出了对阿富汗塔利班政权领袖奥马尔的专访,"美国之音"电台台长以及国际广播局局长被撤销职务。我国向来重视传媒的政治方向，强调传媒的意识形态属性，传媒是意识形态的重要组成部分，是党、政府和人民的喉舌。各家媒体都成立了强有力的党委，党委作为最高决策机构决定媒体的重大问题，掌握人事任免权、舆论控制权和资产管理权。

其次，传媒产业具有商品属性。在市场经济环境下，传媒产品是商品，即可用于交换的产品，具有一般商品的基本属性。传媒的商品属性突出地表现在它占有"稀缺的资源"，这个资源就是信息，正是由于这种稀缺资源，使得信息和新闻作为传媒产业的主产品，长期以来成为供不应求的商品。按照马克思主义政治经济学的观点，商品是用来交换的劳动产品，具有使用价值和价值两种属性。使用价值是物品的有用性或效用，是商品的物质内容，它通过交换满足别人的需求而体现自身的价值。价值则是凝结在商品中无差别的人类劳动，是商品的社会属性。使用价值和价值统一地存在于商品之中。传媒的内容能满足受众了解信息的需求，受众可依此来决定自己的行为，因此传媒的内容具有使用价值；另一方面，传媒的内容在生产过程中凝结了传播者的采访、制作、传送等一般人类劳动，因而具有价值。在这个特殊的商品交换过程中，媒体向记者付稿酬；记者向受众提供信息或舆论服务；受众以一定的费用（如收视费）及注意力资源回报给传媒；而广告主则把受众的注意力资源分解为传媒的信誉度、信息质量和传播覆盖率等项主要指标，再依据自身的商业利益支付额度不同的广告费用。① 为了争取更多的受众，扩大传媒的影响力，实现自身尽可能大的价值和商品价值，传媒在生产过程中不断地增加资本投入，提高采编、制作、传送等水平，最迅速、广泛地满足受众的需求，使得各传媒之间的竞争也日趋激烈，同时

---

① 麦克卢汉认为，媒介出售的是受众的注意力——即媒介所凝聚的受众的注意力资源，是媒介产品的传播价值所在。譬如他在分析免费电视的经济回报时指出，电视台实际上是通过一个好的节目来吸引观众的关注，观众付出的不是金钱，而是排他性的关注。社会上的注意力资源越有限，"注意力价值"就越高。邵培仁主编的《媒介管理学》，高等教育出版社，2002。

也推动了传媒事业的繁荣发展。

再次，传媒产业应实现两种属性的统一。从传媒的喉舌功能和产业功能的角度分析，由于传媒的功能受其性质的支配和制约，因此传媒的喉舌功能是产业功能实现的保障，而产业功能是喉舌功能的基础。也就是说，毫无政治地位的传媒无法公平地实现其产业功能，反之，没有任何经济实力的传媒也不能很好地执行其喉舌功能。在传媒活动中不可偏废任何一方，过于偏重一方会导致角色失衡。我国在很长的一段时间里只强调传媒的意识形态属性，而完全忽略了它的商品属性。改革开放后，人们逐步认识到传媒的商品属性，传媒也逐步形成产业，但是直到现在，仍然有一部分传媒把经营和创收作为拾遗补缺、弥补成本的一种手段，而没有真正地认识到宣传和经营实际上是密不可分的。

2.3.2 传媒产业"两种效益"的统一——经济效益和社会效益的统一

传媒产业的双重属性决定了传媒产业的"两种效益"的统一，即经济效益与社会效益的统一。传媒产业是伴随着工业文明和市场经济产生和发展起来的新兴产业。传媒产品的商品属性决定了传媒要面对市场，同其他产品一样必须遵循价值规律，计算投入产出比，讲求经济效益。如果传媒产品自身的经济价值实现不了，企业的投入产出比例失衡，资金周转不过来，传媒产品的再生产就要落空，传媒企业就不可能维持下去，传媒产业的两个效益也无从谈起。同时，物质产品的生产和销售，应当以市场需求为导向，而传媒产品既不能不顾市场需求的导向作用，又不能完全被市场需求的导向作用所左右。传媒产品能够满足人的精神、心理上的需求，因而不可避免地对人们的思想、观念、心理、行为等带来影响，这种影响可能是积极的，也可能是消极的。积极的影响可丰富人们的精神世界，增强人民的精神力量，促进人类的全面发展，推动社会进步；消极影响则可能给社会造成一定程度的危害，对人们的思想产生误导。传媒产品的这种意识形态属性决定它必须讲求社会效益，要求传媒产品必须弘扬主旋律，倡导正确的世界观、人生观和价值观，体现时代发展的要求和人民群众的根本利益，充分发挥其教育、审美、认知以及文明建设等功能。因此，传媒产品的生产必须坚持把社会效益与经济效益有机地结合起来。

传媒产业若完全为市场左右，就会片面追求"卖点"，一味搜异猎奇，就会迷失正确的方向，那种认为追求经济效益就可不顾传媒道德，而忽视社会效益的做法是极端错误的。即便是在西方国家，大多数记者和编辑也认为"社会效益才是传媒的根本目的"。

2.3.3 传媒产业的"二元结构"特征

传媒产业的消费者表现为二元的客户结构——受众和广告客户。以报纸为例，报纸是编辑印发给读者看的，报纸的消费者首先是读者，同时，广告客户也是报纸的消费者，即广告客户需要购买报纸的广告版面来发布信息。报纸的生产者必须考虑满足读者和广告客户两类消费者的需求。读者消费的是报纸内容，报纸的内容和发行地区上存在的差异决定了读者的数量和类型，可以说正是一定内容和地区的报纸形成了细分化市场的一定数量的读者群，这个读者群可以成为某种广告的受众群体，对广告客户具有一定的价值，广告客户可以通过购买报纸广告版面的方式，获得广告受众接触产品信息的时间，报纸也就在分别向读者出售报纸内容和向广告客户出售广告版面的两次销售上获得自己的回报。这也就是报纸作为商品区别于其他一般商品的重要不同之处。

传媒市场呈现二元结构——发行（收视）市场和广告市场。比如报纸存在的发行市场和广告市场是两个相互联系又互相有区别的市场。从报纸市场的竞争关系看，报纸发行市场具有很高的细分性。报纸发行市场细分的主要原因是由读者的年龄、性别、职业、受教育程度、地域分布、阅读习惯、工作性质等影响读者阅读行为的诸多因素造成的。发行细分市场造就了广告市场的细分，不同的报纸提供不同类型的读者，自然形成细分的广告客户群。因此，发行市场和广告市场是相互影响、相互依存、相互促进的关系。报纸经营离不开广告，正是广告收入使报纸能够以低于成本的价格向读者销售，因此广告市场是报纸发行市场得以生存和发展的经济保障；反之发行市场也影响着广告市场，没有良好发行市场，广告就没有良好的传播渠道和好的传播效果，所以发行市场又是广告市场存在和发展的基础。

由传媒产业的二元市场结构所决定，传媒具有二元的价格体系。以报纸为例，报纸的第一种价格就是将报纸出售给读者，由读者所支付的价格，我们称之为报纸的发行价格，发行价格只是读者为购买报纸而支付的货币。报纸的第二种价格是广告客户购买报纸广告版面所支付的价格，我们称之为报纸的广告价格。广告客户通过报纸的读者网络，宣传了自己的产品，获得了受益。

2.3.4 传媒产业的生产、销售、消费特点

传媒产品不同于物质产品，传媒产业生产的是精神产品。在生产、销售、消费过程中，有别于物质产品的生产，具有不同的特征：

2.3.4.1 生产过程不同

传媒产业生产的主要特点是将信息转化为负载信息的物质产品。这些产品的产出，首先是信息的搜集和加工，然后是投入制作。在生产过程中活劳动投入较多，物化劳动投入较少，即传媒产品是凝结着活劳动较多，转移的物化劳动较少的产品，而且是一种以脑力劳动投入为主的产品。报纸上的新闻报道是一种传媒产品，投入该产品生产的资源主要包括：人力资源——脑力劳

动；信息资源——社会经济活动中的各种信息（非物质产品）；生产资料——生产中必需的机器设备，如计算机设备、印刷设备和纸张，等等。新闻报道作为一种传媒产品，投入的脑力劳动部分要比体力劳动部分大得多，而投入的物化劳动部分较少，一条新闻报道中的物化劳动，可能只有活劳动投入的千分之几甚至万分之几。因而，传媒产品的边际成本很低，这就为传媒产业获得利润创造了机会。

2.3.4.2 销售方式不同

传媒产业销售方式的不同主要表现在三个方面：

一是从经济属性看，传媒产品是一种典型的"捆绑销售"的商品。例如报纸，读者购买报纸，往往只因他对某一篇或者某几篇文章感兴趣，仔细阅读的也只是报纸的一部分内容。根据2002年北京娱乐信报委托中国人民大学舆论研究所进行的"北京居民读报情况和读报意愿的大型抽样调查"表明，人们阅读报纸的日平均时长为56分钟。按照每分钟300字的速度计算，报纸读者每天能够仔细阅读的报纸内容平均为16800字，大致是对开报纸5~6个整版的内容——大致是目前综合性日报所提供的全部资讯1/4至1/10。[①]

二是传媒产品的"二次售卖"特征。从表面上看，在传媒产品的销售过程中，价格和价值是背离的。比如报纸，凝聚在报纸中的抽象劳动所形成的价值，远远超过报纸的零售价格；电视节目的发行甚至是免费的（有线电视的收费也不足以补偿成本）。但是传媒业却有相当不错的利润。在其他行业，价格由生产成本加上一个合理的赢利值而确定，商品的价格通常是高于成本，才能赢得利润。传媒产品的这种独特现象主要源于其"二次贩卖"的销售模式。传媒产品要进行两次贩卖才能获得利润，一是将负载着社会信息、娱乐内容的大量传媒产品低价卖给受

---

① 喻国明. 传媒影响力. 南方日报出版社，2003.110.

众；二是将平面媒体的版面、电视的播出时段高价卖给广告主。通过两次价格和价值的偏离，传媒业实现了自己追求的利润和效益。

三是流通环节投入较少。物质产品需要经过运输部门的运输活动和商业部门的销售活动才能由生产领域进入消费领域。其中，运输部门的运输活动是通过火车、汽车、飞机和轮船等交通工具完成的，商业部门的销售活动是通过批发和零售等方式完成的，物质产品的销售在流通环节投入较大。而传媒产品如广播电视，是通过电波直接从生产领域进入消费领域的，受众只要打开收音机就可以听到广播节目，只要打开电视机就可以看到电视节目（有线电视节目稍有例外，它是通过线路传输，受众收看节目受到有线电视管理部门的控制）；网络传媒产品也是一样，经过线路传输从生产领域进入消费领域。因为流通方式不同，传媒产品从生产领域进入消费领域基本上不需要投入什么劳动，即使有投入，投入也远不如物质产品投入的劳动量大。

2.3.4.3 消费方式不同

从消费消费效用分析，传媒产品和物质产品都有满足人的需求和欲望的能力，从而都有效用。但是，二者满足人的需求和欲望的功能不完全相同，物质产品主要满足人的生理上的需要，而传媒产品主要满足人的精神上的需要，它可以满足消费者的多种需要或者给人的生活带来许多方便。通过阅读消费的方式，消费者可以获取知识用以提高自己作为劳动者的素质，也可以用消遣休闲的方式解除长期工作所带来的压力和紧张。同样，报纸所带来的经济信息可以作为消费者获取经济收入、决策经济活动等获利行为的信息资料，最典型的现象就是目前股民通过报纸提供的股市信息来决定股票的买卖，报纸产品的这些"有用性"使受众消费者愿意以支付一定的价格来获取报纸这种商品。不过，人对物质产品的生活性消费只是一次性的。比如，人把馒头吃完，馒头就没有了。传媒产品则不一样，人们收看一部电视节目，看完后电视节目仍然保存在拷贝里,下次还可以拿过来再看,这是物质产品所不能做到的。

传媒产品是一种精神产品,精神产品的消费过程必须伴随消费者某种精神活动,对于不同的人,同一精神产品可能意味不同的价值,政治家注重的是新闻信息体现的社会现状,一个求职者的心中职位信息最重要。而且,每一天,传媒产品的内容基本上都是变化的,因而它的使用价值也随其内容而变化。因此,选择适当的消费群体,扩大消费层次,满足不同年龄、不同职业、不同兴趣爱好者的需求,就成为传媒产业需要重点考虑的问题。

本 章 小 结

本章首先阐述了传媒产业所涉及的传播、媒介、传媒、媒体等基本概念。传播是人类运用符号并借助媒介来交流信息的行为与过程;媒介是指承载传递信息的物理形式,"媒介"只是传播的载体;传媒是传播媒介的简称,"传媒"比"媒介"具有更丰富的含义,"传媒"侧重于动态,更具有传播的意义。媒体是一个综合的概念,是一种生产和传播信息内容的经济单位,是指生产和销售(传播)信息产品的工商业组织。

传媒产业(传媒业)是通过大众传播媒介,从事信息产品的生产和传播,提供信息服务,以市场为导向的经济实体的集合。传媒产业包括报纸、杂志、电视、广播、电影、图书、音像制品,以及目前正在迅速崛起的互联网络。其中,报纸、期刊、电视、广播与互联网是五种以传播新闻信息为主的产业是本书的主要研究对象。

传媒产业既具有明显的信息产业特征,又是文化产业的重要组成部分,具有区别于一般产业的特殊性质。传媒产业区别于其他产业的主要特征是其生产的产品为精神产品,同时,传媒要满足人们对信息、教育和娱乐的需求,决定了传媒的产业功能。因此，传媒产业具有双重属性，即意识形态属性和商品属性。传媒产业的双重属性决定了传媒产业追求"两种效益"的统一，即经济效益与社会效益的统一。传媒产业另一主要特点是"二元结构"特征，主要表现为：二元的客户结构——受众和广告客户，二元市场结构——发行（收视）市场和广告市场，二元的价格体系。

传媒产业生产的是精神产品，在生产、销售、消费过程中，有别于物质产品的生产，具有不同的特征：从生产过程看，在生产过程中传媒产业活劳动投入较多，物化劳动投入较少；从销售方式看，传媒产业具有"捆绑销售"、"二次售卖"、流通环节投入较少的特点；从消费方式看，传媒产品主要满足人的精神上的需要，可以多次重复消费。

第3章
传媒产业政府规制模式和理论依据

传媒产品具有商品和意识形态二重属性。在市场经济中,传媒产品是商品,具有一般商品的基本属性,同时传媒具有意识形态的属性,可以产生舆论导向的作用。而且,传媒产品还是一种文化产品,对社会道德会产生重要影响。因此,传媒产业是一个政府参与和规制较多的产业。尤其是在中国当前的国情之下,传媒产业具有特殊的意识形态属性,比起其他产业,传媒产业规制改革有着更加复杂和微妙的运作机理。为此,本章论述了规制的基本含义和动机,总结了传媒产业规制的模式和方法,分析了传媒产业政府规制的理论依据,为以后章节理论和实践的分析奠定基础。

3.1 政府规制理论及其发展

3.1.1 政府规制概念的争论

"规制"一词来源于英文"regulation"或"regulatory constraint"。[①] 作为规制经济学的一个重要概念,由于对规制含义的

---

① 我国学者对这一词的译法比较混乱,有的学者也译为"管制"。学者陈富良界定了管制和规制的区别,认为管制很容易使人联想到统制和命令的经济形式,而规制更接近英文原来的词义,规制所强调的是政府通过实施法律和规章制度来约束和规范经济主体的行为,故翻译为"规制"更为恰当。为了体现规制与管制的这一区别,在论及计划经济时,使用政府管制;而在论及市场经济体制时,使用政府规制一词。

理解存有争议，西方学者们的表述也有差异。

　　日本学者植草益（1992）在定义政府规制时，把政府规制限定在限制行为上，认为政府规制是社会公共机构（一般指政府）依照一定的规则对企业的活动进行限制的行为。① 维斯卡西（Viscusi，1995）等学者认为，政府规制是政府以行政手段，对个人或组织的自由决策的一种强制性限制。政府的主要资源是强制力，政府规制就是以限制经济主体的决策为目的而运用这种强制力。② 史普博（Spulber，1999）认为，政府规制是行政机构制定并执行的直接干预市场机制或间接改变企业和消费者供需政策的一般规则或特殊行为。③ 萨缪尔森也把政府规制限定在政府对产业行为的限制上。④ 而斯蒂格利茨则将规制拓展到更广泛的范围，认为政府对产业的保护、扶助以及合理化和转换等，都应看做属于政府微观规制的范畴，如为了促进技术创新而进行的减免税收和减轻反托拉斯法的执行力度，以及对幼稚工业的保护等。⑤

　　国内学者在这个词汇的使用上往往比较混乱。有采用"规制"一说的。也有的采用"管制"一说。学者余晖（1997）给出了一个比较通俗的规制定义。他认为，规制是指政府的许多机构，以治理市场失灵⑥为己任，以法律为依据，以大量颁布法律、法规、规章、命令及裁决为手段，对微观经济主体（主要是企业）的不完全公正的市场交易行为进行直接的干预和控

---

① 植草益．微观规制经济学．中国发展出版社，1992.1~2。
② Viscusi W. K., J. E. Vernon, J. E. Harrington, Jr. Economics of Regulation and Antitrust. The MIT Press, 1995. 295.
③ 丹尼尔·F·史普博．管制与市场．上海三联书店，上海人民出版社，1999.45。
④ 保罗·萨缪尔森，威廉·诺德豪斯．经济学．华夏出版社，1995。
⑤ 乔治·斯蒂格利茨．经济学．中国人民大学出版社，1997。
⑥ "市场失灵"术语的首次使用是美国麻省理工学院经济系巴托教授，他于1958年在美国《经济学季刊》秋季号上发表了《市场失灵》一文，正式公开地使用了这个概念，从此这个词被学者们广泛使用。现在，"市场失灵"这一概念通常是分析政府规制的一个逻辑起点。

制。① 而学者王俊豪（2001）将政府管制定义为具有法律地位的相对独立的政府管制者（机构）依据一定的法规对被管制者（主要是企业）所采取的一系列行政管理与监督行为。② 学者陈富良（2001）认为，政府规制是指政府部门依据有关的法规，通过许可和认可等手段，对企业的市场活动施加直接影响的行为。③

3.1.2 政府规制的依据

在市场经济中，政府规制是为了解决市场失灵的一种制度安排。从理论上讲，完全竞争是市场经济的理想状态，即使不存在控制经济体系的主体，由"看不见的手"来引导，也可以实现资源的最优配置。但是，现实经济生活中从来就不存在这种完全竞争的市场状态。况且，即使是充分发挥作用的市场机制，也不能执行社会需要的全部经济职能。市场体系不仅在某些方面不能有效地满足人们生产和生活上的需要，而且在某些方面还会导致不良后果，而这些不良后果又不能通过市场体系本身来加以矫正，这就是通常所说的"市场失灵"。市场失灵的类型不同，政府规制手段或政策也应有所区别，经济学家分别从不同的角度对市场失灵进行了分析。一般而言，导致政府规制产生的市场失灵主要表现在以下几个方面：

1. 市场进入壁垒和市场势力的存在。进入壁垒的存在往往形成所谓的市场势力（Market power）。就是一个市场中如果存在一部分人控制供给，那么就有一定的垄断行为，他们不是价格的接受者而是价格的操纵者。而一个市场要有效地运转，就要求生产者和消费者都是价格的接受者，而不是价格的操纵者。如果

---

① 余晖. 政府与企业：从宏观管理到微观规制，福建人民出版社，1997。
② 王俊豪：政府管制经济学导论，商务印书馆，2001。
③ 陈富良：放松规制与强化规制——论转型经济中的政府规制改革. 上海三联书店，2001。

一个企业有市场势力,它就会变成价格的制定者,其收益最大化定价可能远远高于边际成本,这就引起了"配置非效率"(Allocative inefficiency)。按照资源最优配置理论,价格应当等于边际成本。但实际上由于存在控制市场力量的垄断行为,价格高于边际成本,因此带来效率损失。与市场势力相关的第二类损失叫"生产非效率",其基本含义是如果要在竞争的市场上生存下去,就要不断进行技术改造,降低成本,但如果是垄断者,就没有这个压力,不会积极地降低成本,也不会为了降低生产价格而积极地改进技术,这对整个经济来讲是一个损失。因此,市场进入壁垒的存在可能会使已经建立的企业拥有市场势力形成卖方垄断进而引发市场失灵。传统的产业组织理论把固定成本和规模经济视为市场进入壁垒,但斯蒂格勒和鲍莫尔等人认为,真正的进入壁垒(人为的进入壁垒除外)是"沉淀成本"。沉淀成本和固定成本的区别在于,沉淀成本的显著特征在于其"资产专用性"。

具有市场势力的卖方垄断主要产生于两种情况:一是自然垄断;二是在竞争基础上产生的市场集中和垄断。在自然垄断条件下,有一家企业垄断经营或少数几家企业寡头垄断经营时的生产效率最高。这时,就需要通过政府规制对进入加以限制以防止新企业过度进入,从而引起过度竞争。同时也必须对价格进行规制,以防止垄断定价削减由进入壁垒造成的垄断租金。除自然垄断原因外,在一些竞争性行业同样存在着卖方的垄断市场势力,也需通过规制政策(包括反垄断规制)抑制过度垄断,以促进市场公平竞争,提高资源配置效率。

2. 外部性的存在。外部性是指在两个当事人缺乏任何相关的经济交易的情况下,由一个当事人向另一个当事人所提供的物品束(史普博,1999)。由于外部性的存在,完全竞争市场的价格信号不再能够完全反映商品生产的社会成本和其带来的社会收益,这使得完全竞争市场达到的市场均衡不再是社会最优的,破坏了帕累托效率的资源配置,则需要政府规制外部性问题。

在西方企业理论看来,外部性的产生在于产权界定不清。科斯定理表明,只要产权界定清晰,自由市场经济可以摆脱外部性约束达到社会福利的最优。科斯定理实质上说明的是,在外部性问题上,政府规制是不必要的,只要产权界定清晰,市场可以自己达到最优。但在现实大部分情况下,交易成本非常高,当事人之间的讨价还价并不能解决问题。这就需要政府对产权和契约进行规制,以便削减交易成本。

3. 内部性的存在。内部性是指由交易者所经受的但没有在交易条款中说明的交易成本和效益(史普博,1999)。[①] 同样,内部性可以是正的,称为内部经济,如雇主为雇员提供的上岗培训,这种收益未必在劳动条款中体现;内部性也可以是负的,称为内部不经济,如产品缺陷给消费者带来的伤害,而这种产品缺陷的性状和范围在合约条款中并没有得到充分的预计。内部性发生的主要原因是存在着信息不对称或不确定性。信息不对称意味着在一项交易中,交易一方拥有产品或服务的充分信息,但并不完全向另一方泄露,使对方处于不确定境地。为了避免内部不经济,通过进入规制,以充分提供信息为条件,防止过度竞争可能很有必要。史普博(1999)指出,交易成本或不完全信息可能导致交易参与方不能完全分配交易所产生的净利益,这种净利益的不完全分配即指的是某种内部性,道德风险和逆向选择行为等都会产生内部性。通过政府规制可以降低因内部性而产生的交易成本,具体表现在:第一,政府规制有利于克服因意外事件所造成的交易成本。因为市场交易中存在着很多隐含性合同,这种隐含性合同被违背的概率较高,与其逐个地诉诸费用昂贵的法律,不如由规制机构制定违约的标准罚金并强制执行。第二,政府规制在控制道德风险方面可以发挥作用。委托—代理关系的存在以

[①] "内部性"一词由美国经济学家史普博最早使用。史普博在《管制与市场》第一章注释中还给出了内部性的另一种表述:内部性是指在经济交易者之间交换但没有在交易条款中反映的商品束。这个定义是为了和他所给出的外部性定义表述相对应。参见史普博所著《管制与市场》,上海三联书店、上海人民出版社,1999年版。

及信息的不完全，使得道德风险的发生成为可能，而规制措施的行政成本在减少道德风险方面可能低于市场体系和司法程序。第三，政府规制可有效解决不对称信息问题。不对称信息的存在意味着市场的资源配置无法实现事后效率，因为交易者总是避免暴露自身的信息以保持谈判的优势，这样，内部性的出现就在所难免。这时就需要规制的介入以尽量消除市场交易所导致的事后无效率现象。

4. 市场在公共物品供给方面的局限性。公共物品是一种提供给某个消费者使用而旁人不必另付代价亦可同时享用的商品或劳务。当前西方经济学界通行的说法是公共物品具有两个基本特征：消费上的非竞争性和非排他性。非竞争性是指在给定的生产水平下，向一个额外消费者提供产品的边际成本为零，某人对公共物品的消费并不影响别人同时消费该产品及其从中获得效用。消费上的非排他性是指某人消费一种公共物品时，不可能将其他人排除在外，或者排除的成本很高。公共物品这两个特性使公共物品的使用存在着"搭便车"行为，市场本身不能很好地解决这类物品的供给，因此，保证公共物品充分供应必须依赖政府的力量。另外，公共物品不具有充分竞争的市场结构，虽然公共物品也具有商品价格性质，但却不能像私人竞争性物品那样在市场交换过程中形成，需要政府进行不同形式和程度的规制。

上述市场失灵的存在为规制提供了必要条件，但它们并不是规制的充分条件。因为市场解决不好的问题，政府也不一定就能够解决得好。即使政府能够解决，也不一定就是十全十美的，政府决策过程中也还是会存在这样那样的问题。即为了解决"市场失灵"的政府也可能在干预中存在"政府失灵"，这就需要对规制和不规制的效果进行分析比较，从中找出次优的解决途径。因为规制可能造成很高的成本，甚至超过带来的规制收益。

3.1.3 西方政府规制主要理论的形成与发展

从历史发展角度分析，规制公共利益理论应当算是人们对规制动机的传统认识，也是规制理论发展的逻辑起点。在规制理论中研究为什么要进行规制，规制代表谁的利益，如何规制，哪些产业易受到规制等问题越来越重要。理论界一般认为规制动机理论的发展主要经历了规制公共利益理论、规制俘虏理论（规制部门利益理论）、规制经济理论三个发展阶段。近20年来，西方规制经济学将博弈论和信息经济学应用于自然垄断产业，又形成了激励性规制理论。

3.1.3.1 规制公共利益理论

美国的卡恩（Kahn）、米克尔（Mitnick）、布雷耶（Breyer）、欧文和布劳第根（Owen & Braentigam）、日本的植草益等诸多著名的经济学家是规制公共利益理论的代表者。规制公共利益理论产生的直接基础是市场失灵和外部性的存在。由于垄断、外部效应、信息不对称性等市场失灵的广泛存在，需要政府对市场进行规制。在自然垄断情况下，为避免垄断者限制产出并提高价格从而使公众承受垄断价格，政府就应实行价格规制。同样对于厂商通过合谋、控制对产业的进入而造成的人为垄断，政府也应采用反托拉斯政策使合谋非法，并促使市场向竞争开放。在外部性存在的情况下，增加对负外部性的税收征收，补贴正的外部性，这都可能导致倾向优化的资源配置状态。总之，当市场失灵出现时，规制可以带来社会福利的提高，政府规制应从公共利益出发，哪里有市场失灵，就应在哪里实施相应的政府干预。

但是，规制公共利益理论还存在很多缺陷，遭到部分经济学家的批评。这些问题主要有：（1）波斯纳（Posner，1974）认为，规制并不必然与外部经济或外部不经济的出现或与垄断市场结构相关,更多的情况是企业支持和促使院外活动来要求规制。① 在现实中,厂商支持和促使外部活动来要求规制的情况很多,因为通过规制可以减少市场上的其余竞争者,他们希望通过规制提供稳定的在正常利润水平之上的利润。(2) 施蒂格勒和弗瑞兰德(1962)通过对美国电力事业价格规制的效果研究表明,规制仅有微小的导致价格下降的效应,并不像规制公共利益理论所宣称的那样——规制对价格具有较大的抑制作用。② (3) 阿顿(Utton,1986)认为,公共利益理论仅以市场失灵和福利经济为基础是不够的。③ 除了纠正市场失灵之外,政府还有许多别的微观经济目标,在许多市场中政府期望规制介入,可能与市场失灵关系不大。

3.1.3.2 规制俘获理论

规制俘获理论(也称规制部门利益理论)的典型代表人物有波斯纳、施蒂格勒、佩尔兹曼、贝克尔、维斯库兹等。规制俘虏理论认为,政府规制是为满足产业对规制的需要而产生的,即立法者被产业所俘虏,同时,规制机构最终会被产业所控制,即执法者被产业所俘虏。

斯蒂格勒(Stigler,1971)提出,规制通常是产业自己争取来的,规制的设计和实施主要是为规制产业自己服务的。斯蒂格勒用经济学方法分析了规制的产生,指出规制是经济系统的一个内生变量,规制的真正动机是政治家对规制的供给与产业部门对规制的需求相结合,以便各自谋求自身利益的最大化。规制主要不是政府对社会公共需要的有效和仁慈的反映,而是产业中的部分厂商利用政府权力为自己谋取利益的一种努力,规制过程被个

---

① Posner R. A.. Theories of Economic regulation [J]. Bell Journal of Economics, 1974, (3).

② Geoge Stigler. Claire Friedland, What can the Regulators regulate: The Case of Electricity [J]. Jounal of Law and Economics, 1962, (5).

③ M. A. Utton. The Economics of Regulation Industry [M]. Basil Blackwell, 1986.

人和利益集团利用来实现自己的欲望，政府规制是为适应利益集团实现收益最大化的产物。① 佩尔兹曼（Peltzman，1976）在对市场失灵、政府规制结果的预测、政府在经济规制上的有效性等三个层次上更全面地阐述了规制俘虏理论。他认为，规制易于使组织得好的利益集团受益，组织得更好的利益集团能够提供更大的政治支持，并能从规制立法中获取更多的收益。一般来说，利益集团的行为受个体成员欲望的驱动，利益集团的规模越小，"搭便车"的效果就越小，个体成员行动的欲望就越强烈。② 因此，小的利益集团比大的利益集团更易组织，小的利益集团能表现出对某项规制政策的更强烈的偏好。由此，规制将倾向于保护小的利益集团，而以牺牲大的利益集团为代价。

尽管有许多证据支持规制俘获理论，使之显得比规制公共利益理论更具说服力。但由于规制俘获理论是建立在政府规制者、垄断企业、消费者都被假定为纯粹的经济人，都追求利益最大化；所有的利益相关者都被假定为有合理的预期；忽视政府规制成本对效率的影响三个假设条件基础上的。而这些假设都难以经得起检验（王俊豪，1998）。③ 其严格的假设条件，规制俘获理论同样受到与规制公共利益理论相类似的批评。

3.1.3.3 规制经济理论

理论分析与规制实践表明：规制与市场失灵的存在不完全相关，与规制公共利益理论相矛盾；而且规制也不完全是支持生产者，与规制俘虏理论相冲突。1971年，施蒂格勒发表《经济规制论》，首次尝试运用经济学的基本范畴和标准分析方法来分析规制的产生，从而开创了规制经济理论。佩尔兹曼（Peltzman，

---

① Stigler, G. J. The Theory of Economic Regulation. Journal of Economics and Management Science, 1971, 2 (1).
② Peltzman, S. Toward a More General Theory of Regulation. Journal of Law and Economics, 1976, 19 (2).
③ 王俊豪. 英国政府管制体制改革研究. 上海三联书店, 1998. 36~45。

1976)和贝克尔（Becker, 1983）在施蒂格勒的基础上进一步发展了规制经济理论。

1. 施蒂格勒模型。施蒂格勒的分析前提有两个：一是强制力是政府的根本资源；二是规制机构的行为选择是理性的，都追求效用最大化。长期以来，规制作为一个政治过程被经济学家们看做是外生变量，施蒂格勒认为规制成为经济系统的一个内生变量，由规制需求和规制供给联合决定。施蒂格勒模型的结论是：生产者对立法过程的影响较之消费者有明显的优势，这是因为企业的数量比消费者少，并且企业可能比它们的消费者有更多同质性，花费较少成本即可以组织起来，企业的平均收入高于强加给消费者的人均损失，因而生产者比消费者具有更强的行动激励，所以规制结果必然是有利于生产者。

2. 佩尔兹曼模型。佩尔兹曼模型的关键假设在于控制规制政策的个体会选择使其政治支持最大化的政策。在确定政府政策（包括价格规制和进入规制之外的其他政策）时，立法者决定规制受益集团的规模及向他们转移财富的多少。佩尔兹曼模型主要结论是：立法者（规制者）不会将价格设定为使产业利润最大化时的价格；最有可能被规制的产业是那些具有相对竞争性、或具有相对垄断性的产业；在竞争性产业中企业将从规制中大量获益；而垄断产业规制中消费者将获益。

3. 贝克尔模型①。贝克尔认为规制主要是用来提高更有势力的利益集团的福利。贝克尔模型表明受市场失灵影响的产业（其规制的边际净损失相对较低，甚至为负）更有可能被规制。获益集团有更大的获利潜力以至于他们会动用更多的压力，规制的受害集团则因较低的净损失而不会蒙受更大的损害，一般来说他们将动用较少压力来反对规制。

---

① Becker. A Theory of Competition Among Pressure Groups for Political Influence. Quarterly journal of Economics, 1983.

3.1.3.4 规制激励理论

无论是规制公共利益理论、规制俘虏理论还是规制经济理论，它们存在的根本缺陷是：它们假定政府规制机构与被规制企业在规制方案的制订和实施过程中具有同样多的信息，双方是一种对称信息博弈。建立在这种规制理论上的规制方式主要是服务成本规制或报酬率规制，内容是允许被规制企业利用产品或服务回收总成本，并有一个合理的资本报酬率。激励性规制理论地出现在很大程度上弥补了这些缺陷[①]。

植草益认为，激励性规制是在保持原有规制结构的条件下，激励受规制企业提高内部效率，即给予受规制企业以竞争压力和提高生产或经营效率的正面诱因。激励性规制给予受规制企业一定的价格制定权，让其利用信息优势和利润最大化动机，主动提高内部效率，降低成本，并获取由此所带来的利润增额。因此，相对于传统规制而言，激励性规制只关注企业的产出绩效和外部效应，而较少控制企业的具体行为，企业在生产经营中具有更大自主权。激励规制的手段有特许投标制、区域间标尺竞争、价格上限规制等。

1. 特许投标制理论。该理论强调要在政府规制中引入竞争机制，通过拍卖的形式，让多家企业竞争获得某产业或业务领域中的独家经营权，从而在投标阶段对服务质量及最佳服务价格形成比较充分的竞争，最后报价最低的企业将取得特许经营权。特许投标制提高了垄断性市场的可竞争性，减少毁灭性竞争的范围和不良后果，为规制机构提供了进行价格规制所需要的成本信息。

2. 区域间标尺竞争理论。该理论的基本思路是以独立于本区域的其他区域中与本区域受规制垄断企业生产技术相同、面临

---

① Crew M. A. Paul R. Kleindorfer. Regulatory Economics: Twenty Years of Progress ? Journal of Regulatory Economics, 2002 (1).

需求相似的垄断企业的生产成本为参照，制定本区域垄断厂商的价格和服务水准，以刺激本区域垄断企业提高内部效率、降低成本、改善服务。标尺竞争的意义还在于为规制机构提供了被规制企业真实成本信息的参考。

3. 价格上限规制模型。价格上下限规制模型认为价格规制的目标是把价格和利润保持在一个既不失公平又对企业有提高效率刺激的水平上，以此目标为出发点，把规制价格与零售物价指数和生产效率挂钩，并最终促成价格规制上限模型的形成。该模型的主要特点是政府对企业价格的直接规制，并且在规制价格的同时给企业以利润最大化的自由，赋予企业通过技术创新和挖掘生产潜能提高生产效率的激励。

3.1.3.5 规制放松理论

由于规制失灵的日益明显以及与规制有关的理论研究的不断深入，20世纪70年代，西方发达国家出现了放松规制的浪潮。支持规制放松政策的主要理论有可竞争市场理论、政府规制失灵理论。

可竞争市场理论是由鲍莫尔（Baumol）[1]等人提出的，核心内容是：以关于潜在竞争的一系列假设为前提，指出由于存在潜在进入者的压力，市场在位者无须政府规制也不可能获得垄断超额利润，而只能将价格定在超额利润为零的水平，并实现资源配置的最优化。可竞争市场理论从理论上对政府规制提出了挑战。在可竞争市场理论看来，即使是自然垄断产业，只要市场是可竞争的，政府规制就没有存在的必要，规制机构所要做的不是限制进入，而是应降低产业的进入壁垒，创造可竞争的市场环境。

政府规制失灵理论认为，政府规制的本意是为纠正市场失灵，但由于个人私利、信息不对称等原因以及规制成本的不断上

---

[1] Baumol, W. J. Panzar, J. C. and Willig, R. D., Contestable Markets and the Theory of Industry Structure, Harcout Brace Javanovich Ltd., New York, 1982.

升,也会导致政府规制的失灵。规制失灵主要表现在以下几个方面。(1) 政府规制会产生大量的寻租行为。(2) 政府规制的目标常常发生偏差,导致企业内部效率低下。(3) 政府规制成本高昂,规制本身的效率低下。

3.2 西方传媒业产业规制的模式

传媒产业作为一种极具自然垄断的行业,加之其外部性的广泛存在,历来是政府规制的关注对象。美国传播学者施拉姆指出:"不管什么样的广播体系,人们一般会受到一些控制,至少在频率分配、保护听众和观众不受诽谤性或猥亵性材料之害的法律,保护材料所有者的版权不受侵犯的法律以及保护政府不受煽动性广播之害的法律等方面。除频率分配外,报纸不论在什么样的制度下也都受到同样的控制。这就是说,所有的制度都必然在某种程度上对它们的媒介加以控制和管制。"[①] 西方各国尽管在规制框架上具有共性,但由于各国的先决要素制度和基础理论体系存在着差异,各国的政府规制体制实际上具有不同的个性特征。综观世界各国的传媒管理体制,主要存在三种规制模式:高度商品化的美国分权型模式、以公共事业体制为主的欧洲社会型模式和以多样性为目标的日本政府型模式。

3.2.1 高度商品化的美国分权型模式

在美国,以广播电视为代表的传媒管理体制是以商业利益为出发点的,是历史最悠久、发展最为成熟的传媒管理模式。在高度商业化的管理体制下,大多数传媒机构为私人所有,具有独立的经营管理权,其言论自由受法律保护,媒体只对法律负责,独

---

① 威尔伯·施拉姆.传播学概论.陈亮等译.新华出版社,1984.183.

立于政府，媒体具有较为宽松的独立发展空间。尽管也有政府支持的广播台、电视台等，但其主体是自由的经济实体——商业传媒集团或机构，所以大众传媒中的新闻业在美国有"第四种权利"之称。当然，这并不意味着美国政府对传媒产业就放任自由。20 世纪 20 年代，广播电台在美国出现。1927 年，美国政府制定了《广播法》，组建了联邦广播委员会（FRC）。该机构管理广播电台、公共服务、紧急服务等，发放许可证、分配广播频率、控制电台播出功率。在凯恩斯主义盛行的时候，美国政府加强了对大众传媒产业的规制，从而产生了 1934 年的《通信法》以及随后成立的联邦通讯委员会（FCC）。FCC 取代了先前的联邦广播委员会（FRC），负责管理全美国的无线电事务，以保证使用无线电为公共利益服务。20 世纪 80 年代，政府主张放松规制，在此背景下政府减少了对传媒产业的控制和管理，直接由市场调节。20 世纪 90 年代，出台了《联邦电信法》。这一法案大大放松了对传媒产业的规制，主要表现在以下几个方面：一是放宽了对美国媒体所有权的许多限制，比如放宽了单一集团所拥有电视台的全国观众的上限由原来的 35% 调高到 45%；二是基本上取消了对电视台和报纸同一城市交叉持股的限制；三是放宽了对当地电视台所有权的限制，传媒公司可以在更多的市场拥有两家电视台，在纽约和洛杉矶这样的超级城市，一个公司甚至可以拥有 3 个电视台。传媒产业规制的放松使美国广播电视出现了前所未有的兼并、集中、整合的现象，超大型传媒集团的实力越来越强。

美国传媒业政府规制具有四方面的特点：① 第一个特点是规制具有分权制约性。表现在以国会和联邦法院为代表的立法规制、司法规制，与以 FCC 为代表的政府规制之间形成了分权制约的关系，这体现了三权分立的制度特征。第二个特点是规制机构采取独立委员会体制。FCC 是直属于政府的合议制的委员会体

---

① 张志. 论西方广电传媒业的公共规制. 国际新闻界，2003（5）：49~54。

制，在决策上具有一定的独立性，同时具有行政权、准立法权和准司法权。准立法权是指在宪法和国会立法的基础上，根据《联邦行政程序法》制定具有一定法律效力的规制条例和行业章程。准司法权亦称准裁决权，指规制机构对一般性行政案件拥有裁决权。FCC还具有很强的专业性，委员会由各方面的专家组成，这可以提高规制的效率。第三个特点是规制目标的多元性。即多样性、竞争性和公共性的统一。多样性是指广电服务内容和服务方式要具有多样性，以保证"思想市场"的自由度；竞争性是通过规制制度和竞争制度来限制过度垄断和垄断权力的滥用，以促进广电传媒收视效率；公共性是指服务的普遍性和公正性。第四个特点是公共规制的系统性。表现在既有旨在约束媒体行为的行为规制，也有优化产业结构、市场结构的结构规制；既有针对电视网的网络规制，也有针对性很强的有线电视规制和公共广播电视规制，从整体上形成了比较完善的产业规制体系。

3.2.2 以公共事业体制为主的欧洲社会型模式

长期以来，以英国、德国等为代表的欧洲国家主要采用的是公共事业体制的传媒管理模式。公共事业体制是将传媒作为公共事业，不受政府直接控制和管理，传播活动具有独立性。经济来源以视听费、发行费为主，不足部分往往由政府补足，传媒企业更多地被看做是政治体系的组成部分，传媒同时通过团体或个人捐款获得一定资金。传媒不以赢利为目的，强调其公众服务性和独立性，强调传媒的社会责任[①]，普通百姓的自由也应受到最大程度的保护。这个体制从一开始就确立了两个基本原则：非政府和非商业。可实际上在非商业方面做得比较彻底，而在非政府方面却从未真正实行过。

---

① 吴俐萍，李昕．西方传媒管理体制变迁及对我国的启示．武汉科技学院学报，2005 (9)：57~59。

欧洲各国的传媒规制体制最大特点是在政府规制和法律规制之外设有独立规制机构。据20世纪90年代中期的调查，在被调查的40个欧洲国家中有28个国家设立了广播电视的独立规制机构，共设立了42家。这些独立规制机构具有独立于政府行政系统的法律地位，它是被赋予从外部对传媒产业进行广泛性规制权限的公共性机构，其功能涉及到6个方面，即视听媒体管理功能、监督规范功能、节目监视功能、调整规范功能、准司法功能以及建议和劝说功能，同时也拥有相应的6种权限。另外，政府与传媒的关系还通过新闻传媒的组织进行协调，如在法国报业界，全法报业联盟、巴黎新闻公会、地方日报公会、省级日报公会、巴黎周报公会、专业新闻期刊联合会、新闻期刊联盟等报业组织，其任务是维护所属成员的合法利益，代表报界向政府机构、广告界等开展工作，如与政府谈判对报业的优惠政策等。

20世纪80年代以来，受经济全球化及技术进步等诸多因素的影响，欧洲逐步开放了各自的传媒市场，允许私营传媒或国外的商业传媒集团进入本国传媒市场，公共事业体制受到了较大的市场冲击，公共传媒组织被迫向商业传媒组织让步。

3.2.3 以多样性为目标的日本政府型模式

日本对大众传媒的规制可追溯到1893年的《出版法》和1909年的《新闻纸法》。第二次世界大战后日本的广播电视法律规制是在1950年颁布电波三法的基础上确立的，① 随后设立了日本最早的广播规制机构——电波监理委员会。这一独立的行政委员会不久被邮政省的电波监理审议会所取代，后来在邮政省内又形成了以两局两会为主体的政府规制体制。从2001年起变为由总务省直属机构行使政府规制职能的体制。日本对传媒产业的规制

---

① 植草益. 微观规制经济学. 朱绍文、胡欣欣等译校. 中国发展出版社，1992.15~19。

体制以多样性目标导向，多样性是指广电媒体必须反映社会舆论和政治生活的多样性，另一方面媒体必须满足受众的多样化需求。

日本传媒规制的主要特征是以政府规制为主导、自主规制为补充的规制体制。日本政府规制的职能是由实行行政首长负责制的政府部门与实行合议制的政府委员会来共同承担的，严格地说属于混合型的政府规制体制。与政府规制有关的制度有广电许可制度、行政指导体制、电波监理审议制度。立法规制体系由宪法、民法、刑法、社会法、经济法的相关条款和电波法、广播电视法等行业法律构成，由它形成对传媒和政府规制机构的双重约束。日本建立自主规制制度的理念是：对于公营媒体来说，自主规制是履行公共服务职能的必要保障；对于民营媒体来说，自主规制是兼顾"公共性"与"营利性"、实现社会责任的重要保障。自主规制主要通过行业自律组织及其所制定的规章、公营媒体和民营媒体内部的自律性机构及其规章来实现。①

3.3 传媒产业政府规制的理论依据

从经济理论上说，政府规制的根本原因是市场失灵，造成市场失灵的原因有：外部性、准公共品特性、信息不对称性、自然垄断性等技术经济因素。但是传媒产业除具有上述技术经济特征外，在大多数国家，传媒还被认为是一种社会公器，负有特殊的社会责任，肩负着社会效益和经济效益的双重使命。尤其在中国，由于特殊的历史和政治原因，造就了我国的传媒产业天生就担当着"党的喉舌"的功能。为此，政府对传媒产业的规制还产生于其他一些非经济因素，如传媒产业的意识形态属性。基于非经济因素的影响，相对于其他自然垄断产业而言，传媒产业受到了更严厉的政府规制。

---

① 张志.论西方广电传媒业的公共规制.国际新闻界，2003（5）：51~52。

3.3.1 传媒产业的外部性与政府规制

外部性是指一定的经济行为对外部的影响，造成私人（企业或个人）成本与社会成本、私人收益与社会收益相偏离的现象。通俗地说就是一个企业的活动或者一种产品的消费对其他企业、消费者或者社会造成有利或者有害的影响，而该企业并不为此承担相应的成本或者获得相应的报酬。外部性分为两类：一类是正外部性，即对其他厂商、消费者或社会所产生的没有报酬的有利影响；另一类是负外部性，即对其他厂商、消费者或社会所产生的不承担成本的不利影响。当一种产品或者活动具有外部性时，其价格就与其社会价值发生背离，需要通过政府规制加以纠正。传媒产业是一个具有很强外部性的行业，传媒产业的外部性主要表现对政治、社会生活两方面的影响。

从政治上看，传媒对一些时事动态的报道所产生的效果远远不止于报道信息本身，具有很强的政治效应。1978年，发表于《光明日报》上的《实践是检验真理的唯一标准》一文在全国范围内引起极大反响，引导人们开始挣脱"左"的思想束缚，接受新思想和新观念，并进行理性思考，人们在逐渐接受新的价值判断标准、新的政治思想观念的同时，打破了改革前的思想禁锢和观念障碍。思想解放了的人们开始盼望改革、呼唤改革，一些地方自发地开始了小范围的改革，当20世纪80年代新的经济改革和政治改革措施一出台，就受到了全国人民的一致拥护。相反，中国传媒在文化大革命中的虚假报道对这一错误运动的继续恶化起了巨大推动作用，具有负的外部性。因此，政府需要对传媒产业进行科学合理地规制，从而充分发挥传媒产业正的外部效应，最大限度减少负外部效应，以维护执政党执政安全。

在社会生活方面，传媒信息的影响面广、传播速度快，无论是正外部性还是负外部性，都会对社会生活的各个层面产生巨大影响。一些格调高尚、内容严肃、富于教育和启发意义的传媒产品，有利于受众提高自身的素质与修养，他们的行为可能会导致整个社会效率的改善与提高，使得社会收益大于传媒机构的市场收益。如图 3-1 所示，假设传媒产品的社会收益可以折算成货币来度量，横轴表示传媒产品的产量 Q，纵轴表示收益 B，生产者市场收益 MB 和社会收益 SB 都是产量 Q 的增函数。当 $Q=OA$ 时，$SB=OD$，$MB=OC$，且 $OD>OC$。正的外部效应引起了生产者成本和社会成本的差异，即：因为市场需求小，生产者承担了全部成本却未得到相应的收益。社会获得额外收益（当产量为 OA 时，CD 是额外收益）而未支付相应的成本。所以，此时的传媒产品的生产是具有一定风险的，但它们对社会的发展、人类文明的进步来说又是不可缺少的。当生产者没有足够的资本和能力承担这样的风险时，往往会出现供给不足，政府应对这些具有明显的正外部性的传媒产品给予一定的补贴。否则，传媒产品的收益不能抵偿成本，违背市场经济规律，就会导致市场失灵。

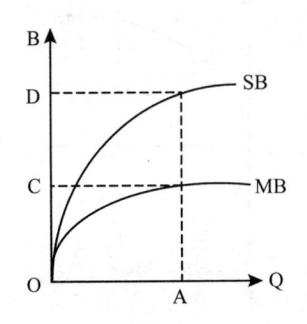

图 3-1 传媒产业的正外部性

与具有正外部性的传媒产品相反，对于很多以传播暴力、色情等黄色内容为主的传媒产品来说，受众接受类似信息可能会导致模仿行为，造成对其他人的伤害，使得社会收益小于传媒机构的市场收益。特别是当传媒机构只为某个利益集团服务时，可能会威胁到公共利益和社会秩序，社会其他主体为了抵消这种消极影响必然追加一定的成本支出,即社会为其承担了一部分成本。同样,对于发布虚假信息、失真信息、过时信息、错位信息的传媒产品,也会给社会造成了信息公害,这些产品是没有社会需求的。

"垃圾"传媒产品是具有负的外部性的信息产品,它不仅浪费了社会稀缺资源,而且危害了社会,社会收益为负。然而,社会得到负收益却要支付社会福利双重损害的社会成本,生产者只承担了一小部分成本却能得到超额利润。"垃圾"信息的产量越大,生产者的收益就越大,对社会的危害也越大。如图3-2所示,当Q由OA增加到OA_1时,对于生产者的收益MB,OD_1 > OD,对于社会的收益SB,$|OC_1|$ > $|OC|$。所以说要消除"垃圾"信息对社会负的外部效应,只有当A点与O点重合,即"垃圾"信息产量为零。

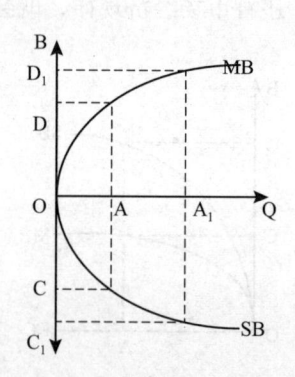

图3-2 传媒产业的负外部性

传媒市场无论正的外部性,还是负的外部性,都需要政府规制。对于传媒市场负的外部性,需要政府加强规制,以消减负的外部效应;而传媒市场正的外部性,需要政府建立某种补偿机制,以刺激传媒企业正的外部效应行为,或直接由政府从事正的外部性活动。

3.3.2 传媒产业的信息不对称性与政府规制

传统经济学理论的一个重要基本假设是市场信息是对称和充分的，但是现实上存在着大量信息不对称的问题。信息不对称性指交易信息在交易者之间是不对称的，一方往往比另一方占有更多的相关信息而处于信息优势地位，而另一方处于信息劣势地位。比如生产者和消费者，生产者经过产品生产的整个过程，充分了解自己产品的质量、性能和成本等情况，而消费者对这些信息了解很少，因此，消费者经常处于被欺骗地位。对于消费者来说，尽管他可以搜寻大量的信息以减少自己的信息劣势，但是信息搜寻是需要成本的，信息搜寻成本往往会超过搜寻的收益，因而会降低市场效率。对于一般产品而言，其销量对价格产生的影响有两种情况：一种情况是销售量越大，消费者认为该种产品的质量越高，市场评价越好。所以，向消费者宣扬该种产品的销售量很大，通常会刺激更多的消费者购买该种产品。另一种情况是，某种产品的生产量越少，消费者越是倾向于高估其价值，如各种收藏品、时装等，只有被确认为数量稀少才能刺激购买。但是传媒产品的经济价值同其销售量的关系却不同于一般商品，传媒产品的经济价值决定于传媒的受众数量。传媒的受众数量的经济价值并不仅仅是产生于消费者满意度，也不是供求关系对价格决定的影响，而是直接产生于广告客户所能获得的实际使用价值的多少，也就是说，购买不同受众数量的媒体广告所获得的使用价值量是不同的。这样，传媒机构有义务向广告客户披露受众数量的真实信息。但现实的情况是传媒的受众数量是一个典型的信息不对称市场，即卖方充分了解传媒的受众数量，而买方却没有关于受众数量的可靠信息，这种信息不对称必然导致双方失去信任，没有信任的市场会使双方都付出代价，最后，必然会导致要求产生一种能够披露传媒的受众数量信息的机制，从而形成新的信任基础。

以报纸为例，假定市场上有A、B两种报纸出售广告版面，最初买方完全相信它们。A诚实公布发行量，而B虚报发行量，B获得更多利益。A了解以后，也开始虚报。这样买方开始怀疑卖方的信息。当报业市场买卖双方失去信任后，交易形成了欺骗的逻辑：当别的报社说真话，只有我说假话时，我才会得益。但是如果每家报社都这样想，则谁都不说真话。因此，信任也出现"劣币驱逐良币"，假话行为把真话行为驱出市场。因为说真话反而吃亏，即使说了真话，也往往被买方认为是说假话，真话也失去了价值，造成"虚数驱逐实数"。在这种情况下，对报纸发行量的真实数据提供的社会性规制的需求就出现了，报业市场急需形成一种能够披露发行量真实信息的机制。学者金碚（2002）分析了建立这种机制的过程，① 在图3-3中可以看到，假设在开始时就存在一个完全信任的市场，由各报社公布自己报纸的发行量，虚报发行量的报纸可以获得短期利益，这就使得市场蜕变为"半信半疑"的性质，即大家对报社所公布的发行量既不能相信，又不能全相信。因此，只能以报社自己公布的数字为参考进行猜测。结果是使市场进一步蜕变为完全没有信任的性质，即不仅不能相信报社公布的数字，连数字的参考性都完全没有了，所有的人都说假话，导致所有的报纸都受损害，报纸的广告需求减少。于是，产生了要求第三方证实发行量数字的需要，以恢复市场的信任。这样，最终将导致形成一种披露发行量真实信息的机制。

同报纸一样，广播电视存在收视（听）率、互联网存在点击率信息不对称问题，这就需要政府通过规制来建立一套披露真实信息的机制。在美国，设有发行量审计局（Audit Bureau of Circulations），负责稽核出版物的发行量，向买主保证申报的发行量确凿无误。对于报纸、印刷媒体的买主和卖主，发行量审计局按地区、按邮政编码、按指定的市场区域或城市统计区域获得

---

① 金碚.报业经济学.经济管理出版社，2002.258。

出版物日发行量的数据。

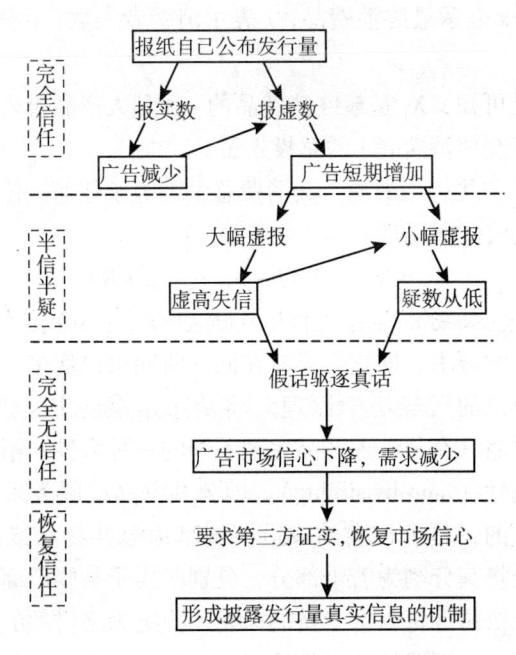

图 3-3 报纸发行量信息不对称的结果

3.3.3 传媒产品的公共物品属性与政府规制

从经济学的角度分析,传媒产品具有公共物品的特征。美国经济学家萨缪尔森(Samuelson P. A.)在《公共支出的纯理论》一文中利用数学表达式给出了公共物品的定义。[①] 他认为,某种私人产品的总消费量等于全部消费者对私人产品消费的总和,用公式表示即:

---

① 保罗·A·萨缪尔森. 公共支出理论:经济学和统计学的回顾. 纽约:麦克鲁希尔出版公司, 1954. 387~389.

$$X_j = \sum_{i \in I} x_j^i \quad (j = 0, 1, \cdots, J)$$

式中：x 表示最终消费品；i 表示消费者人数；j 表示私人物品投入量。

从上式可知，X_j 是最终消费品的 j 项私人产品投入量，显然它应该等于全体消费者 i 的总投入量。

而对于公共产品来说，其消费总量则等于任何一位消费者的消费量。用公式表示即：

$$X_k = X_k^i \quad (k = J+1, \cdots, J+K)$$

纯粹的公共物品是指每个人消费这种产品不会导致别人对该种产品消费的减少。即它们具有在同一时间可以使多个个体得益的特征。曼昆的《经济学原理》将萨缪尔森的定义加以引申，指出公共产品具有与私人产品完全不同的三种特性：第一，效用的不可分割性（non-divisibility）。即公共物品或服务是向整个社会共同提供的，整个社会的成员共同享用公共物品或服务的效用，而不能将其分割为若干部分，分别归属于某些厂商或个人享用，或不能按照谁付款谁受益的原则，限定为之付款的个人或厂商享用。第二，消费的非竞争性（non-rivalness）。公共物品不会因为有更多的消费者而影响其他人的享用质量，也不会因多一个人享用而降低了效用。非竞争性包含两方面的含义：其一，边际生产成本为零。这里所说的边际成本是指增加一个消费者对供给者带来的边际成本，并非微观经济学中经常分析的产量增加导致的边际成本。在公共物品的情况下，消费者增加和产量增加导致的边际生产成本并不一致。例如，海上灯塔是较典型的公共产品，增加一艘船经过邻近海域得到指引并不需追加任何生产成本，但若再造一座灯塔，则边际生产成本显然并不为零。我们讨论公共物品非竞争性时强调的是消费者增加带来的边际生产成本。其二，边际拥挤成本为零。每个消费者的消费都不影响其他消费者的消费数量和质量，这种产品不但是共同消费的，也不存在消费中的拥挤现象。第三，受益的非排他性（non-excludability）。即在技术上没有办法将拒绝付款的个人或厂商排除在公共物品或服务的受益范围之外。不论个人或厂商是否为之付款，都能从提供的公共物品或服务中得到利益。或者说，任何个人或厂商都不能用拒绝付款的办法，将其所不喜欢的公共物品或服务排除在其享用范围之外。只有同时满足上述三个特征的产品，才被称为纯粹的公共物品。

传媒产品按其性质可分为内容产品和广告产品。广告产品的需求者是广告商，按照以上三个标准，广告完全不具备上述公共产品的特征，它属于"私人物品"。首先，广告具有消费的竞争性，广告者出资购买了媒体的某一时段、版面，就排除了其他商家占有同一时段、版面的可能。另外，广告消费遵循"谁投资谁受益"的原则，具有受益的排他性。不少产品做广告后，销售剧增，商家因此受益，赚取巨额利润。所以说，广告是私人物品。

但是，传媒内容产品的需求者是广大受众，具有全部或部分公共物品的属性。无线广播和电视同时具备以上三个条件，属纯公共物品。首先，广播和电视节目被发射台发射出去后，受众只要拥有收音机或电视机就能收听或收看同样的节目，具有受益的非排他性。其次，电视观众不相互排斥，在消费上不存在竞争，不会因更多的人收看电视节目，排挤掉一部分观众，或影响他人收看节目的质量。广播电视服务机构也不会因为增加一个受众而增加成本，即增加一个新观众的边际成本为零，因此，无线广播和电视具有消费的非竞争性。再次，收听或收看节目是共同受益，即任何人都能从中享用信息，其效用不能分割也不能在技术上进行控制，即不能采用谁付款谁受益的原则，将其效用分割给某个人或某个厂商，所以无线广播和电视具有效用的不可分割性。

报纸、杂志、有线电视、卫星电视、互联网等满足公共物品的部分条件，属于"准公共物品"。例如。报纸、杂志具有竞争性和效用分割性，报刊之所以有竞争性，是因为一个人拥有一份报刊而另一个人则不能拥有同一份报刊；报刊之所以在效用上具有可分割性是因为购买了这份报刊,报刊的产权所有权就属于谁,谁可独自占有享用这份报刊。又如收看有线电视和卫星电视节目,需要支付初始安装费或成本,并按月交纳收视费。对那些不支付或支付不起费用的人群,可以从技术上将其排除在收视群之外,使他们无法享用这些服务。虽然报刊、有线电视、卫星电视、互联网等有排他性,即属于在技术上实现排他的公共物品或服务,在商品的技术层面是私人品,但其内容却有公共品的属性。因为从传媒提供的内容考察,传媒的首要作用是提供新闻和信息,告知受众周围世界的变动,尤其是与公众利益密切相关的最新变动。新闻属于公共产品,因为传媒所提供的信息是可以公开的,获得信息的人不一定要付费,并且一旦传播出去,就可以为更多人知道,即使没有购买的人也了解了内容,并且不存在侵权的问题。

综上所述,传媒的内容产品具有公共物品的属性,仅仅依靠市场机制的作用难以产生充分有效的传媒内容产品的供给,政府需要对符合公众利益的新闻信息主动提供或者提供资助。

3.3.4 传媒产业的自然垄断特性与政府规制

传媒产品具有巨大的沉淀成本和边际成本接近于零的成本结构特征、网络的外部性和正反馈效应、经验品特性决定了传媒产品具有自然垄断的特性。[①] 尤其是广播电视产业,自然垄断的特性更为明显。在有线网络出现之前,广播电视产业的基础设施是"稀缺"的公有资源——频道、频率,产权不能被明确界定,不能分割到适用于私有制的状态。人们普遍认为广播电视产业是一种公用事业(Publicutility),正如卡恩所言,竞争性的市场模型无法描述公用事业这种经济形式,因此,为了达到所有权的完整,政府很自然地被视为公共利益的代表去管理这些资源。有线

---

① 关于传媒产业自然垄断的属性在本书第六章进行深入阐述。

网络出现之后，在广播电视产业的基础设施建设和运营过程中，成本次可加性的技术特点成为自然垄断的直接原因。在这样的产业里，有线网络的初始投资巨大，于是沉淀成本的存在对新进入者而言，无疑是一种递增的风险，而已在位的企业却可以不考虑已经承受过的支出。此外，传媒的自然垄断属性还与传媒的产品特性有关。在不完全竞争条件下，取得了优势地位的传媒，拥有数量较大的受众，而且信息产品的内在黏性特征使得媒体受众具有较高的稳定性和品牌忠诚度，很容易抗拒新的市场进入者，从而形成垄断。① 这种自然垄断是市场失灵的一个主要根源，传媒产业的垄断可能会破坏传媒产品的多样性从而减少了传媒受众的福利，所以政府有必要通过规制保证市场效率、确保传媒产品的多样性。

3.3.5 传媒产业的意识形态属性与政府规制

大众传媒是政治的一种工具、手段、载体和途径，是展示政治主张和政治实力的舞台，有时甚至就是政治本身——传媒间的斗争演变成为政治斗争。传媒在政治中的作用以及传媒与政治之间的关系日益得到人们的重视和研究。按照马克思政治经济学理论，上层建筑是与经济基础相对应的范畴，它是指社会的政治、法律、文艺、道德、宗教、哲学、新闻出版等意识形态以及与这些意识形态相适应的政治法律制度和设施的总和。经济基础和上层建筑之间的矛盾是人类社会的一对内部矛盾。在这对矛盾中，经济基础决定上层建筑的产生和上层建筑的性质，任何上层建筑都不是凭空建立起来的，而是在一定的经济基础之上产生的，有什么样的经济基础，就必然有什么样的上层建筑与之相适应。大众传媒不仅仅是传播的工具、手段，它还是特定意识形态和文化

---

① 黄必烈. 世纪初中国传媒业与资本市场：政策与机会. 现代传播，2003（3）：80。

价值观的载体，具有巨大的意识形态影响力，当它进入人们的社会生活、精神世界，甚至会比宗教、政治、艺术等传统意识形态的影响还要巨大。传媒之所以具有强大的意识形态影响力，是因为它能将巨大的物质力量、科技能量以及特定的意识形态和文化观念转化成一股强大的文化力量，并以媒介权力（media power）的形式表现出来。媒介权力是由一定社会的经济基础决定的，是统治地位的上层建筑的组成部分。① 作为一种意识形态，它随着社会的发展和传播技术的进步，逐渐成为社会权力结构中具有强大影响力的部分，并日益渗透到人们的日常生活之中，塑造着人的信念和行为，对人们形成一种无形的软性控制。有时，媒介权力甚至以社会舆论和社会思潮的形式出现，借助信息使受众态度与行为发生预期改变，成为一种支配社会的力量。

正因为传媒如此巨大的效力，使传媒与政治利益紧密地联系在一起，无论何种政治形式都不会放弃对传媒的渗透与参与，因为传媒意味着舆论的主导权。正因为这样，传媒毫无例外地被不同制度的国家政府置于极其严厉的规制之下，对传媒产业施以严密的监督管理。有所差别的只是提法不同而已，有的实行国家垄断，有的推行行业专营，有的颁行《新闻法》、《广播法》、《电信法》，有的设立专门的委员会，有的规定"喉舌"职能等，但万变不离其宗，都是千方百计保证传媒恪守规则，不出弦外之音，不搞离经叛道。与此同时，政府也对这位"无冕之王"给予一定的特殊优惠，包括提供财政拨款，制定保护性政策，为记者采访提供基本的方便条件等。同样，对于传媒作为意识形态以及特定文化价值观的载体，发挥相对自主性的权力时，政府大多将传媒的力量作为政府权力的一个补充，使传媒按照自己的需要来关注事件、解释事件。政府希望传媒发挥对自己有利的政治功能，规避对自己不利的政治功能。

---

① 李春媚. 大众传媒的本质属性与权利特征. 扬州大学学报（人文社会科学版），2003（6）.

3.4 传媒产业政府规制的发展趋势

依据规制性质的不同,规制可分为经济性规制与社会性规制,两者的目标、理论依据和适用范围均有所不同。近几年,传媒产业政府规制呈现为放松经济性规制和加强社会性规制的趋势。

3.4.1 放松经济性规制

经济性规制是指"在存在着垄断和信息偏在(不对称)问题的部门,以防止无效率的资源配置的发生和确保需要者的公平利用为目的,通过被认可和许可的各种手段,对企业的进入、退出、价格、服务的质量以及投资、财务、会计等方面的活动所进行的规制"(植草益,1992)。[①] 传媒产业经济性规制的理论依据是存在着自然垄断和信息不对称问题。传媒产业经济性规制的目标是:避免企业过度竞争,防止社会资源发生损失;限制企业垄断,提高社会福利;消除信息不对称,降低获得信息的成本。

传媒产业经济性规制主要有三种方式:一是对企业进入及退出传媒产业或对产业内竞争者的数量进行规制,这一规制可以通过发放许可证,实行审批制,或是制定较高的进入标准来实现;二是政府规定传媒产品的价格,规制手段主要是实行价格审批,或者限制售价;三是对传媒数量进行规制,政府规定每一种报纸期刊的期数和版面数、广播电视的频道数,报纸期刊的增减期数和版面数、广播电视设立频道等都需要政府相关部门的审批。

20世纪80年代以来,西方发达国家传媒产业出现了一股放

---

① 植草益. 微观规制经济学. 朱绍文、胡欣欣等译校. 中国发展出版社,1992. 22。

松规制改革的浪潮。放松规制主要是指放松经济性规制,主要内容是充分发挥市场机制的作用,完全或部分取消对传媒产业的进入、价格、投资等方面的各项经济性规制条款,促进新企业和原有企业以及原有企业之间的竞争,以便通过竞争促进企业内部改革和技术创新,促进企业提供更多更好的产品和服务,不断降低收费水平,从而最大限度地增进社会福利。导致西方发达国家放松经济性规制的原因既有主观因素又有客观因素,一是以信息技术为代表的技术革命兴起以及由此导致的传媒管理业务中信息技术的普遍运用,使得传媒产业发生了质的变化,"可替代性"产品不断进入,传媒产业自然垄断性质被淡化,为不同电子媒体之间的竞争带来了可能性;二是西方国家逐步认识到,即使在有线电视这些原有的自然垄断产业中,维持完全垄断是不必要和低效的,人们对政府出于保护公共利益角度所进行规制的看法发生怀疑,认为政府出于保护受众利益而考虑规制传媒产业往往只能获得负面效果。政府由于缺乏实行最佳规制所必需的信息,或者受到特殊利益集团的俘获,反而导致了传媒市场运行效率的低下。

3.4.2 加强社会性规制

按照植草益的观点,社会性规制是指"以保障劳动者和消费者的安全、健康、卫生、环境保护、防止灾害为目的,对产品和服务的质量和伴随他们而产生的各种活动制定一定标准,并禁止、限制特定行为的规制"。[①] 与经济性规制的方式相比,社会性规制往往更多地依赖于行政手段。规制机构可以直接禁止某种特定行为,或对营业活动进行限制。此外,社会性规制还设有各种资格认证制度、检查鉴定制度等作为补充。

传媒产业社会性规制的理论依据是传媒产业存在着外部性、

---

① 植草益. 微观规制经济学. 朱绍文、胡欣欣等译校. 中国发展出版社, 1992. 22。

公共物品性和意识形态属性等问题。与其他产业不同的是，传媒产品的内容对于社会秩序的影响不容忽视，虽然20世纪80年代以来，西方发达国家陆续放松了传媒产业的经济性规制，但是传媒产业的社会性规制并没有放松，并且表现为有所加强的趋势。传媒产业社会性规制的加强主要来自政府的执政安全和保障公民利益两个方面。一方面，传媒产业具有控制和稳定社会秩序的功能，对于传播危害国家和政权稳定的内容应严格审查，禁止刊播涉及国家机密的内容；另一方面，传媒产业具有舆论导向作用，渲染淫秽色情、凶杀、暴力、恐怖、邪教等内容会严重败坏社会风气，为违法犯罪现象推波助澜，是人类社会的公害，如何控制和管理这些传播内容已成为当今世界各国面临的一大社会问题。因此，应加强传媒产业的社会性规制，对传播内容进行严格规制，以保证政府的执政安全和人们的精神健康，特别是保护青少年的身心健康，保证经济建设的顺利进行。在特殊时期，例如战争时期，政府还可以实行更为严格的内容检查制度。

本 章 小 结

从西方各国传媒产业政府规制的实践看，传媒管理体制存在三种规制模式：高度商品化的美国分权型模式、以公共事业体制为主的欧洲社会型模式和以多样性为目标的日本政府型模式。

从经济理论上说，政府规制的根本原因是市场失灵，但是传媒是一种社会公器，肩负着特殊的社会责任，因此，政府对传媒产业规制的原因有许多。传媒产业是一个具有很强外部性的行业，无论正的外部性，还是负的外部性，都需要政府规制；传媒的受众数量是一个典型的信息不对称市场，但是传媒产品的经济价值同其销售量的关系却不同于一般商品，传媒产品的经济价值决定于传媒的受众数量，为保证广告客户利益，必须通过政府规制来建立一套披露真实信息的机制；传媒的内容产品具有公共物品的属性,仅仅依靠市场机制的作用难以产生充分有效的传媒内容产品的供给;传媒产品具有巨大的沉淀成本和边际成本接近于零的成本结构特征、网络的外部性和正反馈效应、经验品特性决定了传媒产品具有自然垄断的特性,传媒产业的垄断可能会破坏传媒产品的多样性从而减少了传媒受众的福利,所以政府有必要通过规制保证市场效率、确保传媒产品的多样性;传媒产品具有意识形态属性,传媒意味着舆论的主导权,因此,传媒业毫无例外地被不同制度的国家政府置于极其严厉的规制之下,以发挥对自己有利的政治功能,规避对自己不利的政治功能。

依据规制性质的不同,规制可分为经济性规制与社会性规制,两者的目标、理论依据和适用范围均有所不同。近几年,传媒产业政府规制呈现为放松经济性规制和加强社会性规制的趋势。

第4章
传媒业产业融合的机理与形式

产业融合是当前产业经济学研究的前沿问题。从 20 世纪 70 年代开始,由于电信技术和信息处理技术的发展,推进了电信、邮政、广播电视、报刊出版等产业间的相互合作。特别是近十几年来西方发达国家纷纷放松经济性规制和互联网、家用电脑普及后,电信、广播电视、出版等产业间出现了原有固定边界模糊与消失的融合现象,致使传媒产业各子产业之间以及传媒产业与电信产业之间的传统边界日趋模糊,这种现象对传统的产业组织理论提出了新的挑战。本章通过分析传媒业产业融合的机理和具体形式,为第五章构建传媒产业 RC – SCP 产业组织分析框架奠定了理论基础。

4.1 产业融合类型和作用的一般分析

4.1.1 产业融合的含义

产业融合是产业经济研究中的前沿领域和难点问题。产业融合的概念最早源于美国学者卢森伯格(Rosenberg,1963)对于美国机械工具产业演化过程的研究。根据卢森伯格的研究,在 19 世纪中期,当相似的技术应用于不同产业时,一个独立、专业化的机械工具产业出现。卢森伯格认为这种独立化的过程主要与钻孔、打磨等通用机械工具在众多产业的广泛应用有关,并把这种产品功能和性质完全无关的产业因采用通用技术而导致的独立化过程称为技术融合。① 随着计算机技术的广泛应用,学术界对产业融合的研究开始主要集中在技术革新基础上的计算机、印刷、广播等产业的交叉和融合。1978 年,美国麻省理工学院媒体实验室的尼古路庞特(Negrouponte,1978)用三个重叠的圆圈来描述电子计算机、印刷和广播产业三者间的技术边界,并且认为三个圆圈的交叉处将成为成长最快、创新最多的融合区域。尼古路庞特的模型虽然能够反映技术边界交叉区域的特点,但并不能反映出产业之间相互融合从而表现出的技术边界模糊乃至出现新产业的动态过程。此后,国外的很多关于产业融合的讨论大部分仍然局限于类似尼古路庞特所谈论的领域。进入 20 世纪 80 年代后,哈佛大学的欧丁格(Oettinger)和法国作家罗尔(Nora)与敏斯(Mince)分别创造了 Compunctions 和 Telemetriqu 两个新词来试图反映数字融合的发展趋势,并把信息转换成数字后,将照片、音乐、文件、视像和对话透过同一种终端机和网络传送及显示的现象称为"数字融合"(Mueller,1997)。1994 年,美国哈佛大学商学院举办了世界上第一次关于产业融合的学术论坛——"冲突的世界:计算机、电信以及消费电子学"。参加者除了学术界以外,还包括康柏(Compaq)、英特尔(Intel)等著名计算机整机或者芯片生产公司以及软件、消费电子产品和信息服务等相关行业的人员。1997 年 6 月 27~28 日,在加州伯克莱分校召开的"在数字技术与管制范式之间搭桥"的会议对产业融合与相关的管制政策进行了讨论。"哈佛论坛"和"伯克莱会议"的成功举行表明产业融合作为一种新的经济现象,开始得到业界的真正关注。但是对产业融合的概念表述至今还没有取得一致,下面介绍几种有代表性的定义:

---

① Rosenberg N. Technological Change in the Machine Tool Industry, 1840 – 1910. The Journal of Economic History, 1963, Vol. 23: 414 – 446.

1997年欧洲委员会"绿皮书"中对产业融合的定义是"产业联盟和合并、技术网络平台和市场等三个角度的融合"。① 同时还针对三网融合,提出了电信、广播电视和出版三大产业融合不仅仅是一个技术性问题,更是涉及到服务以及商业模式乃至整个社会运作的一种新方式,并把产业融合视为新条件下促进就业与增长的一个强有力的发动机。

美国学者格里斯坦(Greenstein)和卡恩纳(Khanna)以数字融合为基础,提出"产业融合是指为了适应产业增长而发生的产业边界收缩或消失的一种经济现象"。② 虽然这个定义具有一定的代表性,指出了产业融合是一种产业边界消失和收缩的现象,但是两位学者的定义仍然主要针对以互联网为基础的电子计算机、通信和广播业的融合。

尤弗亚(David B. Yoffie, 1997)从产品角度出发将产业融合定义为"采用数字技术后原来各自独立产品的整合"。③ 他提出了一个CHESS模型,该模型主要反映企业若实现融合必须采取的技术战略和企业发展战略。CHESS分别是创新性组合(Creative Combination)、水平解决方案(Horizontal Solutions)、外部性和标准设定(Externalities and Standards)、范围经济、规模经济和捆绑(Scale, Scope and Bundling)以及系统聚焦过程(System-focused Progress)。

阿方索和塞尔瓦托(Alfonso, Salvatore, 1998)认为"技术融合并不意味着产业的融合,产业融合应以市场为导向,一般要

---

① European Commission. Green Paper on the Convergence of the Telecommunications, Media and Information Technology Sectors, and the Implication for Regulation towards an Information Society Approach. European Commission Brussels, 3 December, 1997.
② Greenstein S. and Khanna T. What does industry convergence mean? In: Yoffie D. B eds. Competing in the age digital convergence. Boston, 1997. 201 – 226.
③ Yoffie D. B. Introduction: CHESS and Competing in the Age of Digital Convergence. In: Yoffie D. B. eds. Competing in the Age of Digital Convergence. U. S. President and Fellows of Harvard Press, 1997. 1 – 35.

经过技术融合、产品融合与业务融合、市场融合三个阶段"。①

日本学者植草益（2001）将产业融合定义为"通过技术革新和放宽限制来降低行业间的壁垒，加强各行业企业间的竞争合作关系"，②这个定义是从产业融合的原因及结果两方面来揭示产业融合的意义。因为属于同一产业的企业群在产业内部、企业之间处于竞争关系，但从产业的严密定义来看，超出产业之外就不能称为竞争关系。但是，一旦由于技术革新开发出了替代性的产品或服务，或者由于放宽限制，积极地展开了相互介入，各产业的企业群就会处于相互竞争的状态之中。在产业融合的过程中，必然会导致原有产业间竞争激化，因而发生企业合并和企业倒闭，最终导致产业界限的模糊化。

我国众多学者对产业融合现象进行了深入的研究，马健（2002）将产业融合的定义概括为"由于技术进步和放松管制，发生在产业边界和交叉处的技术融合，改变了原有产品的特征和市场需求，导致产业的企业之间竞争合作关系发生变化，从而导致产业界限模糊化甚至重划产业界限"。③

厉无畏（2002）认为产业融合是指不同产业或同一产业内的不同行业相互渗透、相互交叉，最终融为一体，逐步形成新产业的动态发展过程。高新技术及其产业的发展是产业融合的强大助推器，$1+1>2$ 的生产效率和经济效益则是产业融合的高能发动机。④

聂子龙、李浩（2003）认为：所谓产业融合是指不同产业或同一产业内的不同行业相互渗透，相互交叉，最终融为一体，逐步形成新产业的动态发展过程；同时在这一过程中还会发生既有产业的退化、萎缩乃至消失的现象。产业融合的内在原因是人

---

① Alfonso, G. and Salvatore, T. Does technological convergence imply convergence in markets? Evidence from the electronics industry, Research Policy, 1998, 27: 445 – 463.
② 植草益. 信息通讯业的产业融合. 中国工业经济, 2001 (2): 24~27.
③ 马健. 产业融合理论研究评述. 经济学动态, 2002 (5): 78~81.
④ 厉无畏. 产业发展的趋势研判与理性思考. 中国工业经济, 2002 (4).

类需求的不断提高,产业间的关联性和对效益最大化的追求是产业融合发展的内在动力,技术创新和技术融合是当今产业融合发展的催化剂,企业不断谋求发展与扩张已成为产业融合的主导力量。①

综上所述,笔者认为产业融合可定义为:产业融合是产业创新的一种重要手段和方式,是指由于技术的进步和放松规制,在具有一定的技术与产品的替代性或关联性的产业间的产业边界和交叉处发生技术融合,进而带来这些产业间产品的融合、市场的融合,从而导致不同产业的企业之间的竞争合作关系发生变化,使传统的产业边界模糊化或消失的现象。

4.1.2 产业融合的类型

产业融合表现为不同产业之间相互渗透、相互交叉,从而使产业边界趋于模糊化,完成这一过程有可能表现为不同的形式,形成多样化的产业融合类型。从产品的属性及其整合的方式分析,可以将产业融合形式分为渗透型融合、延伸型融合、重组型融合、替代型融合四种类型:②

4.1.2.1 渗透型融合

渗透型融合是指在产品功能相互渗透的基础上,将原先两种不同的产品 A 和 B 结合为一体,形成一种既非 A 也非 B 的新型产品 C(如图 4-1)。渗透型融合通常有两种形式,一是发生在

---

① 聂子龙,李浩.产业融合中的企业战略思考.软科学,2003 (2):80~83。
② 国内多位学者从不同的角度分析了产业融合的类型。学者张磊从产品性质角度出发,将产业融合分为替代型融合与互补型融合两种。参见张磊.产业融合与互联网管制,上海财经大学出版社,2001。周振华将产业融合区分为替代型融合、互补型融合、结合型融合三种类型。参见周振华.论信息化中的产业融合类型.上海经济研究,2004 (2)。学者余东华从产业、产品和产业组织变动的角度,将产业融合分为渗透型融合、互补型融合、重组型融合、替代型融合四种类型。参见余东华.产业融合与产业组织结构优化.天津社会科学,2005 (3)。

高新技术产业和传统产业之间。由于高新技术尤其是信息技术具有渗透性、倍增性、网络性和系统性等特点，可以通过嫁接改造等多种方式无摩擦地渗透到传统产业中，使传统产业通过与高新技术产业渗透融合，使传统产业提高产业效率，获得新的生命力和竞争优势，同时产生新的产业。20世纪90年代以来，信息技术对传统产业的渗透融合，产生了诸如机械电子、生物电子、电子图书等新型产业；互联网技术与传统商业、运输业融合产生了电子商务、现代物流产业；高新技术向机械制造业的渗透产生了光机电一体化的新产业等。二是渗透型融合也可以发生在高新技术产业之间形成新的产业，如生物技术与信息技术融合产生的DNA生物芯片就是典型的例子。

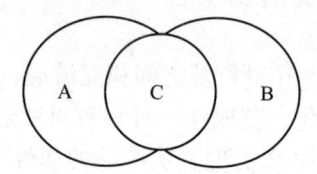

图 4-1 渗透型融合

4.1.2.2 延伸型融合

延伸型融合是指通过产业间的功能互补和延伸实现产业间的融合，这类融合通过赋予原有产业新的附加功能和更强的竞争力，形成融合型的产业新体系如图4-2所示（罗奕，2004）。这种融合更多地表现为服务业向第一产业和第二产业的延伸，如第三产业中相关的服务业正加速向第二产业的生产前期研究、生产中期设计和生产后期的信息反馈过程展开全方位的延伸，金融、法律、管理、培训、研发、设计、客户服务、技术创新、贮存、运输、批发、广告等服务在第一、第二产业中的比重和作用日趋加大，相互之间融合成不分彼此的新型产业体系。现代化农业生产服务体系的形成即是这一新型产业体系的综合体现，是第一产业加快与第二、第三产业融合的产物。产业间的延伸融合在新兴产业中也尽显无遗，旅游业是新兴的朝阳产业，也是产业融合程度最深的产业之一。目前世界上兴起的工业旅游、观光农业、体育旅游、康复旅游、科技旅游等专项旅游代表着旅游产业发展的一种趋势，其实质也是旅游业与其他产业广泛的融合发展。

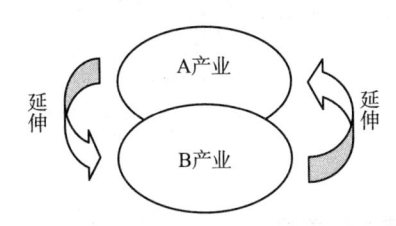

图 4-2 延伸型融合

4.1.2.3 重组型融合

重组型融合主要发生在具有紧密联系的产业之间的重组和整合过程中，这些产业往往是某一大类产业内部的某些子产业（如图4-3），是指原本各自独立的产品或服务在同一标准元件束或集合下通过重组完全结为一体的整合过程（余东华，2005）。通过重组型融合而产生的产品或服务往往是不同于原有产品或服务的新型产品或服务，可以提高企业竞争力，以适应市场发展的新需要。工业、农业、服务业内部相互关联的各子产业都可以通过这种融合方式来提高产业的生命力。例如，农业内部的种植业、养殖业、畜牧业等子产业之间，可以生物技术融合为基础，通过生物链重新整合，形成生态农业等新型产业形态，这样既适应了市场需求，又提高了农业生产效率，代表了该产业的发展方向。工业内部的产业调整也有类似的融合现象，如在家电产业，以信息技术为纽带，把产业链上、中、下游相关联的产业联系在一起，产生了模糊智能家电、绿色家电等新的产业形态。

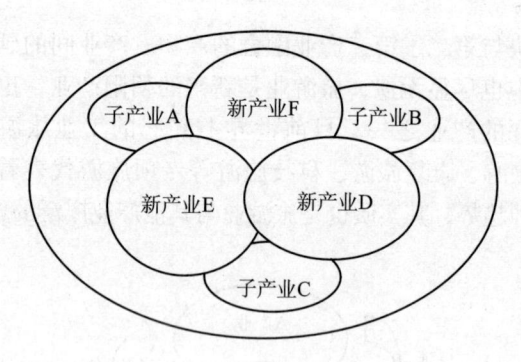

图4-3 重组型融合

4.1.2.4 替代型融合

替代型融合是指具有相似的特征及功能的独立产品或服务，在共同的标准元件束或集合中得以替代性整合的过程。这种融合产品不是旧产业之间融合的"混合物"，而是"化合物"，融合后产生的新产业的性质不是原有传统旧产业的简单混合，而是对原先传统旧产业的性质进行替代型整合，从而形成自身的特有性质。替代型融合的产生需要两个前提条件：一是融合的产品之间具有相似的特征及功能，是可替代产品；二是这些产品之间具有共同的标准元件束或集合。当技术创新和发展为具有替代性的不同产品或服务提供了某种共同的标准元件束或集合后，这些产品或服务就有可能发生替代型融合。例如，电信、广播电视和出版三大产业提供的不同产品或服务，都具有传递数据、语音、视像等相似的特征及功能，具有可替代性。当数字化技术和互联网的发展为三大产业的不同产品和服务提供了共同的标准元件束或集合后，三大产业融合为一体，发生替代型融合。替代型融合有两种类型：一是固定数量的用户可以利用不同产品，来替代实现更多不同的功能和任务。例如，通过信件邮寄、电子邮件、手机短信都可以完成传递数据文件的任务。二是更多的用户在完成特定任务时，将不同产品视为可替代。例如，网络报刊、网络广播、网络电视可以替代传统的报刊和广播电视。

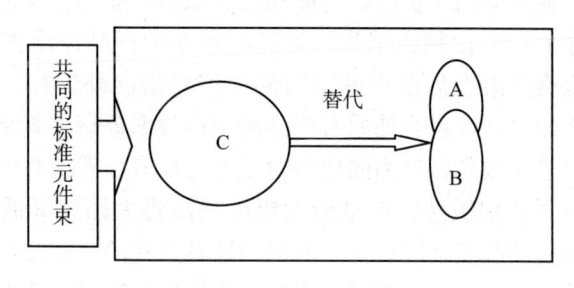

图 4-4 替代型融合

4.1.3 产业融合重新调整了各产业间关联关系

产业融合作为产业创新的一种重要手段和方式,不仅可以提高生产商品和服务的技术水平和质量,而且可以产生新的产品和服务,形成新的产业部门;同时,产业融合还引起关联产业的一系列积极变化,将重新调整原有各产业间的关联关系,对各产业间关联关系产生重大影响。这种影响既有直接的,也有间接的。①

4.1.3.1 产业融合对各产业间关联关系的直接影响

产业融合可以带来潜在产出能力的提高,产业融合后,人们是将已融合产业的资金、劳动力等生产要素转移到其他产业,通过增加其他产业产出的形式增加收益呢?还是通过增加已融合产业的投入获得收益呢?这主要取决于具体的产业融合方式。如果通过产业融合创造出了新的产品,形成了新兴的产业部门,由于新产品需求弹性较大,产量的提高可以获得较高的收益,会吸引

---

① 本部分内容选自笔者发表于中文核心期刊《长白学刊》(2006年2月)的《产业融合对产业结构理论的新发展》一文。

生产要素流入这一新的产业部门。因而，这种方式的产业融合产生的新产业将倾向于扩张。与此相反，如果产业融合仅是导致了原有产业的边界模糊或消失，而这些产业的产品需求弹性较小时，那么将使融合后的产业部门的生产要素向外转移。这是因为：一方面，产业融合使原有产品的生产效率提高，而原有产品的市场已趋于成熟，产品的价格对成本的反应、需求对价格的反应都已不再特别敏感，产量的大幅度提高将大幅度降低产品价格，从而使其收益下降；另一方面，这种形式的产业融合，增加了融合后产业内企业的数目，市场结构发生了改变，增强了竞争效应，产业内的企业收益下降。所以，这种方式的产业融合将使产业内企业的收益下降，必然会导致生产要素流出。

由此可见，无论哪一种方式，产业融合都将引起生产要素在不同产业部门的相对收益的变化，进而使生产要素在产业部门间发生转移，导致不同产业的扩张和收缩，从而促进产业结构的有序发展。

4.1.3.2 产业融合对各产业之间关联关系的间接影响

产业融合对各产业之间关联关系的间接影响有两种方式：一是产业融合通过改变各种生产要素的相对收益而间接影响产业结构的变化。产业融合的本质是一种创新，创新会改变各种生产要素，尤其是资本和劳动的相对边际生产率。一般情况下，产业融合对各要素边际生产率的改变是非均衡的，从而改变了各生产要素收益率之间的平衡，就会刺激生产要素之间的替代，这种生产要素之间的替代会影响产业结构的变动，从而改变各产业之间的关联关系。二是产业融合通过对需求结构的改变而间接调整各产业间关联关系。由产业融合所引起的新产品和新工艺的出现，伴随而来的常常是人均收入水平的提高和生活条件的改善。无论是对为了适应改变了的生活条件做出反应，还是为了对新产品做出反应，产业融合往往会创造出新的需求和某些潜在的需求，并且有可能通过连锁反应对需求产生更广泛的影响。这些需求结构的变动无疑会影响产业结构的变化。

4.2 传媒业产业融合的机理

以电信、广播电视、报纸期刊三大产业融合为代表的传媒业产业融合,[①] 一方面以互联网技术为基础平台,三大产业走向数字融合,使产业边界趋于模糊甚至消失;另一方面,新的信息技术产品和服务层出不穷,创造了巨大的市场需求,不断满足着人们物质和文化生活水平提高的需要,改变着市场竞争格局,而且这种融合还有进一步拓展的可能。从 20 世纪 90 年代中期以来,传媒产业融合日益受到学术界和传媒产业界的广泛关注。本节就电信、广播电视、报纸期刊三大产业边界、传媒产业融合技术转换、融合路径进行分析,从而揭示传媒业产业融合的机理。

4.2.1 传媒产业、电信产业的产业边界

在以传统的工业化为基础的产业经济中,尽管报纸期刊、广播电视等传统的传媒产业和电信产业都是提供信息服务的,但是它们之间依然存在固定化的产业边界,这些产业都是分别独立的。其产品内容和技术没什么相同之处,不同的信息服务各自形成自身的产业价值链,各自信息服务的内容只能在特定的分配网络和终端接受设备之间传送,从而使这些产业是处于分立状态。

产业边界理论是分析各产业是分立还是融合的重要工具。在传统的产业经济分析中,产业分类的客观依据是产业边界条件,根据产业边界的不同条件,产业边界主要分为为四种基本类型(见表 4-1)。一是技术边界,即每一个产业是用一种特定的技

---

① 报纸、期刊为使用印刷技术的纸质媒体,广播电视为使用电子技术的电子媒体,因此,在考察传媒产业融合时,为表述方便,分别把报纸和期刊、广播和电视合并为一个产业来考虑。

术手段及装备和与此相适应的工艺流程来生产某一种产品的。特定的技术手段在相当程度上对产业边界的确定有决定性的影响。二是业务边界,即每一个产业通过不同的投入产出方式向消费者提供其产品或服务,并形成自身独特的价值链,不同产品或服务的生产与提供形成其独特的业务边界。三是运作边界,即每一个产业的活动有其特定的基础平台及其配套条件,形成其特定的交换渠道和交换方式,构成了产业的运作边界。四是市场边界,即每一个产业的交易是在一个特定的市场(包括其规模、区域等)通过不同的环节与流转方式进行的。不同产业部门的市场结构性质不同,决定了其竞争关系的差异性,从而有其特定的市场边界。①

表 4-1　　　　　　　　产业边界的分类

边界类型	定义依据	定义符	表征指标
技术边界	生产技术手段、装备及其工艺流程	生产	专用性程度
业务边界	产业提供其产品、服务的活动方式	产品	差异性程度
运作边界	产业活动的基础平台及配套条件	组织	专用性程度与可容量
市场边界	产品、服务的竞争关系	交易	市场结构性质

在互联网出现以前,报纸期刊、广播电视等传统的传媒产业之间及其与电信产业之间处于的分立状态,下面根据产业边界理论,就三大产业部门之间传统的分立特征做出描述性分析。

1. 技术边界。报纸期刊、广播电视、电信产业使用的技术是各自独立的,均有其高度专用性和非替代性的技术手段和设备,并按照特定的技术标准提供不同的信息服务内容。电信产业通过有线电波、无线电波等传输技术和电话机、传真机等终端设备提供点对点的信息(语音、文本)传递;报纸期刊一般以印刷技术和纸质介质为接受终端的方式复制信息,通过有形的发行网络提供信息服务;广播电视产业通过其广播网、电视网和收音

---

① 周振华. 产业融合:新产业革命的历史性标志. 产业经济研究,2003 (1).

机、电视机等终端设备提供单向语音与视像等信息服务。从信息接受终端设备来看，这些产业提供信息服务的各种终端设备多为专用设备，用户只能使用特定的设备接收信息。尽管电视台和广播电台发送的音频信号、视频信号都可以转化成模拟电子信号，但是由于其采用不同的调频、调幅技术，各个特定载体的信息无法互相进行交换。

2. 业务边界。报纸期刊、广播电视、电信产业向消费者提供的产品与服务不同，并通过其特定的传播渠道与流转方式形成各自不同的价值链。电信产业提供的信息服务内容分别为双向语音或双向文本；报纸期刊提供的产品为纸质的印刷出版物，广播提供的是单向语音，电视提供的产品是单向视像。由于传输网络及其终端设备的专用性和非替代性，其信息服务内容尽管存在个别交叉情况，比如双向文本既可以通过电信网传送，也可以通过报刊的有形分发网传送，但是总体上每种内容分别与其分配网络和终端设备相对应。从信息传送机制来看，这几种产业存在着两种不同的类型：一是信息在有限的特定用户之间交换的。发送方产生私人信息并发送至指定接收方，同时发送方也期待得到接收方私人信息的反馈。语音电话等基本电信业就属于这一类型。二是信息被发送至众多非特定接收方，发送者的目标对象是社会公众，发送方并不总是期望所有的信息都得到反馈，报纸期刊和广播电视产业就属于这一类型。

3. 运作边界。从信息传送平台来看，报纸期刊、广播电视和电信产业各自有其特定的信息服务内容的传输网络。如电信产业的固定电话网和移动电话网、报纸期刊的有形发行网、广播电视产业的有线传输和无线传输网。其中，广播网与电视网也是分开的，自成系统。尽管三大产业的各个分配网络传送的内容之间有交叉，但是只能在特定的分配网络和终端机之间传送，并且形成不同的技术标准，在操作上各自为政，造成各自独立的运作边界。

4. 市场边界。报纸期刊、广播电视和电信三大产业部门在以不同方式提供信息服务内容，形成一种纵向一体化的市场结构，都有各自分割的市场领地，处于非竞争关系之中，竞争只发生在同一部门内不同企业间，从而形成特定的市场边界。并且由于三大产业间竞争关系的差异性，使其具有各自不同的行为准则和政府管制内容。如广播电视因频谱资源的有限性而受到进入限制和竞争管制，而其公共利益的原因受到普遍服务管制和多样化管制。

由于这三大产业部门提供的信息服务都是专用平台上的信息商品，其具体运作势必依赖于相应的信息传送机制、传送平台和接受终端设备等基本条件。如果我们以信息传送机制和传送带宽要求分别为横坐标与纵坐标，这三个产业产品的象限分布如图4-5所示。从信息传送带宽的要求看，电信服务和报纸期刊具有低带宽要求，均处于图像下方，而广播电视具有高带宽要求，均处于图像上方；从信息传送机制看，电信服务属于交换型，处于图像左方，而广播电视与报纸期刊属于分配型，均处于图像右方。这样，基本电信服务处于左下方象限；报纸期刊处于右下方象限；广播电视等处于右上方象限。

带宽要求			
高		广播电视	
低	电信	报纸期刊	
	交换	分配	
	传送机制		

图4-5　建立在专用平台上的三大产业

互联网出现后，改变了报纸期刊、广播电视和电信产业的边界状况，信息传送机制、信息传送平台和信息接受终端设备等基本条件发生了变化（见表4-2）。互联网是通过光缆、卫星传输等形成的局域网和广域网，以个人电脑为终端可以提供文本、图片、语音、视像等信息服务。从互联网提供信息服务内容上看，包含了电信、报纸期刊、广播电视所提供的信息内容；从信息传送机制上看，既可在有限的特定用户之间进行双向交流，也可为非特定接受方传输单向信息；从信息传送平台上看，互联网既可使用专用的光纤网，也可使用电信网和广播电视网传播；从信息接受终端上看，既可使用个人电脑，也可使用手机、电视接受信息；从信息传送的带宽要求看，电信服务和报纸期刊具有低带宽要求，互联网和广播电视具有高带宽要求。

表4-2 电信、互联网、报纸期刊、广播电视四个产业比较分析

产业 项目	电信	互联网	报纸期刊	广播电视
服务内容	语音、文本	语音、视像、文本	文本	语音、视像
传送机制	双向交换	双向交换 单向传递	单向传递	单向传递
传送平台	光纤、卫星	光纤、卫星	报刊发行网	有线网络、无线网路、卫星
接受终端	电话机、传真机、手机等	个人电脑、手机等	纸质介质	收音机、电视机
带宽要求	低	高	低	高

4.2.2 传媒业产业融合的技术转换

产业融合包括技术融合、业务融合与市场融合多方面的内容，而其中技术融合是关键。从上节内容可以知道，在互联网出现之前，由于报纸期刊、广播电视、电信产业分别有专用的传送平台、接受终端和传输机制，造成其产业边界的分立。互联网出现后，虽然没有改变信息传送机制的交换与分配两种基本类型，但是改变了信息传送的平台性质，互联网作为非专用信息传送平台，可以传送多种类型的信息，非专用平台上的信息商品主要有高保真互联网广播、可视电话、电子邮件（E-mail）、IP电话、文件传输协议（File Transfer Protocol，简称FTP）、万维网（文本和图片、音像等）以及电子印刷品等。技术进步使上述4个

象限发生了两种转换,即从专用平台向非专用平台的转换以及从低带宽向高带宽的转换(如图4-6)。

带宽要求	交换	分配
高	IP电话 可视电话	互联网广播 在线影视
低	E-mail	电子出版物

传送机制

图4-6 建立在非专用平台上的信息服务

第一种转换为发生在低带宽一侧的从专用平台到非专用平台的转变。互联网技术统一了信息的存储和传输形式,使传输平台得到了统一,在这一非专用平台上的传送内容大增,不仅出现了传输文本的网络报纸、网络期刊,而且由于数字压缩技术也使得音像信息可以大量地放到互联网上。能够说明第一种转换的另一例子是IP电话,传统上语音电话是通过专用的电信网络传送的,但是IP电话可以绕过部分电信网络。对于连接到局域网(Local Area Networks,简称LANs)上的计算机而言,网络电话可以完全绕过专用电信网络。随着信息技术进步的加快,尽管四个坐标象限之间的界限不会完全消失,但是在非专用平台上的业务将继续保持较大增长。

第二种转换为发生在非专用平台上,从低带宽要求转向高带宽要求。初期的互联网传送音像信号的数量要受到带宽的限制,但是随着信息技术进步,大大缓解了对带宽的要求,许多高保真实时音像信息可以在互联网上传输。广播电视可以在互联网上传输,诞生了网络广播、网络电视。当然,向高带宽要求的转换也发生在专用平台上,许多对带宽要求较高的服务如可视电话等作为传统低带宽电话服务的进一步延伸而得到了发展。但相对而言,向高带宽要求的转换更多地发生在非专用平台上。

这两种转换,尤其是从专用平台到非专用平台的转换,在电信、报纸期刊和广播电视这三大产业融合过程中是十分关键的内容。因为从专用平台到非专用平台的转换，意味着这三大产业的运作都是在同一个操作系统中工作。也就是说，不管是电信产业，还是报纸期刊产业，或广播电视产业各自的特点如何，都只是这一新媒体操作系统的一个组成部分。这就是经济学分析框架中的一个经典的互联（Interconnection）问题。正是在这种互连的基础上，再加上从低带宽要求转向高带宽要求，电信、报纸期刊和广播电视三个产业才得以产生真正意义上的产业融合。否则，在各自专用平台上，这三个产业之间至多发生一种综合，而不是融合（周振华，2003）。从这一意义上讲，这两种转换基本上体现了产业融合的技术要求。

4.2.3 传媒业产业融合的路径

对传媒产业而言，互联网的出现，使电信、报纸期刊、广播电视三大产业各自拥有的分立的信息传送平台逐渐走向统一，信息接受终端也在形式和功能上实现了统一，并且各个产业的信息传送机制都能够实现双向和单向并存的传输形式，在大容量信息内容传输需求的推动下，带宽的要求也由低宽带逐渐向高宽带转变。从而各产业间的技术、业务、运作、市场边界模糊，各产业间出现了多方位融合渗透，产业间企业由原来无竞争走向竞争，产生了产业融合，传媒产业的产业融合基本上经历了技术边界消失、业务边界交叉、运作边界整合、市场边界模糊四个阶段，这四个阶段是一个有机的整体，反映了传媒业产业融合的进程，亦即路径。

1. 技术边界消失。信息技术的发展促进了技术融合的形成，技术的融合反过来也促进了信息技术的进一步发展。首先，计算机技术统一了信息形式，实现了原有的模拟信号向数字信号的转换，把语音、文本和视像等不同信息形式转化为统一的"比特"。其次，计算机技术与网络技术相互融合而发展成为IP（互联网通讯）技术，给传统媒体带来了更大的冲击，信息传播成本急剧降低，有力地推动了信息传播的广度和力度，使信息的传播方式由单向传递转向双向传递，原来报纸期刊、广播电视、电信产业的分立专用传输平台统一到互联网这一非专用信息传输平台上。由于技术融合不是发生在报纸期刊、广播电视、电信产业各自内部，而是发生三大产业的边界处，因此，这种技术融合使得三大产业的技术边界逐渐消失（见图4-7）。

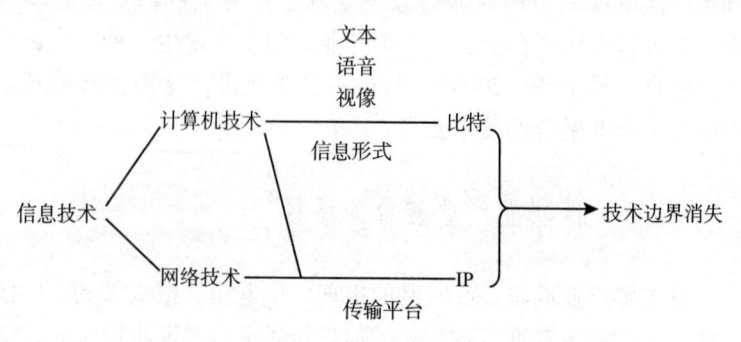

图4-7 报刊、广播电视、电信、互联网的技术边界消失过程

2. 业务边界交叉。因为数字化技术实现了所有信息的标准传输形式——比特，依靠0和1这两个数字的不同组合方式可以将不同的信息形式统一了起来，结果使不同形式的信息生产、分配、交换与消费可以进行精确迅速传递。这就使具有不同形式的产品和服务内容（语音、文本和视像）的报纸期刊、广播电视、电信三大产业经过数字化融合后，它们的差异性明显弱化，产生了许多融合产品。即使原先各自独立的产品功能融合形成新产品，如电子报刊、手机报、在线视频等。在信息服务产品数字化基础上，原先不同服务产品的提供方式及途径趋于同一，从而其业务边界开始发生交叉与重叠，业务边界逐渐消失（如图4-8）。

具体产品形式 ⟨ 文本 / 语音 / 视像 ⟩ 数字化融合 ⟶ 业务边界交叉

图 4-8 报刊、广播电视、电信、互联网的业务边界交叉过程

3. 运作边界整合。随着信息技术的发展，非专用性的互联网替代了各种专用性网络。互联网实现其交换本质的基本方法，就是通过 IP 信息流的标记和重定向，使中间环节"短路"、消失（即路由短路）。同时，为了解决由于网络智能程度低而无法缩短距离障碍问题，通过智能计算来分检使信息传递路径缩短。由于信息运行平台从专用性转向非专用性，从低智能化转向高智能化，构建起一条"直通路径"（short-cut），让信息在各种系统——无论是技术系统还是商务系统中，直接畅捷地流动，以大大缩短流动路径。电信、广播电视和报纸期刊三大产业在这种直通路径的非专用性信息平台上，其运作就面临着互联（Interconnection）问题。其具体表现为：一个产业需要在信息的操作系统中工作，或一个产业只有与另一些产业联结起来才能从事其业务，从而使产业关联发生重大变化，并使其运作边界得以整合（见图 4-9）（周振华，2003）。

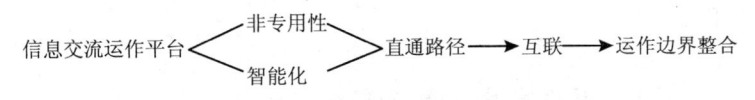

信息交流运作平台 ⟨ 非专用性 / 智能化 ⟩ 直通路径 ⟶ 互联 ⟶ 运作边界整合

图 4-9 报刊、广播电视、电信、互联网的运作边界整合过程

4. 市场边界模糊。在技术融合和业务融合的推动下，报纸期刊、广播电视、电信三大产业最终以融合的市场结构取代纵向一体化的市场结构，形成新的价值链，重新塑造交叉竞争、竞争合作的格局关系，从而改变了市场边界，导致了市场融合的出现（如图 4-10）。

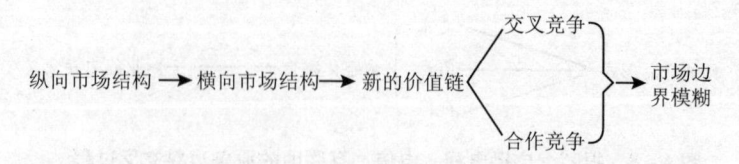

```
纵向市场结构 → 横向市场结构 → 新的价值链 ⟨ 交叉竞争 / 合作竞争 ⟩ → 市场边界模糊
```

图4-10 报刊、广播电视、电信、互联网的市场边界模糊过程

4.3 传媒业产业融合的具体形式

当今传媒产业发展的潮流是产业融合，广播、电视、报纸、期刊、互联网、手机，以及不断推陈出新的媒体形式，不断加入到数字媒体环境中，它们之间有竞争有合作，在数字化的大平台上互相交融，互相发展，在融合中不断产生新的媒体形态，推动了传媒产业的快速发展。因此，本节有必要就传媒业产业融合的具体形式进行探讨。在电信技术和网络技术的推动下，传媒业产业融合主要表现为四种形式：一是互联网向传统传媒产业（报纸、杂志、广播、电视）延伸产生的网络媒体；二是传统传媒产业向互联网产业的渗透；三是电信产业（移动通信）向传统的传媒产业和互联网延伸；四是传媒产业内部各子产业之间的重组。

4.3.1 互联网向传统传媒产业延伸

在产业融合初期，互联网企业凭借低廉的成本、高速度的传播渠道，通过各种方式不断向传统传媒产业延伸，将原有的传媒内容放到互联网这一非专用平台上来，形成新的传媒产业——通常被称为第四媒体的网络媒体。较早产生的网络媒体主要是各类门户网站和专业化网站，随着网络技术的发展，特别是 Web2.0 技术的不断成熟，产生了"博客"、"播客"等新的媒体形态。

1. 门户网站。门户网站主要向受众提供时政新闻报道、娱乐内容的文本与图片转载、财经新闻及财经资讯、在线影视节目、在线出版等传媒内容服务。这些门户网站在建立之初，在内容上实行"拿来主义"，即它的新闻来自于传统的报纸、杂志和电视以及通讯社等。像国外雅虎、美国在线和国内的新浪网，它们没有自己的采编人员，从事的是整合、整理工作，给用户提供的是信息和方便。而最近一两年，新媒体的内容开始出现了向传统媒体输出的现象，尤其是论坛与博客的发展带来了网络媒体原创能力的提升。同时这些商业性质的门户网站还联合电信等企业开发了手机铃声、短信服务、网络地产、网上银行、网络广告、网络游戏等新型服务。随着信息内容原创能力的提升和新型服务的增加，互联网业得到了快速发展。

2. 专业网站。这种类型的网站是行业性专业网站或某一有关社会、生活、研究的专业网站，比如中国文化产业网、中华广告网、中国化工网、中国食品商务网和搜房网等，这些网站主要针对细分的受众群体提供专业化、交流性的信息。

3. 博客。2005年是互联网技术发展具有里程碑意义的一年，互联网技术在全球范围内进行了升级，即从互联网1.0（Web1.0）迈入互联网2.0（Web2.0）。从技术上讲，Web2.0以个人应用为核心线索，互联网的使用者可以自己提供网络内容并进行复杂的交互沟通，构造个性化的网络空间。其应用以博客最为典型。如果说第一代互联网中，网民更多的是通过无意的行为在进行着新闻的再生产，那么，在新一代互联网中，网民则可以通过博客的方式，更制度化、更专业地参与到原创性的新闻生产中。尽管博客还无法成为网络新闻传播的中坚力量，但是，他们作为新闻信息的补充来源，作为新闻信息的再加工者、整合者以及解读者，已经越来越显现出在新闻生产环节中的独特价值。在未来，更多的博客将与媒介紧密结合在一起，不仅仅博客可以成为大众传媒重要的信息来源，甚至每一个博客，都是一个独立的媒体。

4. 播客。播客（Podcast），这个词来源于美国 Apple 公司设计和销售的便携式数字音乐播放器 iPod 与广播（broadcast）的合成词，指的是一种在互联网上发布文件并允许用户订阅，并自动接收新文件的方法或用此方法来制作的音（视）频节目。与博客属于互联网向报纸期刊延伸相类似，播客是互联网向广播电视业延伸的结果。传统广播电台和纯网络电台的运行都是建立在由播到听的传播链条关系之上，它们的共性是一个节目源在中心，许多听众通过"推"或"拉"的方式接收内容。而播客的传播学意义更为广泛，首先听众是自动下载音频文件，其次接收者也可同时拥有节目的源数据，如节目日期、节目标题、节目描述等，最后接收者也可以是发传者，可以将自己的音（视）频内容上传到播客平台上对外"广播"与他人分享。因此，播客是自我表达，是网上多中心的自主广播，是一种多对多的交流方式。①

4.3.2 传统传媒产业向互联网产业的渗透

在信息技术飞速发展特别是互联网进入大众视野的 20 世纪 90 年代，敏锐的大众传媒的弄潮者感觉到了互联网技术对于媒体的潜在价值和竞争压力，许多报纸都开始开设网络版，或者干脆直接建立自己的网站，电视台也开始把部分视频节目上网，广播的在线节目也逐渐增多。传统媒体在充分利用自身既有的信息平台和资源优势的前提下介入网络媒体，实现了传统媒体对互联网产业的"反渗透"，形成了产业交叉的态势。这种融合方式主要表现在以下几个方面：

1. 新闻网站。在互联网的媒体特质不断彰显的背景下，传

---

① 近两年，RSS2.0 技术使得播客广播的进入门槛非常低，只需一个麦克风、一台电脑，联结网络即可。代价非常廉价且十分方便。此外，它的传播速度很快，通过网络，世界各地的信息即时可达。它的接收器是 MP3 类的数字接收设备，具有与收音机相似特点：便携、适合移动收听。

统媒体一方面将原有的媒体内容放到互联网上,创建了网络版。早在 1992 年,美国《圣何塞信使新闻报》就创办了全球第一份报纸网络版。中国的《杭州日报》也在 1993 年成为了国内第一份拥有网络版的报纸,1997 年 1 月 1 日《人民日报》组建人民日报网络版后,我国的各大报纸都纷纷创建了网络版,而且很多大型报纸出版主体还为电子化的报纸产品提供着检索服务。1995 年 12 月美国的微软公司与全国广播公司联手,在互联网上开设 24 小时连续播出的有线电视频道。另一方面,由于互联网具有传统媒体不可比拟的优势,传统媒体建立起了有别于原有媒体内容的网站。比如人民日报社的人民网,新华社的新华网等。随后,一批中央、地方重点新闻网站建设了起来。

2. 电子报纸。电子报纸诞生于 2001 年,一家名为 Der Standard 的德国报纸在这年 4 月 12 日发行了它的电子报纸版本。① 同年 10 月,美国的《纽约时报》也推出了自己的电子化版本。据美国报业协会网站(www.naa.org)提供的一份资料,截至 2005 年 10 月,美国有 60 多家媒体采用电子报纸方式通过互联网进行报纸的发行。电子报纸不同于报纸的网络版,它继承了传统报纸的"面孔",即它的版式与传统报纸完全一致,这适应了一些在印刷媒体时代成长起来的受众的阅读习惯。但是,它既不是印刷报纸的简单翻版,又不是对新闻网站的一种简单沿袭,可以将其打印出来,便形成了一张与传统渠道发行的报纸没有任何差异的真正的"报纸"。阅读电子报纸时,除了可以像印刷报纸一样翻页阅读外,还可以通过导航条进行快速翻页。阅读时可以在页面的任何局部进行放大、缩小。另外,电子报纸以网络作为发布渠道,可以通过网络下载这些电子报纸,沿袭了报纸的收费订阅模式,是电子报纸与报纸网络版在营利方式上的一个重要区别。

---

① Advanced Interactive Media Group. Digital Newspapers: What, How and Why, http://ww.newsstand.com.

3. 电子期刊。电子报纸的实践主要在新闻领域展开,而与此同时,另一种与之类似的传媒产品也越来越引人注目,这就是电子期刊。与电子报纸不同的是,电子杂志更多的是从休闲娱乐领域里成长起来。而国内在电子杂志开发方面的步伐显然要超出电子报纸,影响力也较大。这一领域的主力是一些非主流媒体或者新兴的娱乐内容企业。据称国内目前已有电子杂志超过1000份,① 其中不乏发行量很大的杂志,如《漫秀》、《时尚炫妆》、《爱电影》等。也有一些主流传统媒体开始进军电子杂志。2005年8月15日,由南方报业集团旗下南方网开发的电子杂志《WOW! ZINE·物志》正式创刊,成为中国第一家由主流媒体集团创办的电子杂志。电子期刊的主要特点是注重多媒体手段的运用和互动的开发,除了音频、视频外,大量运用 Flash 动画,带来多种感官刺激,受众的体验更像看电影或电视而不是阅读杂志,多媒体成为电子杂志的重要卖点。另外,在接收平台上除了网络外,还可面向更多接受终端。

4. 网络广播。网络广播是一种网上音频服务,它采取网上传播方式提供广播服务节目,内容通常高度专业化,听众用普通收音机无法接收到。从1996年12月15日广东珠江经济广播电台最早在中国内地开展网上实时广播起,传统广播电台开展网上传播活动大致可以分为三个阶段。第一阶段是将自己的无线广播的音频文件上网,实现网上音频广播。这种提供广播内容"网络版"的做法,又可以分为两种类型。一是将本广播电台的部分重要新闻或其他精彩节目做成音频文件放置在自己的网站上,供用户直接点击收听;二是提供在线同步收听本台无线广播的实时网上服务。第二阶段是广播电台网站同时提供网上广播实时收听服务和听众点播收听(下载)服务的网站。第三阶段是广播电台开办纯粹在线音(视)频广播服务。这种服务不论采取独立频道形式,还是采取独立网站形式,都显示了摆脱传统广播

---

① 晋雅芬. 网络杂志风生水起,互联网市场影响几何. 新闻出版报,2006-7-5.

"网络版"框架模式的趋向,使得广播产业可以跳过电波频谱的瓶颈约束,"电台"数量规模能有较大幅度的扩大,广播内容服务面也因此得以自由扩展。内地正规广播电台正式开办纯网络电台的时间标志点是2005年7月,中国国际广播电台和中央人民广播电台开办了各自领导下的纯网络电台——"网络电台"和"银河台",并推出新颖的网络音频服务。

5. 网络电视(IPTV)。网络电视是电视媒体利用网络信息的易存储性、易检索性、易复制性,以宽带接入网为基础,设立可以进行视频播放的网站,以点击链接的方式收看电视节目。宽带接入网可以是CM、ADSL、以太网和FTTH等。IPTV是电视业务的延伸,是电视媒体向网络新媒体演化过程中的重要一步,这种方式运用视频压缩等多项技术,画面效果有明显的损失。在我国,这种网络电视已经开始试运行,2004年的雅典奥运会中央电视台对众多比赛项目报道同时进行网上直播,让电视节目直接进入互联网,发挥信息总汇优势,传送电视节目和数据系统,使电视节目的信息价值达到最大化。

4.3.3 电信产业与传媒产业的产业交叉

传媒产业与其他产业(特别是电信产业)之间的交叉融合主要表现在两个方面,一是以广播电视网、宽带通讯网、互联网为基础进行的三网融合;二是以移动通信为代表的电信产业向传媒产业渗透,形成的新媒体——手机媒体。

1. 三网融合。以广播电视网、宽带通讯网、互联网为基础进行的三网融合,不是谁取代谁,而是都要加强建设,在这个基础上推进三网融合。三网融合是核心网的融合、业务的融合和多模终端的融合。对于接入网,实际上不但不会融合而且还会继续保持多样化。因为不同接入网各有各的优势,可以适合于不同时间、地点、应用场景。融合的核心网上的融合业务,通过不同的接入网连接可以支持多种接入网的多模终端。以广播电视的有线网络为例，图 4-11 的内容说明了有线电视网络在引进新技术后业务范围得到了扩展，从原来的传输模拟节目和音频节目，逐渐向数字式业务、数据业务和话音业务等领域扩展，不仅提高了传媒产品的传输质量，而且可以向电信和互联网领域提供可替代的竞争性数字产品。

2. 手机媒体。所谓的手机媒体，即借助手机进行信息传播的工具。随着信息技术的发展与普及，手机成为具有通讯功能的迷你型电脑，使得移动网和互联网融合的深度不断加强，手机用户可以在线收看新闻、电影、音乐、电视、体育比赛等多媒体信息，也可以利用本身的摄像和摄影功能制造多媒体信息，发送给其他手机用户或电子邮箱。而且手机媒体是网络媒体的延伸，网络媒体的许多特性也延续到手机媒体。手机媒体具有网络媒体交互性强、传播快、多媒体等特性，其最大的优势是携带使用方便、传播与更新速度快、范围广、限制因素少。手机亦是新闻采访的重要工具，目前拥有拍摄录音功能的手机已经十分普遍，不仅对专业记者，而且对于业余记者、新闻爱好者抓拍与传播新闻提供了便利。手机真正成为大众化媒体的催化剂是3G，在3G基础上，文字、图片、音频、视频、电子邮件、实时语音、实时影像等功能均可以实现，随着新闻传播、娱乐游戏、移动虚拟社区、信息服务等附加功能不断增加，手机像一张大网正在整合众媒体。

4.3.4 传媒产业内部各子产业之间的重组

产业融合过程中，传媒产业内部各子产业之间的重组是传媒组织层面的合作和融合。产业重组的方式主要体现在的传媒产业内部各子产业之间资源整合上，不同类型的传媒机构可以通过各种方式进行合作、联盟乃至合并等方式，实现业务、资源和战略等方面的整合。一个传媒公司或者集团同时拥有报纸、电视、广播、网络等媒体形式，各媒体之间在统一的目标下最大程度地实

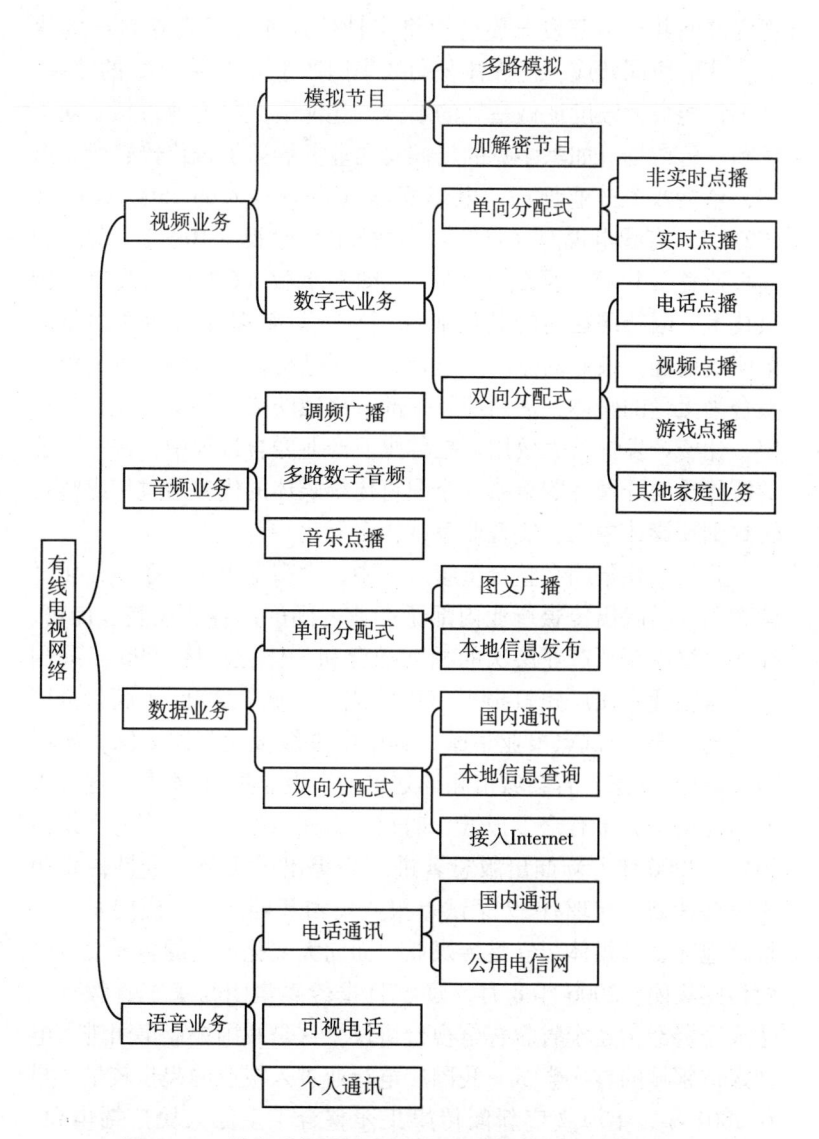

```
                                        ┌── 多路模拟
                         ┌── 模拟节目 ──┤
                         │              └── 加解密节目
                         │                           ┌── 非实时点播
            ┌── 视频业务──┤              ┌── 单向分配式 ──┤
            │            │              │            └── 实时点播
            │            │              │            ┌── 电话点播
            │            └── 数字式业务──┤            │
            │                           │            ├── 视频点播
            │                           └── 双向分配式 ──┤
            │                                        ├── 游戏点播
            │                                        └── 其他家庭业务
            │            ┌── 调频广播
  有线      │            │
  电视 ─────┼── 音频业务──┼── 多路数字音频
  网络      │            │
            │            └── 音乐点播
            │                           ┌── 图文广播
            │            ┌── 单向分配式──┤
            │            │              └── 本地信息发布
            │            │              ┌── 国内通讯
            ├── 数据业务──┤              │
            │            └── 双向分配式──┼── 本地信息查询
            │                           │
            │                           └── 接入Internet
            │                           ┌── 国内通讯
            │            ┌── 电话通讯 ──┤
            │            │              └── 公用电信网
            └── 语音业务──┼── 可视电话
                         │
                         └── 个人通讯
```

图 4 – 11　技术升级后的有线电视网络所提供的服务类型

资料来源：昝廷全，金雪涛、党娜．传媒产业的产业融合及组织创新趋势．见：崔保国主编．2006 年：中国传媒产业发展报告．社会科学文献出版社，2006：69。

现资源的共享、开发与整合,将多种传媒业务整合在自己的旗下,获取协同效应,使媒体公司或集团产生 1+1+1>3 的效果。这不仅能最大限度地做最好的新闻,还能最大限度地占领受众市场和广告市场。如默多克的新闻集团业务涵盖了现代传媒所有形态,包括八个产业部门:电影娱乐(占总收入的25%)、电视(22%)、有线电视网(11%)、直播卫星电视(10%)、杂志和插页业务(4%)、报纸(17%)、图书出版(6%)以及包括传媒技术、因特网在内的其他业务(5%)。默多克认为他的新闻集团目前拥有最好商业资产组合和公司结构,可以将内容和资产整合为无缝的整体,从而使每一部分单独的资产都得到充分的利用,让资产发挥最大效用。在传媒业产业融合过程中,许多传统的媒体纷纷开展并购策略,企图将传统媒体的优势通过传媒整合转移到新媒体中去,实现业务结构多元化。

我国传媒集团在整合重组过程中,大多走出了一条多元化经营之路,反映出传媒产业内部子产业之间的内容、包装、传输、操作、终端等新产业层次的相互融合和一体化。从1996年我国第一家报业集团广州日报报业集团成立,截至2005年底,全国共组建了39家试点报业集团,其中中央级报业集团2家,省级报业集团23家,省会城市和计划单列市报业集团14家。这些报业集团旗下大多有众多报纸、期刊、新闻网站、手机报等多媒体组成。2006年,新闻出版总署进一步提出了实施综合性传媒集团发展计划,在现有39家试点报业集团基础之上,横向发展一批跨地区、跨媒体、立足传媒业、面向大文化产业的多元混业经营传媒集团。2006年8月,辽宁日报传媒集团与辽宁省教育厅达成合资经营辽宁省教育电视台协议,这是我国报业集团进入电视媒体领域的首次尝试。我国广电行业进入报业的起步较早,早在2001年,上海文广新闻传媒集团整合了上海人民广播电台、上海东方广播电台、上海电视台、东方电视台和上海有线电视台等单位组建了庞大的传媒集团。如今,上海文广还经营报纸、杂志和新闻网站以及音像出版等。特别是"第一财经"现在已经成为中国著名的跨媒体、跨地域财经传媒品牌，通过"第一财经"统一品牌的带动，衍生出电视频道、广播频率和报纸、杂志、图书出版物。

本 章 小 结

本章重点阐述了传媒业产业融合的机理和具体形式。产业融合机理的分析基础是电信、广播电视、报纸期刊三大产业边界分析。三大产业之间存在着技术边界、业务边界、运作边界、市场边界，使三大产业之间处于分立的状态。从信息传送带宽的要求看，电信服务和报纸期刊具有低带宽要求，而广播电视具有高带宽要求；从信息传送机制看，电信服务属于交换型，而广播电视与报纸期刊属于分配型；从信息接受终端看，三大产业有各自专用的接受终端。

互联网出现后，传媒产业的信息传送机制、信息传送平台和信息接受终端设备等基本技术条件发生了变化，这种变化主要是产生了两种转换，即从专用平台向非专用平台的转换以及从低带宽向高带宽的转换。从而使电信、广播电视、报纸期刊三大产业的信息传送平台逐渐走向统一，信息接受终端也在形式和功能上实现了统一，并且各个产业的信息传送机制都能够实现双向和单向并存的传输形式。这样，传媒产业就具备了产业融合的技术条件。

在信息技术的推动下，电信、广播电视、报纸期刊三大产业间不仅具备了产业融合的技术条件，而且各产业间出现了多方位的融合渗透，各产业间的企业由原来无竞争走向竞争，产生了产业融合，传媒产业的产业融合基本上经历了技术边界消失、业务边界交叉、运作边界整合、市场边界模糊四个阶段。

传媒产业融合不仅产生了新的媒体形态，而且推动了传媒产业的快速发展。传媒产业的产业融合主要表现为四种形式：一是互联网向传统传媒产业延伸产生的网络媒体,如门户网站、专业网站、博客、播客等;二是传统传媒产业向互联网产业的渗透产生新的服务形式,如新闻网站、电子报纸、电子期刊、网络广播、网络电视等;三是电信产业向传统的传媒产业和互联网延伸,如"三网融合"、手机媒体等;四是传媒产业内部各子产业之间的重组。

第 5 章
传媒产业的 RC-SCP 产业组织理论分析框架

　　第三章、第四章分别研究了传媒产业政府规制和产业融合两个现代的经济因素。本章在分析哈佛学派 SCP 范式形成和发展的基础之上,指出 SCP 范式在传媒业产业组织研究中的不足,尝试加入政府规制和产业融合两个变量,对 SCP 范式进行拓展,构建传媒产业的 RC-SCP 产业组织理论分析范式,为后面三章关于传媒产业市场结构、市场行为、产业绩效的分析提供理论基础。

5.1　SCP 产业组织范式的形成与发展

　　产业组织理论(Industrial Organization Theory,简称 IO 理论)产生于 20 世纪 30 年代。产业组织理论是运用微观经济学理论分析厂商和市场及其相互关系的一门学科,是研究企业结构与行为、市场结构与组织,以及市场与厂商相互作用和影响的一门新兴应用经济学分支。[①] 西方发达国家的产业组织理论共出现过三个主要学派:哈佛学派(Harvard School)、芝加哥学派(Chicago School)和 20 世纪 80 年代以来在交易费用理论影响下发展起来的新产业组织理论(New industrial organization)(Williamson,1989)。本书主要运用哈佛学派的 SCP 范式对传媒业的产业

---

①　臧旭恒. 产业经济学. 经济科学出版社,2002。

组织进行分析研究。

5.1.1 SCP 分析框架的形成与理论要点

SCP 范式的经济思想直接源于克拉克的有效竞争理论，1940年，克拉克关于"有效竞争"概念的提出，对产业组织理论的发展和体系的建立产生了重要影响。① 克拉克认为，不完全竞争的存在表明，长期均衡和短期均衡的实现条件是不可协调的，反映了市场竞争与规模经济之间的矛盾。为了在理论上和实践上找到解决这一矛盾的方法，就必须明确有效竞争的概念。概括地说，有效竞争就是既能维护竞争又能发挥规模经济作用的竞争格局。其中，政府的公共政策将成为协调两者关系的主要手段。但是，克拉克只是提出而并没有解决有效竞争的评估标准和实现条件问题，但他的成果为以后产业组织的研究提供了线索和方向。

自 20 世纪 50 年代末，美国哈佛大学的梅森（Edward. S. Mason）及其弟子贝恩（Joe. S. Bain）、谢勒（Scherer）等学者，在克拉克等前人研究成果的基础上深入探讨竞争与垄断，以及市场结构、市场行为和市场绩效之间的相互关系，逐步形成了比较完整的产业组织理论体系。② 其中，SCP 分析框架的创立标志着现代产业组织理论的建立。

1959 年，贝恩在《产业组织论》一书中，提出了"结构—绩效"分析框架。他认为，竞争是属于市场结构的问题，判断产业的竞争性，不能只看市场行为或市场绩效，而应看这一产业的市场结构是否高度集中，是否是由寡头企业控制着。同时，还应看进入该产业的壁垒是否很高，是否因此而阻碍了新企业的进

---

① 苏东水. 产业经济学. 高等教育出版社，1996. 86.
② SCP 范式的早期先行者梅森直接根据有效竞争的定义和实现有效竞争的条件，归纳出两大类有效竞争标准：市场结构标准和市场绩效标准。他的学生贝恩、谢勒在此基础上，提出了市场结构决定市场行为，进而决定市场绩效的观点，由此奠定了 SCP 范式的基础。

入和竞争。贝恩指出,市场结构是市场的组织性质。这种组织性质对市场竞争的状况以及价格、产出都会产生重大影响。他将市场结构最突出的特性归纳为四点,即卖方的集中程度、买方的集中程度、产品差异程度和进入市场的状况。他认为影响市场趋于集中的是卖者的集中程度,而决定卖者集中程度高低的最基本因素是该产业的市场结构和规模经济的关系。在竞争市场上,产业组织都有一种把组织规模扩大到单位产品生产成本和流通费用达到最低水平的内在愿望。贝恩认为,如果存在着集中的市场结构,厂商就能成功地限制产出,把价格提高到正常收益以上的水平。贝恩关于市场结构影响因素的实证分析,推动了产业组织理论的重大发展,为丰富产业组织理论提供了大量的案例。

谢勒在1974年出版的《产业结构和经济绩效》一书中,集上述思想之大成,进一步提出了"市场结构—市场行为—市场绩效"(SCP)分析框架。与贝恩不同,谢勒更注重市场行为的研究,特别是价格的形成、广告活动、研究开发等方面的研究成果,弥补了贝恩《产业组织》一书中对市场行为论述的不足。他认为,市场结构首先决定市场行为,继而决定市场绩效。他的整个分析框架是通过对不同市场结构的市场行为进行研究,从而决定市场的绩效。"市场结构—市场行为—市场绩效"分析框架,从提出到发展,表明了在产业组织理论中对市场结构的研究逐步趋于完善和成熟。

从上述分析的脉络看出,哈佛学派传统的产业组织理论体系是以新古典学派的价格理论为基础,在承袭了前人一系列理论研究成果的同时,以实证分析为主要研究手段把产业分解成特定的市场,按结构、行为、绩效三个方面,即所谓的产业组织研究的"三分法"① 对其进行分析,构造了一个既能深入具体环节又有

---

① 梅森将有效竞争的标准归结为两大标准:一是将能够维护有效竞争的市场结构的形成的条件归纳为市场结构标准;二是将从市场绩效角度来判断竞争有效性的标准归为市场绩效标准。这就是有效竞争标准的二分法。其后的一些经济学家在此基础上增加了市场行为标准,称为有效竞争标准的三分法。

系统逻辑体系的 SCP 分析框架，反映了结构、行为、绩效三者间的关系。哈佛学派在分析框架中突出市场结构，研究重点是结构，因此又称为"结构主义学派"，在研究方法上偏重实证研究，这是哈佛学派的两个重要特征（SCP 分析框架的原型如图 5-1 所示）。

从 SCP 分析框架本身看，其所依据的微观经济理论，将完全竞争和垄断作为两极，将现实的市场置于中间进行分析。因而这一分析中市场中企业数量的多寡作为相对效率改善程度的判定标准，认为随着企业数的增加，完全竞争状况的接近，基本就能实现较为理想的资源配置效率。

从 SCP 分析框架的研究重点看，该逻辑框架把反映市场结构的集中度指标和反映市场绩效的利润指标之间的相互关系处于重要的核心地位。其研究结论是：在集中度较高的市场结构中，厂商能够有效地控制市场供给，并把价格维持到正常收益以上的水平，获取垄断利润。

从 SCP 研究框架关于垄断行为的研究方面看，哈佛学派认为，在具有寡占或垄断市场结构的产业中，由于少数企业间的共谋、协调行为和高市场壁垒等限制了竞争行为，削弱了市场的竞争性，因此，这两种市场结构类型不利于资源有效配置。如果市场上的垄断力量大到对整体经济产生负面影响，则需要相应的产业政策加以纠正，以保障市场竞争的有效性。贝恩等人认为，寡占的市场结构会产生寡占的市场行为，进而导致不良的市场绩效，特别是资源配置的非效率，因此有效产业组织政策的首要目标是保障有效竞争的市场结构，并对垄断和寡占采取规制政策。对政策制定者而言，他们只需测度市场结构的集中度，就可以对市场的竞争程度作出评价，并且可以预测并购对市场竞争产生的影响。

总之，哈佛学派的产业组织理论集中体现在 SCP 分析框架之内，在这一框架中，其逻辑结论是市场结构决定企业行为，进而决定产业绩效，由此出发的产业组织政策就着眼于对市场结构的控制。哈佛学派的这种政策主张对战后美国等发达国家反垄断政策的展开和强化都曾产生过重大影响。

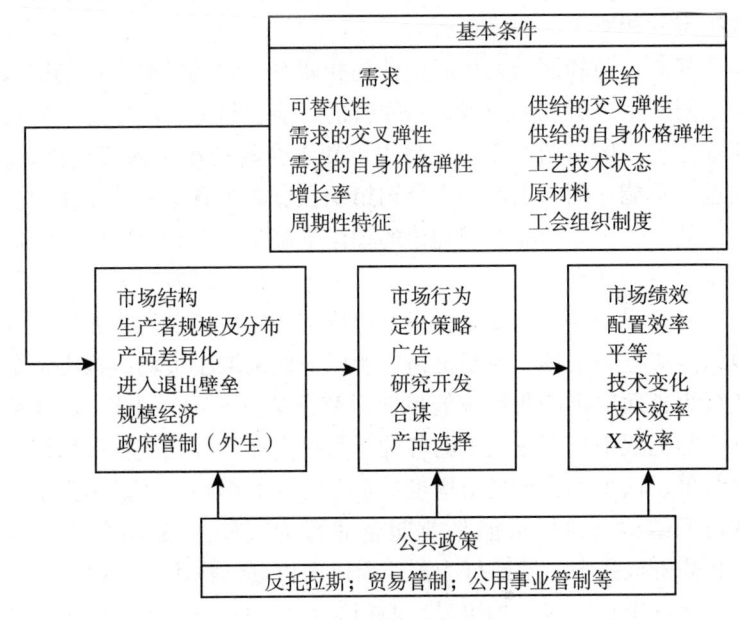

```
                    ┌─────────────────────────────────────┐
                    │              基本条件                │
                    │    需求              供给           │
                    │  可替代性         供给的交叉弹性    │
                    │  需求的交叉弹性   供给的自身价格弹性│
                    │  需求的自身价格弹性 工艺技术状态    │
                    │  增长率           原材料            │
                    │  周期性特征       工会组织制度      │
                    └─────────────────────────────────────┘
   ┌──────────────┐   ┌──────────────┐   ┌──────────────┐
   │  市场结构    │   │  市场行为    │   │  市场绩效    │
   │生产者规模及分布│→ │  定价策略    │ →│  配置效率    │
   │  产品差异化  │   │  广告        │   │  平等        │
   │  进入退出壁垒│   │  研究开发    │   │  技术变化    │
   │  规模经济    │   │  合谋        │   │  技术效率    │
   │政府管制（外生）│  │  产品选择    │   │  X-效率      │
   └──────────────┘   └──────────────┘   └──────────────┘
            ↑                 ↑                 ↑
            └─────────────────┴─────────────────┘
                    ┌─────────────────────────┐
                    │       公共政策          │
                    │反托拉斯；贸易管制；公用事业管制等│
                    └─────────────────────────┘
```

图 5-1　SCP 范式框架原型

转引自：邓伟根著．产业经济：结构与组织．暨南大学出版社，1990，第 177 页。

5.1.2　SCP 分析框架的主要缺陷

哈佛学派虽然开拓了对产业组织理论中市场结构的系统研究，但是就其代表性的 SCP 分析框架而言，无论是其理论基础还是研究方式都存在一些缺陷。

其一，主流产业组织理论仍以厂商追求利润最大化目标作为假设前提。在新古典主义看来，不管是垄断企业，还是完全竞争企业，也不管是经理控制的企业，还是股东控制的企业，所有的企业都是以利润最大化作为行为目标。这样，便忽视了厂商的其他目标，忽视了垄断或竞争程度的差异以及厂商的内部产权结构对厂商行为的巨大影响。忽略了企业因组织类型差异和多样化导致的企业行为的差异和多样化,一概把企业行为均视为受市场结构决定的相对单一的企业行为。

其二,与利润最大化假定前提相联系,哈佛学派的市场结构理论假定生产者和消费者都是完善的,能获得完全的信息,从而能够实现一般市场均衡。正是由于缺乏交易费用和内部化概念,它也就不能正确认识现代大公司组织在资源配置中的重要作用。

其三,主流产业组织理论的理论基础是静态和单向的。哈佛学派认为,现实社会中企业的定价、生产行为之所以发生了不同于自由竞争条件下的变化,只是市场结构发生了变化,亦即产业组织能够控制市场、控制价格,所以他们采取了市场结构决定企业行为进而决定产业绩效的单向研究框架(S→C→P)。在这种既定的框架中,企业发生的各种行为是内在的,是现行市场结构的结果,认识不到市场结构也受企业行为的影响,认识不到本期的市场结构(S_t)可能是前期企业行为($C_{[t-1]}$)的结果。在 SCP 分析范式中,厂商行为被认为仅由市场结构决定,属内生变量。实际上,市场结构也受厂商行为的影响,因为现时的市场结构实际上是过去厂商行为积累的结果。由于过分地强调了市场结构对厂商行为的决定作用,主流产业组织理论未能将微观经济学有关厂商行为决定因素(如内部产权结构、交易费用和信息成本等)的一些最新研究成果纳入上述分析范式之中。也正是由于这一方面的局限,才使得 SCP 分析框架理论不能被普遍地应用。

其四,哈佛学派衡量市场绩效的标准主要看是否损害竞争。然而,竞争并非一定意味着高效率,事实上只是有效竞争才能促进高效率的产生。

5.1.3 产业组织理论的发展

由于以上四个方面的局限,主流产业组织理论面临的挑战越来越大。并出现了芝加哥学派、新奥地利学派和新制度学派等新产业组织学派。同时，为使其摆脱危机，哈佛学派从70年代开始在基本坚持 SCP 分析范式的前提下，对主流产业组织理论进行了修正和补充。特别是自70年代中后期以来，由于产权组织理论、交易费用理论、合理预期理论以及博弈论的引入，产业组织理论研究在理论分析基础、研究重点和分析手段等诸多方面都取得了重大进展，并由此引发出许多新的经济理论。具体地说，产业组织理论的新进展表现在以下几个方面：

首先，在分析框架上改变了原有的单向和静态的研究模式。哈佛学派以结构—行为—绩效为分析框架，其最大特点在于，一旦接受了它的因果关系假设，并能以可观测的结构变量为一方，以绩效变量为另一方，建立稳定的一般关系模型，就能很方便地了解其中的规律并制定政策，而不必探究其固有的、难以处理的并在很大程度上不可观测的市场行为过程[①]。新产业组织理论认为，市场结构、市场行为和市场绩效之间的关系远不是传统 SCP 范式那么简单和确定，而是呈现错综复杂的关系（如图 5-2 所示），表现为：从短期看，市场结构不会有很大的变化。因此，在特定的市场结构下就存在特定的市场行为，市场行为会产生一定的市场绩效，它们之间存在如图 5-2 实线所示的因果关系；从长期看，市场结构、市场行为和市场绩效都会发生变化，而且市场结构的变化可能主要是由市场行为和市场绩效所引起的。这种作用关系如图 5-2 中虚线所示。因此，可以把新产业组织理论对 SCP 的关系描述为图 5-2 中实线与虚线的循环关系。

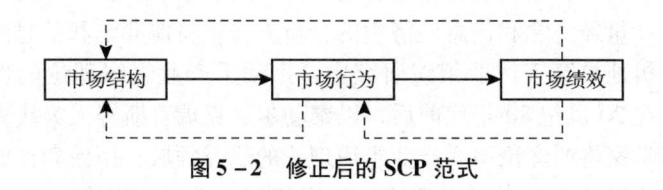

市场结构 → 市场行为 → 市场绩效

图 5-2 修正后的 SCP 范式

[①] 卡布尔（John. Cable）主编. 产业经济学前沿问题. 于立等译. 中国税务出版社、北京图腾电子出版社，2000.2~3。

其次，在研究重心方面从产业组织分析的结构主义转向厂商行为主义，即从重视市场结构转向重视企业行为的分析。以斯蒂格勒为代表的芝加哥学派从行为主义的方法论出发。认为厂商行为是厂商预期的函数，政府无须干预市场机制的运作。S，C，P之间的关系主要体现为 P→C→S，由于一些企业在剧烈的市场竞争中能取得更高的生产效率，所以它们才能获得高额利润，并进而促进企业规模的扩大和市场集中度的提高，形成以大企业和高集中为特征的市场结构。德姆塞茨（Demsetz, 1968）认为，较高的利润是组织规模经济的报酬，任何成本最低的企业规模自然会迅速扩大，企业行为在市场绩效和市场结构之间由此形成了一条反向通道。1970 年，美国经济学家谢勒（Scherer）出版了《产业的市场结构与经济绩效》一书，强调了企业行为的重要性，认为企业行为对市场结构具有反作用。鲍莫尔（Baumor）通过引入"可竞争市场"这一概念，使市场结构与企业行为摆脱了单一、既定的逻辑关系。1985 年，耶尔（M. Awyer）出版了《产业和厂商的经济学》一书，首次把厂商纳入产业组织理论著作的标题中，并以厂商为中心开展研究，认为厂商是基本经济单位，而产业与市场结构只不过是企业之间竞争关系的写照。这种以厂商行为研究为中心的思路被称为"行为主义"。20 世纪 80 年代以来，产业组织理论研究的重点完成了从"结构主义"向"行为主义"的转变，强调企业行为，将市场结构视为内生变量，将市场的初始条件和企业行为视作外生变量。

再次，在研究方法上，突破实证分析的局限性，引进博弈论、计量经济学和信息经济学的分析方法，将博弈论和信息经济学有机地贯穿于产业组织研究中，推动了产业组织理论的新发展。在 20 世纪 80 年代前后，以泰勒尔、克瑞普斯等人为代表的经济学家将博弈论引入产业组织理论的研究领域，用博弈论的分析方法对整个产业组织理论体系进行了改造。1984 年，瓦特逊（Waterson）出版了《产业经济理论》一书，主要采用博弈论分析。1988 年，法国经济学家让·蒂罗尔（Jedu Tirole）所著的

《产业组织理论》成功地以博弈理论为基础重构了产业组织理论。博弈论引入到产业组织理论中，意味着靠市场实现的瓦尔拉斯一般均衡遇到了极大挑战。企业行为也不再只取决于市场结构，而且还取决于企业对自己的行为可能引致其他企业反应行为的预期。

总之，结构—行为—绩效这一理论框架从研究方法上看，以市场结构为起点，以产业为研究对象，在这一理论框架中反映了各种因素的联系，将演绎和实证研究成功地结合在一起，并在运用抽象法建造理论模型的函数关系的同时，运用统计方法进行实证研究，避免了单纯的抽象分析，从而使结论更加切合于实际。[1] 从研究内容上看，该框架可以将产业组织研究的主要内容包容在一个简洁的框架中，所以尽管产业组织学的学派较多，但它至今仍然是产业组织体系的主体理论框架。[2]

5.2 传媒产业的 RC-SCP 产业组织分析框架

5.2.1 SCP 范式在传媒业产业组织研究中的局限性

20世纪90年代中期，以美国为代表的西方国家普遍对传媒产业采取放松规制政策后，经过数次并购浪潮，各国传媒产业市场结构都出现了明显的市场集中的趋势。这进一步引发了传媒经济学界对产业组织研究的学术热潮。在这些研究中，一个广为采用的分析框架是哈佛学派的 SCP 范式。但是，传媒产品是精神产品，具有意识形态属性，具有明显地区别于一般产业的产业特征，在分析传媒业产业组织的时候，必须充分考虑传媒产业的特

---

[1] 丁敬平.产业组织与政府政策.经济管理出版社，1991.93。
[2] 金碚.产业组织经济学.经济管理出版社，1999.9。

性，因此传统的 SCP 范式具有相当大的局限性。

首先，传媒产品是精神产品，具有意识形态和商品双重属性，决定了传媒产业既要追求经济效益，又要追求社会效益双重统一的特性。同时传媒产品是宣传品，具有强大的外部性，既有正外部性又有负外部性，在政治、经济、社会生活多方面产生着影响。这就决定了对传媒业产业组织的研究，必须综合考察传媒产业的市场绩效和社会绩效。然而，传统的 SCP 范式的微观经济学基础是新古典理论，它假定所有的企业都是以利润最大化作为行为目标。这显然与传媒产业追求经济效益和社会效益相统一的目标是矛盾的，忽略了传媒产业在社会中发挥的特殊职能。

其次，产业融合是当前传媒产业重要的经济现象，产业融合改变了传媒产业的传统的产业边界，对产业组织理论提出了新的挑战。20 世纪 90 年代以来，随着信息技术的发展和广泛运用，特别是互联网的形成与成熟，电信、广播电视和报纸期刊等部门出现固定化产业边界的模糊与消失的产业融合现象，并且在进入 21 世纪后，传媒业产业融合的速度在日益加快。特别是传媒业产业融合不仅发生在传媒产业内部子产业之间，而且还发生在传媒产业外部（如电信产业与传媒产业的融合）。从发生在传媒产业外部的产业融合看，不仅改变了传媒产业与其他产业的竞争关系，而且还加强了与其他产业的关联关系，其他产业对传媒业产业组织的影响在加大；从发生在传媒产业内部的产业融合看，广播电视、报纸期刊、互联网等子产业之间边界日趋模糊化。但是传统的 SCP 范式是以产业边界既定为基本假设前提的，改变了这一假设前提，暗含着产业组织的市场结构、行为、绩效重大变动。因此，产业融合将对产业组织体系产生重大影响，推动产业组织形态的突破和创新，传统的"SCP"范式用于分析传媒产业具有明显的局限性。

再次，规制是影响传媒业产业组织的重要因素。传媒产业作为一种极具自然垄断的行业，加之其外部性、准公共品特性、信息不对称性、意识形态属性的广泛存在，决定了大多数国家对传媒产业实行更为严厉的规制。在传媒产业严格规制的国家,政府采取国有化或严格进入规制的方法控制传媒产业,此时进入壁垒主要是通过政府的特别许可、注册和申报等进入规制,这样的进入壁垒是潜在的进入者无法突破的,因此市场结构长期保持着单一稳定的市场状态。此时,市场结构是一个外生变量,在此市场结构下即使企业行为是低效的,也不能通过调整市场结构来提高企业效率,也只能由政府规制直接作用于企业行为,以此提高企业的效率和社会福利。因此,在传媒产业严格规制的国家,规制是决定产业组织的主导因素,"SCP"范式并没有实际意义。在传媒产业放松经济性规制的国家,放松规制并不是放手不管,政府仍然通过规制来塑造当局认为合理的市场结构。一旦决定允许新的进入者进入,进入壁垒等外部因素对市场结构的影响仍然不能与规制相比,不对称规制的实施可以为新进入者排除掉那些在非规制环境下可能无法逾越的进入障碍。同样,规制依然是决定企业行为和产业绩效的主要变量之一。因此,即使是放松规制时期,用"SCP"范式来分析传媒产业仍是不完备的。

5.2.2 传媒业产业组织的决定因素:规制、竞争、产业融合

产业组织理论主要考察同一产业内部企业之间的市场关系,这种企业之间的市场关系包括交易关系、行为关系、资源占有关系和利益关系,判断产业组织优劣的标准是看该产业是否形成了有效竞争。"SCP"范式采用市场结构标准、市场行为标准、市场绩效标准的"三分法"对竞争是否有效进行了全面的分析判断。决定一个特定产业的市场结构、市场行为、市场绩效因素有很多,如进入壁垒、产品差异化、技术进步程度、政府政策等,但是在市场经济条件下,竞争机制是决定产业组织的最大动因。对于传媒产业而言,规制、竞争、产业融合是产业组织的决定因素。

在对传媒业实行严格规制的国家，规制是传媒业产业组织分析的主要变量。因为，政府规制不仅直接决定了产业的市场结构，而且政府规制直接作用于企业行为，通过价格、质量和内容的规制，以此提高传媒企业的经济效益和社会效益，保证整个社会福利的增加。此时传媒企业无法实现利润最大化的市场行为，只能在适应规制的前提下，寻求利润极大化或合理的利润，市场结构对企业行为的影响退居其次。政府对企业行为的规制同样对绩效会有所影响，在严格规制的情况下，传媒企业的一大优势在于成本信息的不对称性，为此，被规制企业可以在一定程度上影响规制当局的决策。所以，市场绩效往往是规制机构与被规制企业讨价还价的结果，规制机构根据产业的市场绩效决定如何对传媒产业的结构和企业行为进行规制（如图5-3所示）。政府规制成为决定传媒产业市场结构、市场行为、市场绩效的重要力量，因此，政府规制是传媒业产业组织分析的重要变量。

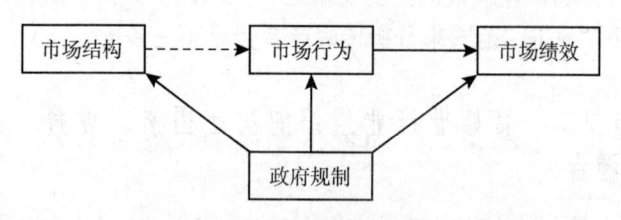

图5-3 规制与产业组织

在实行放松规制的国家①，竞争和规制制度共同作用是决定传媒业产业组织的重要因素。尽管规制对传媒产业很重要，但是规制不能代替竞争，如果没有竞争就会出现垄断企业的低效成本和规制失效成本。因此，许多国家对传媒产业实行了放松规制的

---

① 政府规制分为经济性规制和社会性规制。传媒产业放松规制主要以经济性规制为对象，这是因为传媒产业社会性规制涉及到国家安全和人们健康的精神环境的影响，因此，对传媒内容的规制更多地表现为强化规制。通常情况下，传媒产业放松规制是指放松经济性规制。

产业政策，以便形成一个竞争性的市场机构，借助市场机制促进传媒产业的发展。当然，传媒产业放松规制不同于其他自然垄断产业的放松规制，只是适度放松，并不等于自由进入，对进入规制仍有规定。主要原因有两个方面：一方面，放松规制要想取得实质性进展，关键在于引入竞争，而为了创造一个竞争性的市场结构，仅仅依靠市场竞争的力量是不可能的，是进入者自己无法达到的。这就意味着，传媒竞争并不能随着规制放松自己发生，为此，政府必须相应地制定一些配套的规范与规则，使其能够保证传媒产业的有效竞争。更确切地说，在引入传媒市场竞争机制的同时，政府实际上应该加强规制制度的建设，以规制的方法来放松规制，或者说，要通过规制重建来保证竞争。另一方面，由于传媒产业的网络正反馈效应和在位企业的排他性行为，放松进入规制后，潜在进入者虽然不存在政府的进入障碍，但并不意味着没有别的进入壁垒。事实上，即使初步具备了竞争性的市场结构，传媒产业的网络正反馈效应和在位企业的排他性行为同样是潜在进入者难以突破的进入壁垒。另外，放松规制时，在位企业势必会采取阻止进入的价格策略和非价格策略。这些都是新进入者自己无法逾越的，需要借助政府的不对称规制排除掉那些在非规制环境下可能无法逾越的进入障碍。总之，在放松规制的经济体内，并不是不存在对传媒产业的规制，规制和竞争都是决定产业组织的主要变量，市场竞争或者规制都是无法独立解释传媒业产业组织的。另外，在传媒产业政府规制与市场竞争并不是相互排斥的，一方面，为了矫正"市场失灵"，需要政府对在位传媒企业进行规制；另一方面，为了避免"规制失灵"，也要求传媒产业的运行以市场竞争为基础。可以说规制与竞争并存是传媒产业组织变迁的一个重要特征，两者的有机结合决定着传媒产业组织调整的有效性和社会福利水平。

在放松进入规制的条件下，技术进步导致了传媒业产业融合的发生，成为决定产业组织变迁的又一重要因素。产业融合作为一种产业创新的手段和方法，具有快速技术创新的特征，改变了决定产业组织的基本条件,如产品的替代性、供给交叉弹性、需求交叉弹性、工艺技术状态等。传媒产业的供给和需求条件的改变,必将推动传媒产业的市场结构和竞争关系的变化,而且还将改变传媒产业各子产业间的结构,决定着传媒业产业组织变动的方向。另外,传媒产业融合也催生了许多新产品和新服务,改变了传媒产业传统的增长机制和方式,对企业的竞争战略理念提出了新要求。因此,在研究传媒业产业组织的时候,必须考虑到产业融合这一动态因素。

综合上述分析,规制、竞争和产业融合的作用决定了传媒业产业组织状况和变化的方向,是传媒业产业组织分析中的主要因素。

5.2.3 传媒业 RC – SCP 产业组织分析框架的逻辑

在传媒产业严格规制的国家,进入传媒产业受到严格控制,传媒产业各子产业之间和传媒产业与其他产业之间处于分立状态,产业融合不可能发生,且规制是产业组织分析的主要变量,其产业组织分析框架如上一节图 5-3 所示。政府规制不仅决定了传媒产业的市场结构,而且直接作用于市场行为和产业绩效。

在传媒产业放松规制的国家,规制、竞争和产业融合是传媒业产业组织研究中不容忽视重要因素,抛开规制和产业融合因素,只从市场结构来研究产业绩效[1]是不适合的。因此,在研究传媒业产业组织理论的时候,需要一种新的理论作为指导。就经济理论的现状看,构建一种全新的理论来解释传媒业产业组织的可能性不大,更现实的做法是将现有的产业组织理论、规制理论和产业融合理论结合在一起,形成一个能够科学解释传媒业产业组织的新理论。因此,需要在"SCP"范式的基础之上,加进政

---

[1] 对传媒业产业组织的研究,既要考察市场绩效,又要考察社会绩效。本书将市场绩效和社会绩效统称为产业绩效。

府规制、产业融合两个要素,建立一个"政府规制(R)、产业融合(C)—市场结构(S)—市场行为(C)—产业绩效(P)"(RC‑SCP)的理论框架,用于分析在放松规制的经济体内,传媒业产业组织状况和变化趋势。在此框架中,政府规制、产业融合、市场结构、市场行为、产业绩效的逻辑关系如图5‑4所示,具体表现在以下几个方面:

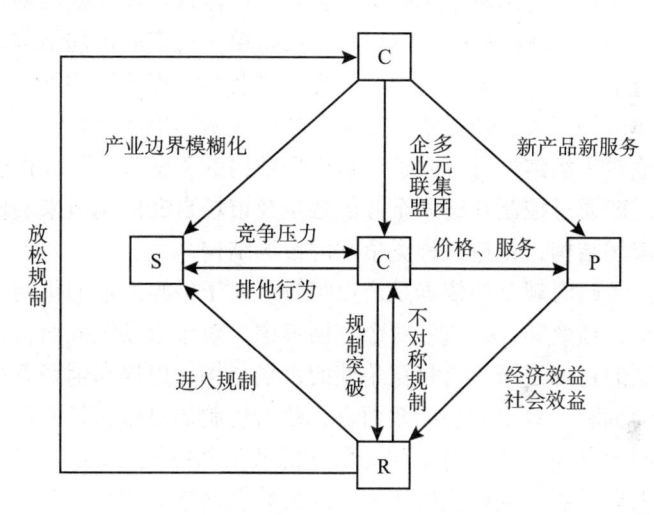

图5‑4 RC‑SCP理论框架的逻辑

一是规制对产业融合的影响。信息技术的进步和规制的放松是发生产业融合的两个必要条件。在信息技术和互联网技术快速发展的条件下,放松对传媒产业的规制,促进了传媒产业与电信产业和传媒产业各子产业间的融合。

二是产业融合对市场结构、市场行为、产业绩效的作用。产业融合改变了传媒业产业组织体系,不仅影响着市场结构,而且也会对市场行为和市场绩效产生直接作用。首先,产业融合使传媒业各子产业间的边界模糊化,各子产业间市场发生了融合,市场的集中度降低;其次,产业融合改变了传媒产业各子产业之间的竞争关系，促使各传媒企业调整其市场行为，出现了以范围经济为核心的多元化企业集团、以合作博弈为策略的企业联盟；再次，产业融合能够改变传统的传媒产业增长机制与方式，实现产业跳跃式发展和创新，不断涌现出新的产品和服务（如电子报刊、手机报、数字电视、网络广播等），提高传媒产业的产业绩效。

三是政府规制对市场结构的影响。在传媒产业放松规制背景下，规制对市场结构的影响不再是保持单一稳定的市场结构，而是政府根据经济和产业的现实环境，以及当前市场结构下的企业行为和市场绩效，选择塑造寡头垄断或垄断竞争的市场结构，并不断地对市场结构进行调整。对市场结构的调整方式是放松进入规制，即通过控制新进入企业的数量及市场自发的调节来实现预期的市场结构，塑造一种竞争性的市场结构。

四是政府规制的依据是产业绩效。对于传媒产业的规制，主要从市场绩效和社会绩效两个方面考虑。对于市场绩效而言，政府规制的目标是塑造更具竞争性的市场结构，以提高消费者剩余和社会福利；对于社会绩效而言，政府规制的目标一是要保持正确的舆论导向，即所谓"舆论引导的政治指标"；二是要保证传媒对人们思想产生积极的作用，即公共绩效指标。①

五是政府规制对企业行为的作用。在传媒产业放松进入规制的初期，并不意味着新进入者没有进入壁垒，为了达到竞争性市场结构，需要对传媒企业行为进行规制。规制的方法主要是不对称规制，即对在位企业的价格进行严格规制，而对新进入者的价格给予灵活的自主定价权，或者是规制机构通过一定时期内豁免新进入传媒企业的普遍服务的义务（如承担公益性活动），以帮助新进入者成长。另外，在位企业会采取一些与规制目标不符的排他性行为，对于这些企业行为并不需要等待经济绩效的反应，

---

① 为了便于量化，在保证传媒产品政治绩效的前提下，可以用社会占有率来衡量传媒产业的公共绩效。广播电视业用人口覆盖率来衡量，报纸期刊产业可以用人均拥有量来衡量。

政府可以直接进行规制。

六是企业行为对政府规制的反作用。由于放松规制使传媒市场由垄断变为竞争，在位传媒企业会采取一些排他性行为，设法突破政府规制的限制。传媒企业往往会采取多种方式规避或者突破传媒规制，在法制不完善的地方，传媒企业往往会采用"生米煮成熟饭"的方式实现规制突破。比如国家禁止"一报多式"，许多省级党报以"农村版"的形式，单独出版针对农村市场报纸，迫使管理部门默认此种"一报两式"的方式，这就是一种边缘性突破之后迫使规制机构改变规制的行为。

七是市场结构与企业行为之间的相互作用。在"RC-SCP"理论框架中，市场结构与企业行为之间的相互影响开始凸显出来，并成为产业组织中的重要现象。一方面，引入竞争使得市场变为竞争性的市场结构，市场结构对企业行为的决定作用开始表现出来。传媒企业行为特征的明显变化是从垄断行为向竞争行为转变，这种改变只能是由竞争性的市场结构所引发，而不能通过规制来实现。另一方面，在市场结构决定企业行为的同时，企业也将试图通过行为改变市场结构，原来的在位者会想方设法为新进入者设置障碍，试图通过各种排他性行为将对手排斥出市场。而新进入者会千方百计的采取进入行为，抢夺在位者的市场份额和利润。这些企业行为都在影响着传媒产业的市场结构。

八是产业绩效与企业行为之间的相互影响。一方面，传媒产业的企业行为会直接影响到传媒产业的产业绩效。当传媒企业处于垄断地位时，缺少提高绩效的激励，而在竞争性市场上，传媒企业不得不采取更多的竞争性行为，比如降低成本，提高服务质量等，来努力提高市场绩效。但是一些传媒企业为了提高经济效益，也会一味地迎合受众的需求，提供一些不良的信息内容，从而损害传媒产业的社会绩效。另一方面，产业绩效也间接影响着传媒产业的企业行为。政府规制的依据是产业绩效，不同的产业绩效决定了对企业行为规制的方式和力度，从而使产业绩效间接影响了企业行为。

九是产业绩效与市场结构的相互影响。在"RC – SCP"理论框架中,一方面,市场结构决定着企业行为,企业行为进而影响着产业绩效;另一方面,产业绩效也影响着市场结构,这种影响既有直接的又有间接的,利润率影响着新企业进入市场吸引力的大小,对市场结构产生着直接影响。另外,产业绩效还可以通过规制和产业融合间接影响市场结构。一是根据产业绩效状况制定不同进入规制,来影响市场结构;二是为了提高产业绩效,放松了对传媒产业的进入规制,产生了产业融合的条件,通过产业融合改变了未来传媒产业的市场结构。

本 章 小 结

本章首先介绍了哈佛学派 SCP 范式的产生过程和主要理论观点,分析了 SCP 分析框架存在的主要缺陷,总结了产业组织理论的最新进展。在此基础之上,重点研究了 SCP 范式在传媒业产业组织研究中的局限性和传媒业 RC – SCP 产业组织分析范式的框架逻辑。

SCP 范式在传媒业产业组织研究中的局限性表现在三个方面:一是传统的 SCP 范式以假定企业追求利润最大化为前提,而传媒产品具有意识形态和商品双重属性,传媒产业追求经济效益和社会效益相统一;二是 20 世纪 90 年代以来,随着信息技术的发展和广泛运用,电信、广播电视和报纸期刊等部门出现固定化产业边界的模糊与消失的产业融合现象,而传统的 SCP 范式是以产业边界既定为基本假设前提的,改变了这一假设前提,暗含着产业组织的重大变动,包括市场结构、行为、绩效以及与此相适应的企业组织结构等方面的变动,对产业组织体系产生重大影响,传统的"SCP"范式用于分析传媒产业具有明显的局限性;三是规制是影响传媒业产业组织的重要因素。在传媒产业严格规制的国家,政府采取国有化或严格进入规制的方法控制传媒产业，市场结构长期保持着单一稳定的市场状态，市场结构是一个外生变量，规制是决定产业组织的主导因素，规制直接作用于企业行为，以此提高企业的效率和社会福利。因此，"SCP"范式并没有实际意义。在传媒产业放松规制的经济体内，放松规制并不是放手不管，政府仍然通过规制来塑造当局认为合理的市场结构。同样，规制依然是决定企业行为和产业绩效的主要变量之一。因此，即使是放松规制时期，用"SCP"范式来分析传媒产业仍是不完备的。

  笔者认为，规制、竞争和产业融合是传媒业产业组织研究中不容忽视的重要因素，抛开规制和产业融合因素，只从市场结构来研究产业绩效是不适合的。因此，在研究传媒业产业组织理论的时候，需要一种新的理论作为指导。就经济理论的现状看，构建一种全新的理论来解释传媒业产业组织的可能性不大，更现实的做法是将现有的产业组织理论、规制理论和产业融合理论结合在一起，形成一个能够科学解释传媒业产业组织的新理论。因此，本章建立了一个"政府规制（R）、产业融合（C）—市场结构（S）—企业行为（C）—产业绩效（P）"（RC‐SCP）的理论框架，用于后面三章分析传媒业产业组织状况和变化趋势。

第 6 章
传媒产业的 RC – SCP 分析（Ⅰ）：市场结构

第五章构建了一个用于分析本研究的系统且内在逻辑一致的 RC – SCP 产业组织理论分析框架。从本章开始，我们运用该理论框架具体展开分析传媒产业的市场结构、市场行为和产业绩效。在传媒产业的 RC – SCP 分析范式中，传媒产业的市场结构将会影响到传媒产业中企业行为和产业绩效，为此，本章首先对传媒产业的市场结构予以分析。我们将对中国和美国传媒产业中的报业、期刊产业、广播产业、电视产业、互联网产业市场结构进行对比分析，并揭示传媒产业市场结构的成因，还将根据 RC – SCP 分析框架详细探讨产业规制和产业融合对传媒业市场结构的影响。

6.1 传媒产业市场结构的分类及其测度方法

6.1.1 传媒产业市场结构的内涵

所谓市场结构，就是规定构成市场的卖者（企业）相互之间、买者相互之间以及卖者和买者集团之间等诸关系的因素及其特征。传媒产业的市场结构也就是指在传媒市场上传媒企业之间、消费者之间、广告客户之间以及传媒企业与消费者和广告客户之间的关系状况及特征。它反映的是传媒市场上竞争和垄断的程度。

从市场结构的定义可以看出,在研究市场结构时,我们必须明确市场的内涵。在产业组织理论中,市场的概念不同于一般经济学的市场概念。在许多场合我们都会使用市场这个名词,并且赋予它不同的内涵。例如,当我们提到农贸市场时,它是指交易发生的场所,有着明确的空间和方位,是一种狭义的、有形的市场;当我们提到市场调节、市场交易时,市场是指一种抽象的机制,一个社会范围内买卖双方交换关系的总和,它主要用于一般均衡的分析,而不考虑特定产品或服务的供求关系,这也就无助于产业内部结构的深入考察。因此,上述这些市场定义都不是产业组织学所要研究的范畴。[①] 目前,在产业组织理论中占主导地位的市场定义是指同一产品(服务)或相近替代品买卖关系的总和,判定依据是测度任何两种商品之间的需求交叉弹性,若需求交叉弹性为正值,则两种商品为替代品;若需求交叉弹性为负值,则两种商品构成互补性关系。当任意两种商品的交叉弹性为较大的正值时,说明一种商品的价格变动会对另一种商品的需求产生较为显著的影响,由此判断这两种商品同属于一个市场,但在实际操作中需求交叉弹性不易测量,仍缺乏明确的标准。经验上较为一致的看法是,先从给定的商品开始,然后考察该商品的替代品,再考察这些替代品的替代品,依此类推,直到发现替代品链中有明显的差别,这种替代性的明显变动就成为区分商品是否同属一个市场的界限(罗宾逊,1933)。[②]

在产业组织中定义市场时还要考虑地理区位的影响,当有类似性能的产品在不同的地理位置出售,并且产品跨地区流动面临

---

① 刘志彪,王国生,安国良. 现代产业经济分析. 南京大学出版社,2001. 223。
② 泰勒尔. 产业组织理论. 张维迎总校译. 中国人民大学出版社,1997. 13。

很高的区域行政壁垒或者高昂的运输费用时,我们也不能把这些产品看作是从属于同一个市场,而必须从地理区位的角度进行市场定义(刘志彪、王国生,2001)。在考察传媒市场结构时,除应考虑各种行政壁垒外,还应考虑新闻的接近性原理(人们对新闻的兴趣与地理距离成反比)、传媒的技术特征对市场结构的影响。

6.1.2 传媒产业市场结构的典型形态

同其他产业一样,传媒产业同样存在完全竞争、完全垄断、寡头垄断和垄断竞争四种基本市场结构形态。

1. 完全竞争的市场结构。完全竞争亦称纯粹竞争,意指不存在任何垄断因素。其市场结构的特点是:(1)市场集中度低下,即买者和卖者很多,使每个买者的购买量和每个卖者的销售量在整个市场的交易量所占的份额是如此之小,以致他们无力影响市场的价格。(2)产品是同质的,即企业之间生产的某种产品不存在任何差别,且具有完全替代性。(3)生产者出入这个行业是自由的,即不存在任何进入与退出壁垒。否则就会削弱竞争,产品的份额就会被提高,这时,完全竞争也就不存在。(4)企业和顾客对于市场的信息是很灵通的。如果人们不能掌握市场信息,就会给有些企业抬高物价以可乘之机,完全竞争的市场条件也就遭到破坏。

完全竞争的市场结构是一种纯理论模式,在现实生活中是不存在的。不过,完全竞争市场机制理论仍然是分析、研究其他市场结构机制的基础。

2. 完全垄断的市场结构。在经济学中,完全垄断市场是指完全由一家企业所控制的市场,完全垄断市场的假定条件是:(1)在行业内只存在唯一的企业,这个企业占有本行业全部市场;(2)新企业进入该行业受到很大限制,存在着很高的进入壁垒;(3)没有接近的替代品,买者想购买性能接近的代用品是不可能的。

3. 垄断竞争的市场结构。垄断竞争是接近现实市场实际的一种市场结构，它是介于完全竞争与完全垄断之间，且偏向于完全竞争的一种市场结构，其特点是：（1）生产集中度较低，即在行业中企业数量很多；（2）各企业生产的同种产品是有差别的；（3）企业进出这个行业是自由的，即企业进入、退出壁垒比较低。这三个特征中，第一、第三个特征是属于竞争性的，第二特征则是属于垄断性的。

4. 寡头垄断（或寡占型）的市场结构。寡头垄断或寡占是指这样一种市场结构，在这里，几家大企业生产和销售了整个行业的极大部分产品，它是介于完全竞争与完全垄断之间偏向于垄断的一种市场结构，其主要特点是：（1）生产集中度高；（2）产品基本同质或差别较大；（3）进入、退出壁垒较高。

6.1.3 传媒产业市场结构的测度指标

判断一个产业市场结构类型的依据主要有：市场集中度、规模水平、市场壁垒、产品差别化、市场增长率、商品的价格弹性等。基于数据可获得性等原因，本书主要采用市场集中度、规模水平、市场增长率等几个指标来判定传媒产业的市场结构。

市场集中度是描述产业市场结构性状和大企业市场控制力的一个概念。一般地，集中度越高，市场支配势力越大，竞争程度越低。测量一个产业的市场集中度可以使用两种方法，一是绝对集中度法，二是相对集中度法。绝对集中度法包括产业集中度指数（CR_n）、赫芬达尔—赫希曼指数（HHI）、嫡指数（EI）等；相对集中度法包括洛伦茨曲线法（Lorenz Curve）和基尼系数（Gini Coefficient）等。两者相比较，绝对集中度法主要反映的是领先企业的集中程度，而相对集中度法则反映了该市场企业规模的差异程度。根据实证研究的需要，加之受传媒产业财务数据透明度较低的制约，本书对传媒产业集中度的分析将主要选用产业集中度指数（CR_n）和赫芬达尔—赫希曼指数（HHI）两个指标。

产业集中度指标是最常用、最简单易行的绝对集中度的衡量指标，它是指行业内规模最大的前几位企业的有关数值 X（可以是营业收入、受众数量、增加值、职工人数、资产总额等）占整个市场的份额。其计算公式为：

$$CR_n = \sum_{i=1}^{n} X_i / \sum_{i=1}^{N} X_i$$

式中：CR_n——传媒市场中规模最大的前 n 家企业的产业集中度；

X_i——传媒市场中第 i 家企业的营业收入、增加值等数值；

N——传媒市场中的企业总数。

式中 n 值取决于计算需要，通常 n=4 或 n=8。

产业集中度指标综合反映了企业数量和规模这两个决定市场结构的重要方面，其不足之处在于：它只反映了企业规模分布的一个方面，只说明最大的几家企业的总体规模，而忽略其余企业的规模分布情况；不能反映最大的几家企业的个别情况；难以反映市场份额和产品程度的变化情况。

赫芬达尔—赫希曼指数简称 H 系数，则较好地克服了 CR_n 指数的不足，较好地反映了企业数量及其相对规模，它是指市场上所有企业的市场份额的平方和，[①] 用公式表示为：

$$HHI = \sum_{i=1}^{n} (X_i/X)^2 = \sum_{i=1}^{n} S_i^2$$

式中，X 表示市场的总规模；X_i 表示产业中第 i 家企业的规模；S_i 表示产业中第 i 家企业的市场占有率；n 表示产业内的企业数。

HHI 值越大，表明市场集中度越高，当市场处于完全垄断时，HHI=1；当市场上有许多企业，且规模相同时，HHI=1/n，n 趋向于无穷大时，HHI 就趋向于 0，竞争程度则越大。

---

① 一般情况下，将此数值乘以 10000 作为 HHI 指数，也就是 HHI 数值在 0～10000 之间变动。HHI 数值为 10000 时，为完全垄断型市场结构；HHI 数值为 0 时，为完全竞争型市场结构；HHI 值越大，市场集中度越高。

6.1.4 传媒产业市场结构的分类方法

分析市场集中度指标的全部意义在于将其作为产业组织中市场结构判别和分类的依据,较有影响的分类方法有:

1. 贝恩分类法。贝恩依据产业内前四位、八位的绝对集中度指标,对不同垄断、竞争结合程度的产业结构作了如下分类(见表6-1)。

表6-1　　　　　　贝恩的市场结构分类

市场结构 \ 集中度	CR_4 值(%)	CR_8 值(%)
寡占Ⅰ型	$75 \leq CR_4$	
寡占Ⅱ型	$75 < CR_4 \leq 85$	或 $85 \leq CR_8$
寡占Ⅲ型	$50 \leq CR_4 < 85$	$75 \leq CR_8 < 85$
寡占Ⅳ型	$35 \leq CR_4 < 50$	$45 \leq CR_8 < 75$
寡占Ⅴ型	$30 \leq CR_4 < 35$	或 $40 \leq CR_8 < 45$
竞争型	$CR_4 < 30$	或 $CR_8 < 40$

资料来源:〔美〕J.S.贝恩,产业组织,丸善1981年版,第141~148页。

2. 植草益的分类方法。由于国情不同,各国学者对本国产业垄断、竞争分类的具体标准不尽相同,但与贝恩的划分法一致,日本学者植草益运用日本1963年的统计资料,对不同的市场结构作出如下分类(见表6-2)。

表6-2　　　　　植草益的市场结构分类方法

市场结构		CR_8 值(%)	产业规模状况(亿日元)	
粗分	细分		大规模	小规模
寡占型	极高寡占型	$70 < CR_8$	年生产额>200	年生产额<200
	高、中寡占型	$40 < CR_8 < 70$	年生产额>200	年生产额<200
竞争型	低集中竞争型	$20 < CR_8 < 40$	年生产额>200	年生产额<200
	分散竞争型	$CR_8 < 20$	年生产额>200	年生产额<200

资料来源:〔日〕植益草.产业组织论.筑摩1982年版,第16页。

3. 依据 HHI 指标的分类方法。以绝对集中度指标划分的市场结构，能直观地看出属于同类产品的产业垄断、竞争程度的总体水平。但将前四位、八位的 CR_4 或 CR_8 相同的产业划分为同一市场结构仍不能非常确切地反映产业内企业间的垄断竞争程度。例如，CR_8 相同，但居首位企业所占市场份额很大和位居第二位的市场份额有很大差别，则首位企业垄断程度高，会导致首位企业的主导市场行为；如果前八位企业各自的集中度差别不大，相互间的竞争性就较强。

由于集中度指标 HHI 的计算是采用产业内所有企业各自规模占产业总规模比重的平方和的计算方法，不仅能较好地反映产业内企业规模分布的整体状况，而且"平方和"计算的放大效应能将垄断竞争的程度十分敏感的反映出来，如表 6-3 所示。

表 6-3　　　　　以 HHI 值为基准的市场结构分类

市场结构	寡占型				竞争型	
	高寡占Ⅰ型	高寡占Ⅱ型	低寡占Ⅰ型	低寡占Ⅱ型	竞争Ⅰ型	竞Ⅱ型
HHI	HHI≥3000	3000＞HHI≥1800	1800＞HHI≥1400	1400＞HHI≥1000	1000＞HHI≥500	500＞HHI

资料来源：日本公正交易委员会编. 日本的产业集中，转引自：苏东水. 产业经济学. 高等教育出版社，2000。

4. 日本市场结构类型划分方法。日本"公正交易委员会"根据企业数、集中度、集中度差距三个因素将市场分为 8 类，如表 6-4 所示。

表 6-4　　　　　日本市场结构类型划分方法

市场结构类型	企业数	卖方集中度	集中度差距
高度寡占型（Ⅰ）	1~7	CR_1＞50%	与第 2 位差距大
高度寡占型（Ⅱ）	1~7	CR_1＞50%	与第 2 位差距小
寡占型（Ⅰ）	8~30	CR_1＞30%	与第 2 位差距大
寡占型（Ⅱ）	8~30	$CR_2 - CR_4$ 高	前 4 位与以后差距大
两极集中型	40 以上	前 4 位集中度高	前 4 位与以后差距大

续表

市场结构类型	企业数	卖方集中度	集中度差距
平稳集中型	8~30	前4位集中度高	前4位与以后差距小
竞争型（Ⅰ）	40以上	$CR_{10} > 50\%$	差距大
竞争型（Ⅱ）	70以上	$CR_{10} < 50\%$	差距小

转引自：龙茂发、马明宗主编. 产业经济学概论. 西南财经大学出版社，1996，第108页。

6.2 传媒产业市场结构的实证分析
——以中国和美国传媒产业为例

传媒产业是一个复杂的产业，它包括许多特性不同的子产业。例如，报刊业属于纸质媒体，是知识密集型和劳动密集型产业；广播电视业属于电子媒体，属于知识密集型产业，而电视产业同时又是资本密集型产业；互联网属于新兴媒体，属于知识密集型和资本密集型产业；其他像手机报属于电信产业与传媒产业融合的新兴产品，网络电视、网络广播、网络杂志是互联网与传统媒体融合的产物。由于传媒产业中的不同子产业具有不同的特性，为此为了准确把握传媒产业的市场结构特性，就需要从传媒产业的各个子产业中选择若干具有代表性的产品市场予以分析。本书选取对传媒产业放松规制的美国和规制严格的中国为代表，来研究传媒产业的市场结构。本节首先分析了美国和中国传媒产业各子产业间的结构，然后以报业、期刊业、广播业、电视业、互联网市场为代表，对传媒产业市场结构进行分析，以便把握传媒产业的市场结构特性。

6.2.1 中美传媒业各子产业间的结构比较

无论报刊电视，还是互联网，其商业形式主要来源于内容服务、广告、发行、技术服务等,其中广告收入是大多数媒体的主要收入来源,比如报刊,一般情况下其发行方面亏损或者持平,主要收入来源于广告。因此,考察传媒业各子产业间的结构,广告份额是主要指标。广告是媒体的主要配套服务环节,同时广告具有户外、流动的多种载体形式。

6.2.1.1 美国传媒业各子产业间的结构

2005 年,美国传媒产业企业数 13.73 万个,职员人数超过 1000 万人,美国广告市场规模为 2710.74 亿美元,比 2004 年的 2637.66 亿美元增长 2.8%,占美国国内生产总值的 2.2%。根据美国报业协会的统计数据,笔者收集了 1993~2005 年美国国内生产总值、广告市场经营总额以及报纸、期刊、广播、电视、互联网业的广告额,制作了表 6-5 和图 6-1、图 6-2。通过上述图表分析可以得出如下结论:

从广告总额占国内生产总值的比重看,最低的年份是 1993 年,为 2.1%;最高的年份是 2000 年,为 2.6%。并且以 2000 年为拐点,2000 年之前广告总额占国内生产总值的比重呈现逐年递增的趋势,2000 年之后比重开始回调。综合计算,13 年间的平均值为 2.3%(如表 6-5 所示)。

从广告总额的增长率看,增长率最高的年份是 1999 年,为 10.1%;只有 2001 年由于受到"9.11"事件的影响,出现了负增长,为 -4.9%;2001 年后,美国广告市场出现恢复性增长,但增长速度远低于"9.11"事件之前。13 年间广告总额的平均增长速度为 5.9%(如表 6-5 和图 6-1 所示)。

表 6-5　　　　　　　　美国广告市场规模

年份	GDP	广告总额	增长率	比重	年度	GDP	广告总额	增长率	比重
1993	65530	1379.24		2.1	2000	93190	2433.00	9.6	2.6
1994	69360	1497.83	8.6	2.2	2001	93340	2313.49	-4.9	2.5
1995	72540	1611.20	7.6	2.2	2002	104810	2369.46	2.4	2.3

续表

年份	GDP	广告总额	增长率	比重	年度	GDP	广告总额	增长率	比重
1996	76360	1728.04	7.3	2.3	2003	109880	2455.73	3.6	2.2
1997	81110	1872.00	8.3	2.3	2004	117125	2637.66	7.4	2.3
1998	85110	2015.94	7.7	2.4	2005	124558	2710.74	2.8	2.2
1999	92560	2219.49	10.1	2.4	平均			5.9	2.3

资料来源：Newspaper Association of America. http：//www.naa.org。

从美国广告总额增长率和 GDP 增长率的比较看，广告增长率和 GDP 增长率的步调是基本一致的（如图 6-1 所示）。可以看出，经济总量的变化影响着广告市场的发展。

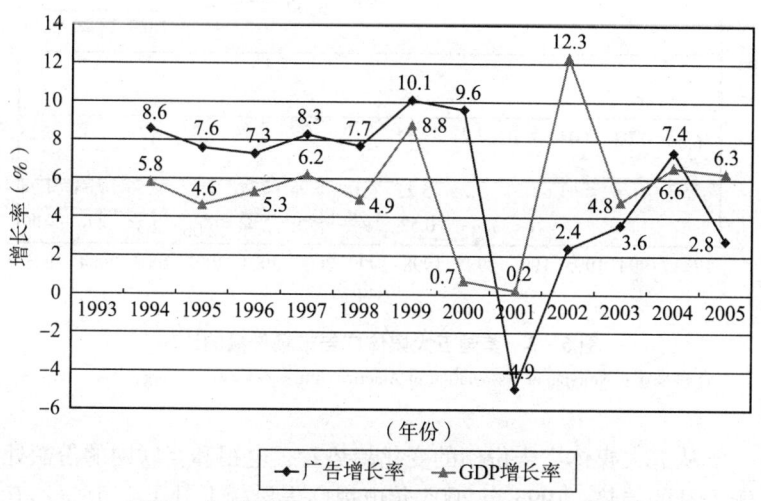

图 6-1 美国 GDP 增长率与广告增长率的比较

从美国广告额的构成看，2005 年，报纸、期刊、广播、电视、互联网广告占广告总额的 57.38%，其他广告占 42.62%。[①] 在五大媒体中，电视广告份额最高，为 25.08%；互联网广告份额最低，为 2.86%；报纸、广播、期刊的广告份额分别为 18.24%、

---

① 从广告市场的构成看，除了上述五大媒体广告形式外，还有户外广告、流动广告、新媒体广告等形式。

7.25%、4.74%。在1993至2005年13年间,只有1993年报纸的广告份额高于电视,1993年之后,电视份额处于首位,依次分别为报纸、广播、期刊、互联网(如图6-2所示)。五大媒体广告份额的平均值分别为23.85%、20.59%、7.42%、5.04%、1.8%。

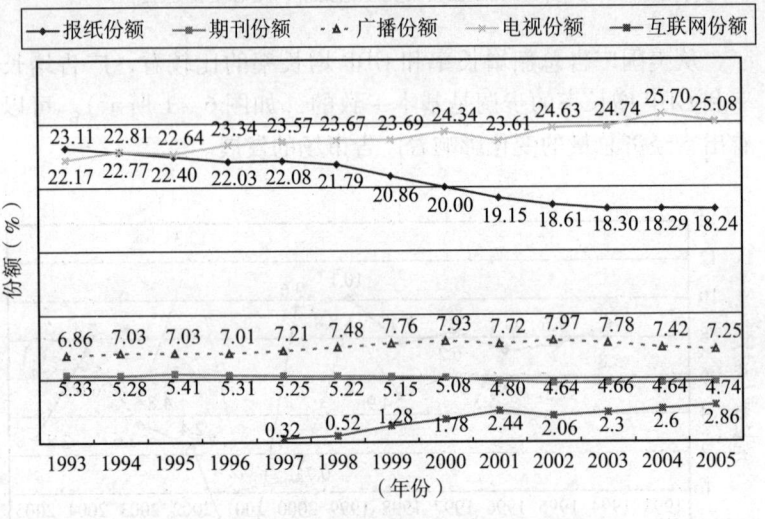

图6-2 美国五大媒体广告市场份额的比较

资料来源:Newspaper Association of America. http://www.naa.org。

从五大媒体广告份额的变化趋势看,电视和互联网的份额处于上升的趋势,1993至2005年电视广告份额上升了2.91%;互联网作为新媒体,1997年至2005年广告份额上升了2.54%;在1993至2005年13年间,报纸的广告份额一直处于下降的趋势,下降了4.87%;广播广告份额2002年之前处于缓慢上升的趋势,2002年后有所下降;期刊广告份额变化不大,一直处于5%左右。

6.2.1.2 中国传媒业各子产业间的结构

与发达国家的传媒市场相比,虽然中国传媒市场还不算很成熟,但在过去20多年里,由于经济的高速增长,中国传媒市场发展迅速。2005年中国广告市场规模为1416.35亿元,比2004年的1264.56亿元增长12%,笔者收集了1983年至2005年中国国内生产总值、广告市场经营总额以及报纸、期刊、广播、电视、互联网业的广告额,制作了表6-6和图6-3、图6-4。通过上述图表分析可以得出以下结论:

表6-6　　　　　　　1983~2005年中国广告市场规模

年份	广告额	GDP	占GDP比重	年度	广告额	GDP	占GDP比重
1983	2.34	5934.5	0.04	1995	273.27	58478.1	0.473
1984	3.65	7171.0	0.052	1996	366.64	67884.6	0.54
1985	6.05	8964.4	0.07	1997	451.96	74462.6	0.618
1986	8.45	10202.2	0.087	1998	537.83	78345.2	0.676
1987	11.12	11962.5	0.098	1999	622.05	82067.5	0.771
1988	14.93	14928.3	0.118	2000	712.66	89468.1	0.797
1989	19.99	16909.2	0.125	2001	794.89	97314.8	0.829
1990	25.01	18547.9	0.141	2002	903.15	105172	0.882
1991	35.09	21617.8	0.173	2003	1078.66	117251	0.865
1992	67.87	26638.1	0.278	2004	1264.56	159878	0.79
1993	134.09	34634.4	0.427	2005	1416.35	182321	0.78
1994	200.26	46759.4	0.457				

数据来源:根据《中国广告业二十年统计资料汇编》、《中国统计年鉴》、《中国出版年鉴》、《现代广告》2000年第3期、2001年第7期、2002年第3期、2003年第4期、2004年第4期、2005年第4期的有关数据计算、整理、绘制。

从广告额占国内生产总值的比重看,2002年之前比重在连年增长,1983年广告总额占国内生产总值比重仅为0.04%,2002年增长到0.882%;2002年之后有所回调,但下降的幅度不大,2005年为0.78%(见表6-6)。综合计算1993年至2005年广告额占国内生产总值比重的平均值为0.685%。

从广告增长速度看,广告市场规模从1983年的2.34亿元达到2005年的1416.35亿元,增长了近605倍。1992年、1993年的增长率最高,分别为93.42%、97.57%。1993年之前的广告增长率明显高于1993年之后,1993年之前十年间广告增长率虽然高,但增长的绝对值仅为131.75亿元。1993年之后的12年间，广告增长率虽然降低，但增长的绝对值却高达1282.26亿元（如图6-3所示）。

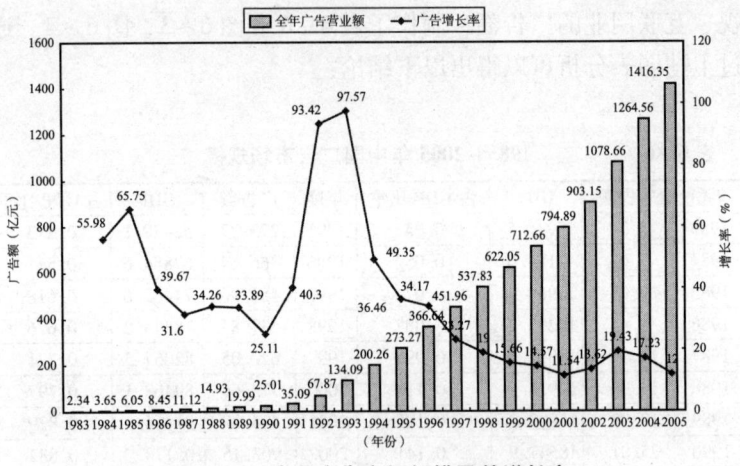

图6-3 我国广告市场规模及其增长率

从广告额的构成看，2005年，中国报纸、期刊、广播、电视、互联网广告占广告总额的56.6%，其他广告占43.4%。在五大媒体中，电视广告份额最高，为25.08%；报纸次之，为18.08%；期刊广告份额最低，为1.76%；广播、互联网的广告份额分别为2.74%、2.21%（如图6-4所示）。

从五大媒体广告份额的变化趋势看，报纸的广告份额整体上呈下降的趋势，从1983年的31.31%下降到2005年18.08%，下降了13.23%；电视的广告份额1992年之前上升较快，从1983年的6.94%上升到1992年30.27%，1993年之后市场份额有所振荡，2005年为25.08%；期刊市场份额1993年之前呈下降趋势，1993年之后虽然有所上升，但变化幅度不大；广播市场份额1999年之前呈下降趋势，1999年之后缓慢上升；互联网市场份额增长速度较快，由1998年的0.06%增长到2005年的2.21%，并且在2005年超过了期刊市场份额。

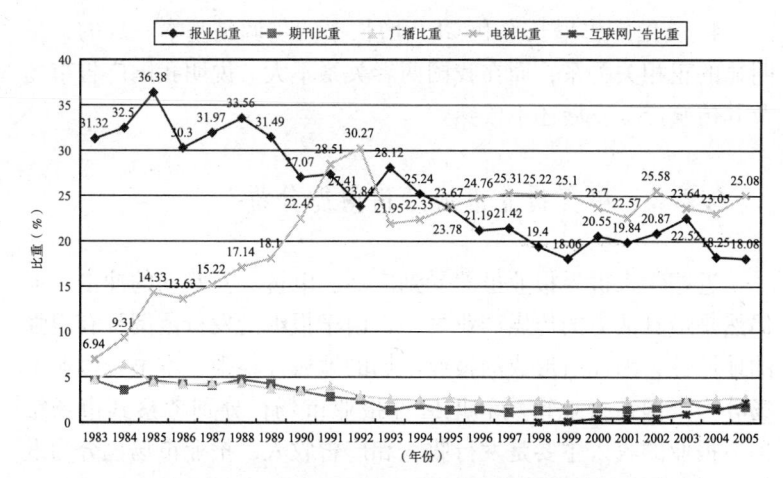

图6-4 中国五大媒体广告市场份额的比较

数据来源：中国广告协会、《中国广告业二十年统计资料汇编》。

6.2.1.3 中美传媒业各子产业间结构实证分析的结论

美国是市场经济成熟的国家，我国市场经济发展相对不足，但正在向成熟的市场经济发展，从这个意义上讲，美国的传媒产业可以作为我们进行比较的参照系。依据表6-5～表6-6、图6-1～图6-4和前述分析，可以得出以下结论：

1. 1993年至2005年，我国广告额占国内生产总值比重的平均值为0.685%，与美国同期数值（2.3%）相比，我国广告收入占GDP的比重明显偏低，这说明我国传媒产业在广告市场方面的开发潜力巨大。

2. 1994年至2005年美国广告增长率平均值为5.9%，我国同期广告增长率平均值为22.2%，是美国的3.76倍。说明我国广告增长速度明显高于美国。

3. 从五大媒体的广告份额看，我国期刊和广播的广告份额明显较低，2005年分别为1.76%、2.74%，而美国为4.74%、7.25%。这说明我国期刊和广播广告市场还有较大的发展空间。

4. 美国广告增长率和 GDP 增长率的步调是基本一致的，呈明显的正相关关系，而在我国两者关系不大。说明我国广告市场及其传媒产业发展还不成熟。

6.2.2 中美报业市场结构测度分析

近些年来世界报业虽然受到广播、电视、互联网的冲击，但仍然是最具活力的传媒产业之一。由于报纸的发行范围具有很强的地域性，因此所形成的报业市场的地域性很强，本书将报业市场分为全国性报业市场和地区性报业市场，分别考察其市场结构。报业的收入主要是发行收入和广告收入，报业市场也分为发行市场和广告市场，因此，需要分别考察报业的发行市场结构和广告市场结构。由于存在报社和客户之间关于发行量的信息不对称性，很难统计到各个报纸真实的发行量，无法计算出真实的产业集中度指标，因此，使用报业的规模水平（报纸种类、平均期印数、总印数）、增长率来衡量发行市场结构。在考察广告市场结构时，主要使用广告收入的集中度指标。另外，报业广告收入已占到总经营收入的 70%～85% 以上，且报纸的发行量与其广告收入之间有很强的正相关性，因此，广告市场集中度指标也能间接地反映发行市场集中度。下面重点对我国和美国报业市场结构相比较，以期能得出一些有价值的结论。

6.2.2.1 美国报业市场结构

美国报纸主要有早报、晚报组成的日报，以及各大报单独发行的星期天刊组成。从 1991 年至 2003 年，日报的种数总体呈减少的趋势。其中，早报的种数呈上升的趋势，由 1991 年的 571 家增至 2003 年的 787 家，增长了 38%；而晚报的种数呈下降的趋势，由 1042 家减至 680 家，减少了 35%。各大报社发行的周报变化不大，由 874 家增至 917 家（如图 6-5 所示）。

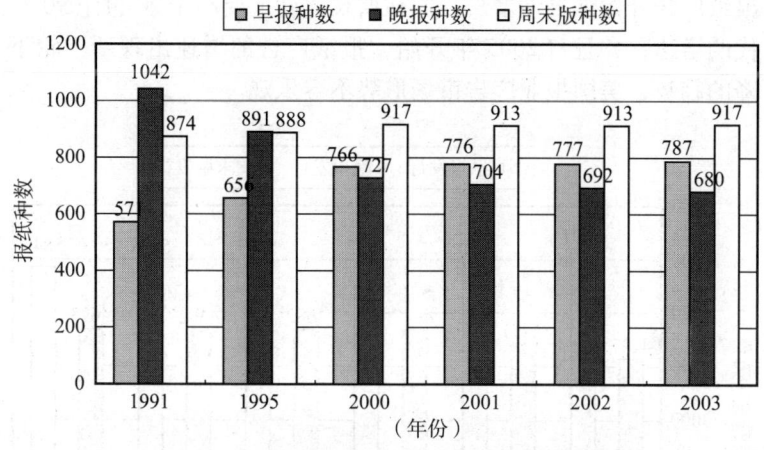

图 6-5 1991~2003 年美国报纸的出版情况

从报纸的发行量看，美国早报的发行量在不断增长，早报每天销售由 4147 万份增至 4693 万份，增长了 13%，远小于早报种数的增长速度；晚报的发行量却在不断减少，每天销售由 1922 万份减至 825.5 万份，减少了 57%，大于晚报种数的降幅；美国出版的周报发行量也在不断减少，每天销售由 6207 万份减至 5849 万份，减少了 5.8%（如图 6-6 所示）。总体上看，美国报纸的平均发行规模在减小，美国人阅读报纸的比例在缩小。

尽管美国报业平均发行量下降了，然而，报业的经济实力并没有下降。在美国，报纸广告仍然是广告主的理想选择。在一个城市中，如果广告商想要影响意见领袖和商业领袖这些富有影响力的人物，报纸是最好的选择方式。因此，近十五年来，尽管报纸的发行量在下降，但报纸广告收入却增长得比较快（如图 6-7 所示）。报纸广告由 1991 年的 303.5 亿美元增长到 2005 年的 474 亿美元，增幅达 56%。从图 6-6 可以看出，20 世纪 90 年代以来，1997 年之前美国报纸广告增速逐年递增，1997 年之后增速放缓。尤其是在 2001 年发生 9·11 事件后，使美国报纸广告在 2001 年和 2002 年分别出现了 9% 和 0.5% 的负增长。2003 年报纸广告开始恢复性增长,但在增长速度上要小于20世纪90年代的增速,并且自2005年开始,报纸广告的增速出现新一轮下降的趋势,美国报业广告市场形势不容乐观。

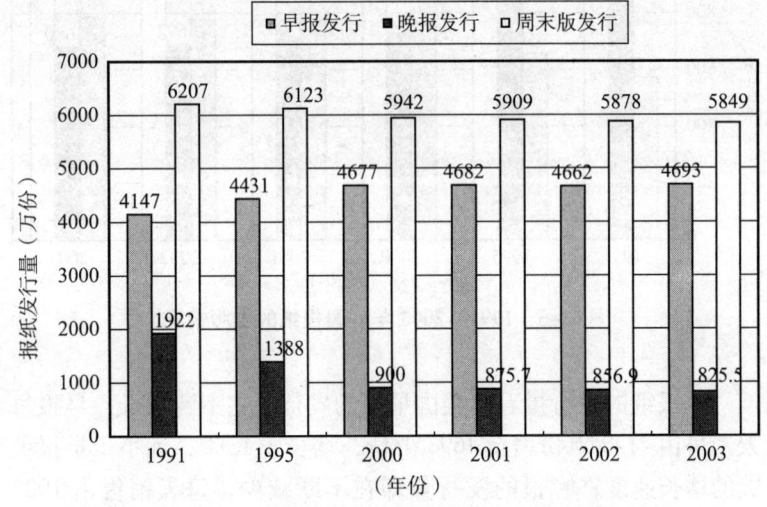

图 6-6　1991~2003 年美国各类报纸的发行量变化趋势

数据来源:铃鹿叶子(日本).2006年海外传媒产业发展报告.见:崔保国主编.2006年:中国传媒产业发展报告.北京:社会科学文献出版社,2006。

从美国全国市场看,美国报业呈现寡头垄断市场结构特征。美国报业市场一个最显著的特点是:由实力雄厚的报业集团主宰着全国的报业市场。1900 年美国报业集团只有 8 家,控制 27 种报纸;到 1935 年,报业集团发展到 63 家,控制 328 种报纸;1960 年报业集团数量为 109 个,控制的报纸达 560 种;1990 年,上市的报业集团达到 135 个,控制的报纸达 1228 种,占报纸总数的 75.5%,发行量占 81%,独立发行的报纸只剩 383 种。[①] 美国报业的这一格局是报业集团化扩张和兼并以及市场这只无形的

---

① 韩冰.美国报纸发行人身份的演变与报业演进.传媒观察,2005(5):27~28。

手长期作用的结果,而非来自行政或法律干预。进入 21 世纪后,美国报业扩张的最大特点是报业集团之间的收购兼并,而非集团对单个报纸的收购。2000 年是美国报业兼并数额最大的一年,共实现 53 笔交易,涉及 135 家日报,交易总额达 142.5 亿美元。旗下拥有著名的《洛杉矶时报》、《新闻日报》和《巴尔的摩阳报》等日报的老牌家族公司时报——镜报集团就被论坛公司以 80 亿美元之巨收购。甘乃特公司也分别以 28 亿美元和 10 亿美元分别收购了美国东部报业集团和汤姆森报业集团在美国近半数报纸,计有 19 家日报和数十家周报。[①] 经过 2000 年的大兼并,美国报业市场集中度进一步提高。根据美国报业协会的统计数据,2001 年美国报业广告收入为 443.1 亿美元,发行收入为 107.8 亿美元,总营业收入为 550.9 亿美元。据测算 2001 年美国报业市场集中度 CR_1 为 11.5%,CR_4 为 31.8%,CR_8 为 44.5%(见表 6-7)。根据贝恩市场结构分类法,美国报业市场应属于寡占 V 型市场结构。

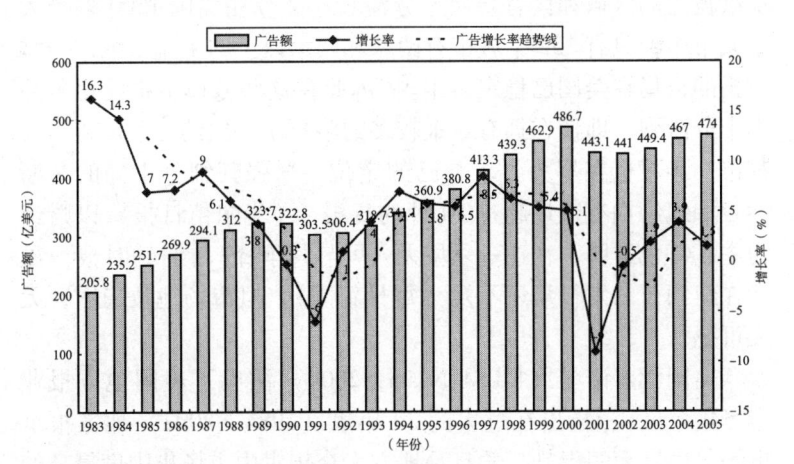

图 6-7 1983~2005 年美国报纸广告的变化趋势

数据来源:Newspaper Association of America. http://www.naa.org。

---

① 辜晓进. 近看美国报业. 传媒观察,2003(3):61~63。

表 6-7　　　　　2001 年美国报业市场集中度

排名	集团名称	营业收入（亿美元）	市场份额	市场集中度 CR_n
1	甘乃特公司	63	11.5	11.5
2	论坛公司	52	9.5	21
3	纽约时报集团	30	5.5	26.5
4	奈特—里德集团	29	5.3	31.8
5	华盛顿邮报集团	24	4.4	36.2
6	道琼斯公司	17	3.1	39.3
7	斯克里普斯公司	15	2.7	42
8	拜罗公司	14	2.5	44.5

数据来源：Newspaper Association of America. http：//www.naa.org。

从地区性市场看，美国报业呈现以城市为中心的高度垄断型市场结构。虽然美国众多的报纸被一些报业集团所控制，但是美国的报纸是建立在城市和社区基础上的，没有类似于中国省报那样的州报。美国社会城乡差别不大，凡有城镇的地方，必有自己的报纸，且这些报纸独自拥有各自的市场，很少互相重叠，每家报纸覆盖的区域和读者层次十分清晰。如今在美国 1500 多个大小城市中，只有 132 个城市有两家和两家以上的主流报纸，一城一报的格局在美国已稳定多年。① 因此在这些城市中报业竞争并不十分激烈。即使在拥有日报较多的洛杉矶、纽约、芝加哥等大都市，各报也在努力寻求自己的定位，增强其细分市场的垄断性。如纽约拥有数量超过 10 种的日报，《华尔街日报》以财经为主、特色鲜明，在这一领域无人可与其争锋；《纽约时报》虽然在纽约市的发行量还不及《每日新闻》，但市场地位稳固，无人可撼。

美国学者诺曼（Eli M. Noam, 2004）测度了美国地方报业市场集中度，② 指出在过去的 20 年里（1984～2002）地方报纸市场集中度大幅提升，并且是地方大众传媒中市场集中度最高的

---

① 陈峰. 美国报业现状及新发展. 青年记者，2005（9）。
② Eli M. Noam. Local Media Concentration in America. http：//www.cem.ulaval.ca/6thwmec.

媒体。头号公司的市场份额（CR_1）由 80% 上升为 83%；赫菲德尔—赫希曼指数 HHI 由 7219 上升为 7621。从 CR_1 和 HHI 的数值看，美国地方报业市场为极高寡占型市场结构，并且呈现进一步集中的趋势。

与美国一样，实行市场经济的欧洲各国报业市场也呈寡占型市场结构。美国学者阿尔布兰（Alan B. Albarran，2004）研究了欧洲报纸的市场集中度。① 认为头三家公司的发行量份额（CR_3）都相当高：荷兰为 88%，瑞典为 85%，瑞士为 71%，是极高集中寡占型市场结构；爱尔兰为 66%，英国为 60%，是高集中寡占型市场结构；西班牙为 53%，芬兰为 46%，是中上集中寡占型市场结构；意大利为 43%、法国为 41%、德国为 35%，是中下集中寡占型市场结构。

6.2.2.2 中国报业市场结构

根据世界报业协会公布的数字，中国是世界上最大的报纸消费国，日发行量达到 8200 万份，读者约 9 亿。据国家新闻出版署统计，截至 2005 年年底，全国共出版报纸 1931 种，其中全国性报纸 220 种、省级报纸 815 种、地市级报纸 877 种、县市级报纸 19 种，分别占我国报纸总量的 11.4%、42.2%、45.4%、0.98%。从报纸的内容看，综合报纸 809 种，专业报纸 1122 种，分别占报纸总量的 41.9%、58.1%。

为了考察我国报业发行市场结构，笔者收集了 1983 年至 2005 年我国报纸的种数、平均期印数、总印数三个指标（见表 6-8），并制作了图 6-8。可以看出：我国报纸种数由 1983 年的 340 种，增加到 2005 年的 1931 种，增加了 468%；平均期印数由 9611 万份，增加到 19548 万份，增加了 103%；总印数由 155.11 亿份，增加到 282.37 亿份，增加了 82%。总体看，1987

---

① Alan B. Albarran and Bozena I. Mierzejewska. Media Concentration in the U. S. and European Union: A Comparative Analysis. http://www.cem.ulaval.ca/6thwmec.

年之前，我国报业种数和总印数增长较快，之后缓慢增加。进入21世纪后，我国的报纸种类在减少，而平均期印数在增加，说明我国每家报纸的平均规模在增大。但是2005年，我国在报纸种类增加的情况下，而总印数在急剧下滑，说明我国报业发行市场的拐点已经形成，报纸的规模将呈现下滑的趋势，市场形势不容乐观。

与发行市场不同，20多年来我国报业广告市场发展迅速。在1983年，我国报业市场广告额仅有0.733亿元，而2005年达到了256亿元，增长了330多倍。除2004年报业广告下降了5%以外（2003年下半年我国开始了自新中国成立以来规模最大的报刊大整顿，共停办了报刊673种，导致了广告经营额下降），每年都保持了较快的增长速度，1993年增长最快，增长了133%（见表6-8）。

表6-8　中国报业市场广告经营情况表（1983~2005）

单位：万份　亿份　亿元

年份	种数	期印数	总印数	广告额	年度	种数	期印数	总印数	广告额
1983	340	9611	155.11	0.733	1995	2089	17644	263.27	64.676
1984	458	12813	180.76	1.186	1996	2163	17877	274.28	77.689
1985	698	14970	199.76	2.201	1997	2149	18258	287.59	96.826
1986	791	18387	242.66	2.560	1998	2053	18210	300.38	104.36
1987	850	15524	204.9	3.555	1999	2083	18632	318.38	112.33
1988	1537	19788	267.78	5.011	2000	2007	17913	329.3	146.47
1989	1576	15288	206.98	6.294	2001	2111	18130	351.1	157.7
1990	1444	14670	211.25	6.771	2002	2137	18721	367.83	188.48
1991	1524	16393	236.51	9.619	2003	2119	19072	383.12	242.9
1992	1657	18031	257.85	16.183	2004	1922	19522	402.4	230.72
1993	1788	18478	263.83	37.711	2005	1931	19548	282.37	256.05
1994	1953	17736	253.19	50.544					

数据来源：根据《中国广告业二十年统计资料汇编》、《中国统计年鉴》、《中国出版年鉴》、《现代广告》2000年第3期、2001年第7期、2002年第3期、2003年第4期、2004年第4期、2005年第4期的有关数据计算、整理、绘制。

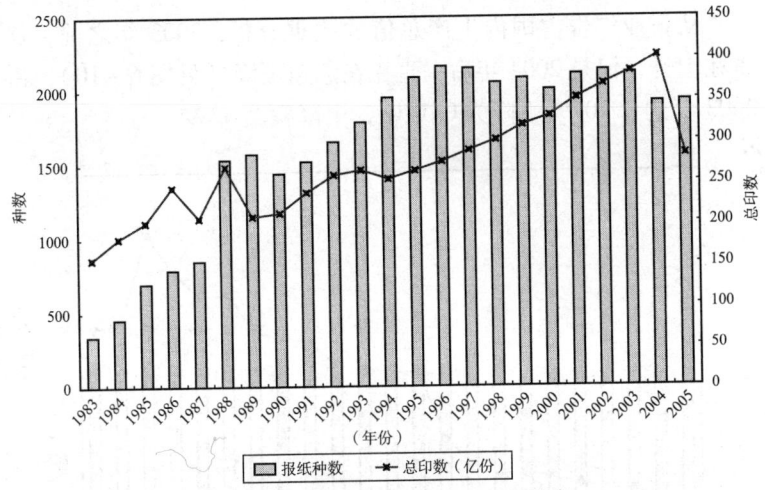

图 6-8 我国报纸种数和总印数走势

从报业广告市场的年增长率分析，1991～1994 年增长最快，平均年增长率超过 80%，1994 年后报业广告市场增长速度减缓，并且除 1997 年、2000 年、2002 年、2003 年外，大部分年份报业广告增长速度低于各类媒体广告增速的平均值（见图 6-9），说明其他媒体在挤占报业广告市场份额。

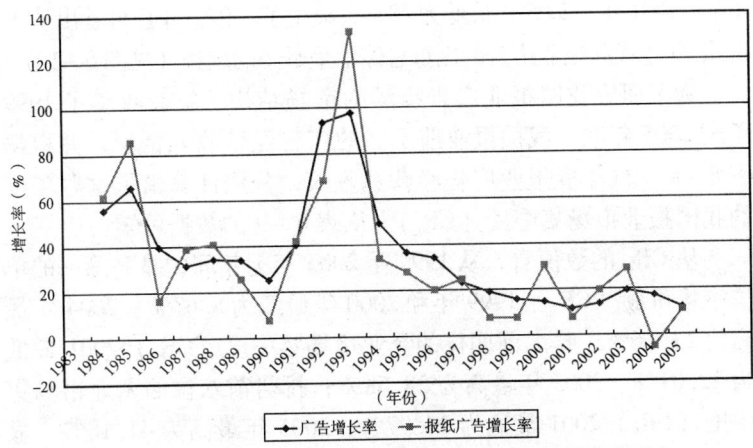

图 6-9 1983～2005 年我国报业广告市场年增长率（%）

从报业广告占国内生产总值的比重分析，2003年之前，比重在上升，但是2004年后一直在在急速下降（见图6-10），由2003年的0.207%下降为0.14%，下降幅度32%。

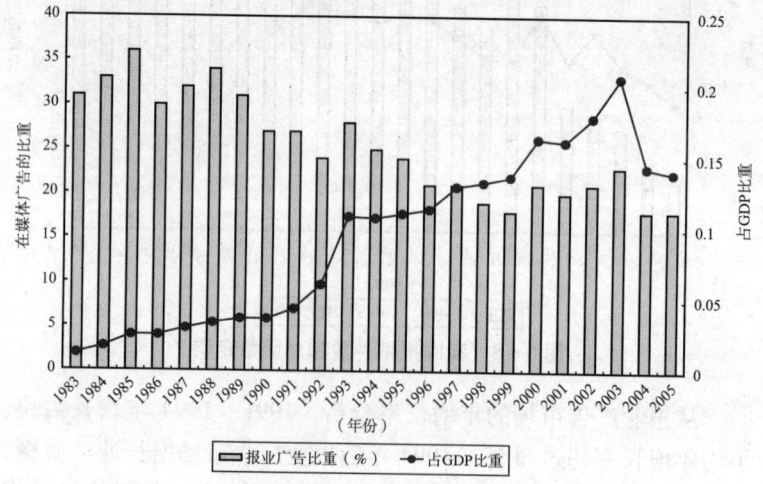

图6-10　1983~2005我国报业广告收入占总广告市场和国内生产总值的比重

从报业广告在媒体广告总市场的比重分析，1985年比重最高为36%，2004年、2005年最低为18%，减少了一倍，并且可看出从20世纪90年代起报业广告的比重总体上呈下降的趋势（见图6-10）。

为了研究我国报业广告市场的市场结构，笔者收集了1999年至2005年间，我国报业前十名的广告经营收入情况，并根据表6-8中同年度报业广告经营总收入，分别计算出了这些年度的我国报业市场集中度（CR_n）。从表6-9的数据可知：

从CR_n的数值看，从1999至2005年七年间，排名第一的单位市场份额（CR_1）1999年和2000年最低为8.67%，2004年最高为11.76%；排名前四位的企业市场集中度（CR_4）2001最低为22.01%，2005年最高为28.58%；排名前八位的企业市场集中度（CR_8）2001最低为34.97%，2005年最高为41.18%。显然，从全国市场看，我国报业市场的集中度不高且变化不大，属于竞争型市场结构。

从排名前几位企业的广告经营额看,1999 年排名第一的为广州日报,经营额为 8.67 亿元,2005 排名第一的为深圳报业集团,经营额为 27.3 亿元,是 1999 年的 3 倍多;虽然广州日报 2005 年排名第二,但其经营额也达到了 21.4 亿元。排名前十位企业的广告经营总额由 1999 年 52 亿元 2005 年增长到了 119 亿元,增长了一倍多。这表明:虽然我国报业市场集中度不高,但是正在向规模化方向发展。

为了考察 CR_n 的变化趋势看,笔者根据这些数值制作了我国报业市场集中度变化趋势图(见图 6-11),从图中可以看出,我国报业市场集中度 CR_4、CR_8、CR_{10} 的数值 2001 年前呈下降态势,以 2001 为拐点,转为缓慢上升。2001 年后市场集中度提升的主要原因是我国相继组建了 39 家报业集团,导致了经营规模扩大,市场集中度提高。

从前十位企业的地区分布看,第 1 名被广东的广州日报和深圳报业集团占有,其他的位次也大多集中在上海、北京等大城市。从这些企业的经营地域看,大多局限在区域市场,进如前十名且真正以全国作为经营区域只有计算机世界和中国经营报两家,并且这两家报社 2001 年后跌出前十名。这说明我国报业真正的全国市场远未形成,报业区域化特征明显。

表 6-9　　　　　1999~2005 年我国报业市场集中度　　　　单位:亿元　%

年份	排名	单位名称	广告额	市场份额	CR_n
1999	1	广州日报	9.739	8.67	8.67
	2	文汇新民报业集团	8.2987	7.39	16.06
	3	深圳特区报业集团	6.1804	5.5	21.56
	4	羊城晚报社	6.1	5.43	26.99
	5	北京晚报社	4.3	3.83	30.82
	6	新华日报社	3.7355	3.33	34.15
	7	北京青年报社	3.51	3.12	37.27
	8	计算机世界	3.2723	2.91	40.18
	9	精品购物指南	3.2479	2.89	43.07
	10	今晚报	3.2	2.85	45.92

续表

年份	排名	单位名称	广告额	市场份额	CR_n
2000	1	广州日报	12.7	8.67	8.67
	2	文汇新民报业集团	9.0665	6.19	14.86
	3	羊城晚报	7	4.78	19.64
	4	深圳特区报	6.79	4.64	24.28
	5	北京青年报	6.4	4.37	28.65
	6	北京晚报	5.2	3.55	32.2
	7	计算机世界报	5	3.41	35.61
	8	中国经营报	5	3.41	39.02
	9	深圳商报社	4.5	3.07	42.09
	10	新华日报	3.9383	2.69	44.78
2001	1	广州日报	14.1	8.94	8.94
	2	文汇新民报业集团	7.9232	5.02	13.96
	3	北京青年报	6.5	4.12	18.08
	4	北京晚报	6.2	3.93	22.01
	5	深圳特区报社	5.7	3.61	25.62
	6	深圳商报社	5.2	3.3	28.92
	7	解放日报业集团	4.8006	3.04	31.96
	8	羊城晚报社	4.7434	3.01	34.97
	9	新华日报	4.5494	2.88	37.85
	10	成都商报	3.9	2.47	40.32
2002	1	深圳报业集团	19.8022	10.51	10.51
	2	广州日报社	15.0625	7.99	18.5
	3	北京晚报	7.56	4.01	22.51
	4	文汇新民报业集团	7.3715	3.91	26.42
	5	新华日报业集团	5.6694	3.01	29.43
	6	解放日报业集团	5.2192	2.77	32.2
	7	北京晨报社	3.761	2	34.2
	8	天津日报业集团	3.7319	1.98	36.18
	9	齐鲁晚报	3.5	1.86	38.04
	10	华西都市报	3.48	1.85	39.89
2003	1	深圳报业集团	23.8126	9.8	9.8
	2	南方日报业集团	17	7	16.8
	3	广州日报	16.7567	6.9	23.7
	4	北京晚报	8.8	3.62	27.32
	5	成都商报	7.1615	2.95	30.27
	6	解放日报业集团	6.9725	2.87	33.14
	7	文汇新民报业集团	6.5865	2.71	35.85
	8	天津日报业集团	5.905	2.43	38.28
	9	新华日报业集团	5.6	2.31	40.59
	10	湖北日报业集团	4.77	1.96	42.55

续表

年份	排名	单位名称	广告额	市场份额	CR_n
2004	1	深圳报业集团	27.1351	11.76	11.76
	2	广州日报社	17.17	7.44	19.2
	3	北京晚报	9.785	4.24	23.44
	4	羊城晚报报业集团	9.2	3.99	27.43
	5	解放日报报业集团	8.5558	3.71	31.14
	6	京华时报社	7.1266	3.09	34.23
	7	新民晚报	7.0072	3.04	37.27
	8	新华日报报业集团	6.4	2.77	40.04
	9	湖北日报报业集团	5.86	2.54	42.58
	10	长江日报报业集团	5.6	2.43	45.01
2005	1	深圳报业集团	27.3	10.66	10.66
	2	广州日报报业集团	21.4	8.36	19.02
	3	南方都市报	14.2	5.55	24.57
	4	解放日报报业集团	10.2722	4.01	28.58
	5	京华时报社	8.6903	3.39	31.97
	6	杭州日报报业集团	8.5824	3.35	35.32
	7	羊城晚报	7.65	2.99	38.31
	8	北京晚报	7.36	2.87	41.18
	9	天津日报报业集团	7.326	2.86	44.04
	10	湖北日报报业集团	6.75	2.64	46.68

数据来源：表6-8和中国广告协会每年发布的《媒介单位广告营业额前100排序》。

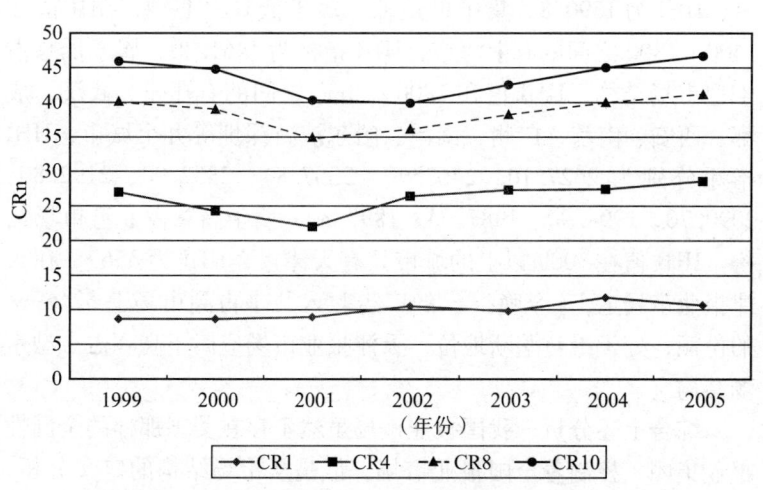

图6-11 1999~2005年我国报业市场集中度变化趋势

根据前文市场结构的内涵所述，在考察市场结构时应考虑地理区位的影响，当有类似性能的产品在不同的地理位置出售，并且产品的跨地区的流动面临很高的区域行政壁垒或者高昂的运输费用时，我们也不能把这些产品看作是从属于同一个市场。我国报业市场面临着极高的行政壁垒，国家严禁跨区域办报。另外，根据新闻接近性原理，表6-9中所列的报业集团属于地方性报业，互相之间没有竞争性，不属于产业组织理论中定义的同一市场，因此，笔者认为考察我国报业全国性市场集中度，不能真正反映报业市场结构，衡量我国报业市场结构应以地区市场作为考察对象。

我国学者肖光华、陈晓红以 CR_2、CR_3 和 HHI 三个指标测度了我国区域市场的报业广告市场集中度（见表6-10）。在我国大中城市中，大多存在着分别由省级党报和市级党报部门主办的两份市民报，主宰着城市市场。从 CR_2 的数值看，$CR_2 < 50\%$ 的只有上海和长沙，其他城市均大于50%。从 CR_3 数值看，$CR_3 < 70\%$ 的只有上海、长沙、郑州、哈尔滨，其他城市均大于70%。

从 HHI 值的情况看，HHI 值在 1000～1400 之间的只有长沙市，HHI 为 1390.8，集中度最低，属于低寡占Ⅱ型；HHI 值在 1400～1800 之间的有上海市，HHI 指标为 1461.30，属于低寡占Ⅰ型市场结构；HHI 值在 1800～3000 之间的有郑州、武汉、成都、西安、南京、广州、南昌、哈尔滨、深圳等九个城市，HHI 指标分别为 2627.10、2463.60、2367.84、2352.90、2192.80、2090.70、1994.90、1987.04、1893.30，属于高寡占Ⅱ型市场结构。HHI 值在 3000 以上的城市只有天津市，HHI 为 3569。在天津报业市场上，《今晚报》的广告收入几乎占到市场上 52.69% 的份额，处于绝对垄断地位，天津报业市场应属于高寡占Ⅰ型市场结构。

综合上述分析，我国报业市场虽然不存在美国那样的全国性报业集团，控制着全国报业市场，但是从市场结构的定义分析，我国报业市场应定性为寡占型市场结构。

表 6-10　　全国主要城市报业广告市场集中度

2002 年 2 月平均数据，单位：万元

城市	报纸数量	广告额	前两名		前三名		HHI
			广告额	CR_2	广告额	CR_3	
上海	30	18744.66	9016.35	48.10	10886.64	58.08	1461.30
广州	30	18865.29	10607.39	56.22	13336.86	70.69	2090.70
深圳	20	9522.45	5091.77	53.47	6786.47	71.27	1893.30
天津	17	7941.01	5923.46	74.59	7306.47	92.01	3569.00
成都	19	7033.73	4632.25	65.86	5154.19	73.28	2367.84
南京	20	6992.86	4114.71	58.84	4907.99	70.19	2192.80
武汉	15	5815.83	3666.6	63.05	4873.63	83.80	2463.60
西安	22	4150.29	2594.03	62.50	2971.13	71.59	2352.90
郑州	10	2091.7	1248.65	59.69	1412.31	67.52	2627.10
哈尔滨	12	3746.78	2138.15	57.06	2502.74	66.80	1987.04
长沙	14	2463.30	992.07	40.27	1347.54	54.70	1390.80
南昌	9	1957.98	1093.08	55.82	1346.01	69.66	1994.90

转引自：肖光华，陈晓红．我国报业产业市场结构实证分析．求索，2004 年第 10 期．

6.2.2.3　中美报业市场结构实证分析的结论

依据表 6-7～表 6-10、图 6-5～图 6-11 和前述分析，可以得出以下结论：

1. 从报业市场结构的性质看，无论美国报业，还是中国报业，都应定性为寡占型市场结构。

2. 从全国报业市场看，美国报业市场属于寡占Ⅴ型市场结构；而我国全国性的大众报业市场远未形成，急需放松规制，允许跨区域办报，组建全国性的报业集团，以增强我国报业实力。

3. 从地区报业市场看，美国地区报业市场属于垄断或极高寡占型市场结构；虽然我国大部分城市报业市场属于高寡占型市场结构，但是市场集中度仍低于美国报业。

4. 从报业市场的发展趋势看，近两年，中国和美国报业市场发展速度放缓，甚至出现了负增长，说明报业市场的拐点已经形成，形势不容乐观。

6.2.3 中美期刊产业市场结构测度分析

相对其他媒体而言，期刊的特点是易于保存，销售周期长，以内容见长，所以大量期刊以发行收入为主，这种期刊一般定价高于成本，其商业模式是生产成本低于分销价格。当然，也有一些期刊的主要收入还是主要来源于广告收入，其商业模式是以特定细分市场获得足够多的市场份额，提供准确的广告行销服务。因此，在考察期刊的市场结构时，和报纸一样分别考察发行市场和广告市场。

6.2.3.1 美国期刊产业市场结构

美国期刊市场经过 200 余年的发展，已经成为世界上期刊市场机制及评价体系最为完善的国家之一。根据美国期刊出版商协会统计的数字（表 6-11），截至 2005 年，美国期刊总量为 18267 种，其中消费类期刊种数有 6325 种，占 34.6%。从期刊总数的变化看，1998 年至 2003 年，美国期刊出版总量呈下降的趋势，由 18606 种下降至 17254 种，减少了 1352 种；而 2004 年新出版期刊大幅增加，新创办了 1567 种期刊，使期刊总数达到 18821 种。从消费类期刊的种数变化看，美国此类期刊种数变化较快，说明美国每年新创办和停刊的期刊种数较多，期刊市场的行政壁垒较低。

从期刊发行情况看，美国期刊发行一直以订阅为主，表 6-11 反应了期刊订阅与零售的变化关系。2005 年期刊订阅占总发行量的 86.7%，零售所占比例为 13.3%。从美国期刊的平均发行量看，变化幅度不是很大，一直维持在 2 万册左右。

表 6-11　　　　　　美国期刊市场发行情况

年份	期刊种数情况		期刊发行情况			
	消费类期刊	总计种数	订阅册数	零售册数	总计册数	平均册数
1997	7712	18047	301244640	66133817	367378457	20357
1998	7864	18606	303348603	63724643	367073246	19729

续表

年份	期刊种数情况		期刊发行情况			
	消费类期刊	总计种数	订阅册数	零售册数	总计册数	平均册数
1999	9311	17970	310074081	62041749	372115830	20708
2000	8138	17815	318678718	60240260	378918978	21270
2001	6336	17694	305259583	56096430	361356013	20423
2002	5340	17321	305438345	52932601	358370946	20690
2003	6234	17254	301800237	50800854	352601091	20436
2004	7188	18821	311818667	51317183	363135850	19294
2005	6325	18267	313992423	48289137	362281559	19833

数据来源：Magazine Publishers Association of America. http://www.magazine.org。

尽管美国期刊种数和平均发行量变化不大，但是期刊广告增长速度较快（见图6-12）。2005年美国期刊种数与1997年相比仅增加了220种，增长了1.2%；平均期印数减少了524册，下降了2.6%；但是期刊广告由1997年的98.21亿美元增加到2005年128.47亿美元，增加了30.8%，远大于期刊种数和平均发行量增长速度。从图6-12可以看出，2000年之前，美国期刊广告增长速度较快，年增长率维持在7%左右。在2001年发生9·11事件后，美国期刊广告在2001年和2002年分别出现了10.3%和0.9%的负增长。2003年开始期刊广告开始恢复性增长，但在增长速度上要小于20世纪90年代的增速。从广告增长率的变化趋势看，2004年广告增长率出现了一个新的拐点，期刊广告增长速度将放缓。

美国期刊市场与报业市场一样，呈现为寡头垄断型市场结构，主要表现在以下三个方面：

一是从不同内容期刊的内部结构看，各类期刊市场被各品牌期刊所垄断。例如，新闻类期刊市场被《时代》、《新闻周刊》、《美国新闻与世界报道》所垄断；财经类期刊市场被《商业周刊》、《财富》、《福布斯》所垄断。各品牌期刊占据绝对优势地位，已经形成比较牢固的读者忠诚度，建立了较高的进入壁垒，新办期刊很难打破已经形成的市场格局。

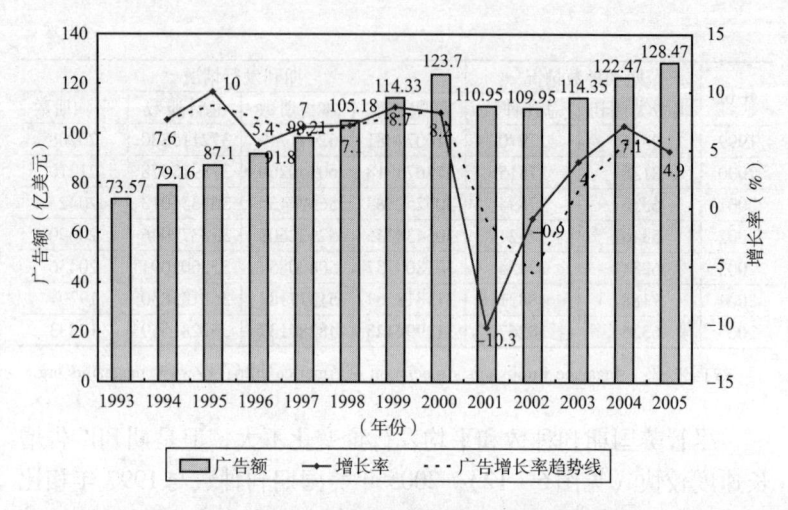

图 6-12　1993~2005 年美国期刊广告的变化趋势

数据来源：Newspaper Association of America. http：//www.naa.org。

二是从地方期刊市场看，期刊也呈现为寡头市场结构。美国学者诺曼（Eli M. Noam，2004）测度了美国地方期刊市场集中度，[①] 指出在过去的 20 年里（1984 年至 2002 年）地方期刊市场集中度有轻微的变化，赫菲德尔—赫希曼指数 HHI 由 7321 下降为 6859。从诺曼测度的 HHI 的数值看，美国地方期刊市场为极高寡占型市场结构。

三是美国期刊市场被各期刊集团所控制。例如，美国头号期刊公司时代公司旗下有 26 种期刊，其中位居 100 强的有 11 种，占百强总营业收入的比例为 19.41%。前四大期刊公司所占份额达到 37.81%，前八大期刊公司所占份额达到 51.76%，前十大期刊公司所占份额达到 56.56%（见表 6-12）。

---

① Eli M. Noam. Local Media Concentration in America. http：//www.cem.ulaval.ca/6thwmec.

表6-12　十大期刊公司所占美国百强期刊市场份额分析

单位：千万美元　%

排名	出版商	百强种数	总营业收入	占百强比例	累计比例
1	时代公司	11	3474475	19.41	19.41
2	康泰纳仕公司	11	1304718	7.29	26.7
3	郝斯特公司	7	1069301	5.97	32.67
4	梅瑞德奇公司	3	919384	5.14	37.81
5	桦榭菲力柏契公司	6	840127	4.69	42.5
6	古纳+亚尔公司	3	603207	3.37	45.87
7	温娜媒体公司	3	567489	3.17	49.04
8	读者文摘集团	1	486955	2.72	51.76
9	超媒体公司	4	483678	2.7	54.46
10	CMP公司	3	375706	2.1	56.56

数据来源：李频.中国期刊产业发展报告.北京：科学文献出版社，2006.91~92。

6.2.3.2　中国期刊产业市场结构

中国是世界上期刊大国，期刊数量一直保持连年小幅增长（见表6-13和图6-13），1983年全国共出版期刊3415种，2005年达到了9468种，增长了近两倍。相对报纸而言，我国期刊创办审批较为宽松，这是期刊数量保持增长的主要原因。据国家新闻出版署统计，在2005年全国共出版的9468种期刊中，综合类479种、社科类2339种、科技类4714种、文教类1175种、文学艺术类613种、少儿读物98种、画刊类51种。可以看出我国期刊结构以学术类期刊为主导，学术类期刊并非比其他期刊有更多的读者，而是新闻出版部门对刊号实行总量控制的结果。从市场的角度看，非学术期刊市场应该有相当大的发展空间。

表6-13　中国期刊市场经营情况表（1983~2005）

单位：万册　亿册　亿元

年份	种数	期印数	总印数	广告额	年度	种数	期印数	总印数	广告额
1983	3415	15995	17.69	0.1081	1995	7583	19749	23.67	3.83
1984	3907	20440	21.82	0.1297	1996	7916	19300	23.1	5.61

续表

年份	种数	期印数	总印数	广告额	年度	种数	期印数	总印数	广告额
1985	4705	23952	25.6	0.2809	1997	7918	20046	24.38	5.27
1986	5248	21980	24.02	0.3565	1998	7999	20928	25.37	7.13
1987	5687	24375	25.9	0.4542	1999	8187	21845	28.46	8.92
1988	5865	23275	25.49	0.7065	2000	8725	21544	29.42	11.34
1989	6078	17145	18.44	0.8506	2001	8889	20697	28.95	11.86
1990	5751	16156	17.9	0.8683	2002	9029	20406	29.51	15.21
1991	6056	18216	20.62	0.9989	2003	9074	19909	29.47	24.3
1992	6484	20506	23.61	1.7266	2004	9490	17208	28.35	20.37
1993	7011	20780	23.51	1.8447	2005	9468	16286	27.59	24.87
1994	7325	19763	22.11	3.9506					

数据来源：根据《中国广告业二十年统计资料汇编》、《中国统计年鉴》、《中国出版年鉴》。

从期刊的发行市场看，我国期刊出版指标与期刊的数量产生了背离。我国的期刊种数从1983年的3415种增加到2005年的9468种，增长了近两倍。而从期刊总印数看，2005年我国期刊总印数为27.59亿册，比1983年增加了9.9亿册，增长了56%；而期刊的数量却比1990年增长了65%，比1983年增长了近两倍，期刊总印数的增速远小于期刊数量的增长速度；从期刊平均期印数看，2005年我国期刊平均期印数为16286万册，与1990年的16156万册和1983年的15995万册的水平基本相当，从上述分析可以看出：我国期刊的出版种数在连年增加，但是期刊的总印数和平均期印数并未同比增长，增长的幅度要小的多。尤其是1999年之后，期刊平均期印数在连年下降（如图6-13）。这说明我国每家期刊的平均发行规模在减小，期刊总印数等出版指标的增高更多源自于增量（新出版期刊）的拉抬而非存量（原有期刊）的发展。

从期刊的广告市场看，1983年我国期刊广告经营额仅为0.1081

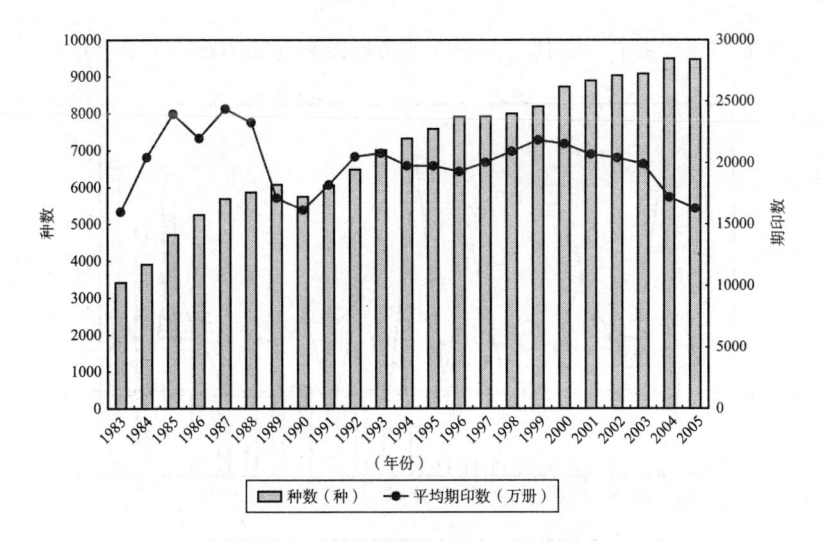

图 6-13 中国期刊种类和平均期印数走势

亿元,2005 年增长到 24.87 亿元,平均年增长率达到 31.9%,这一增长速度远低于报纸和电视广告的增长速度。从图 6-14 可以看出,期刊广告经营额增长最快的年份为 1985 年和 1994 年,分别增长了 116.6% 和 114.2%。出现负增长的年份为 1995 年、1997 年和 2004 年,分别比上年度下降了 3.1%、6% 和 16.2%。虽然 2004 年度期刊广告经营额下降了 16.2%,但是 2005 年增长了 22.1%,达到了 24.87 亿元的历史最高点。但是从广告增长率的走势看,1996 年后,期刊广告增长幅度有逐年下降的趋势。

从刊登广告的期刊分布情况分析,期刊广告主要集中在非学术期刊。根据慧聪媒体研究中心的监测数据,2005 年期刊广告刊登额达到 58.96 亿元。其中时尚类期刊广告刊登额达到 23.03 亿元,市场份额为 41%。其次为商业管理类期刊和生活类期刊,广告额分别为 7.03 亿元和 4.78 亿元,市场占有率分别为 12% 和 8%,前三类期刊共集中了期刊广告61%的市场份额（如图6-15所示）。①

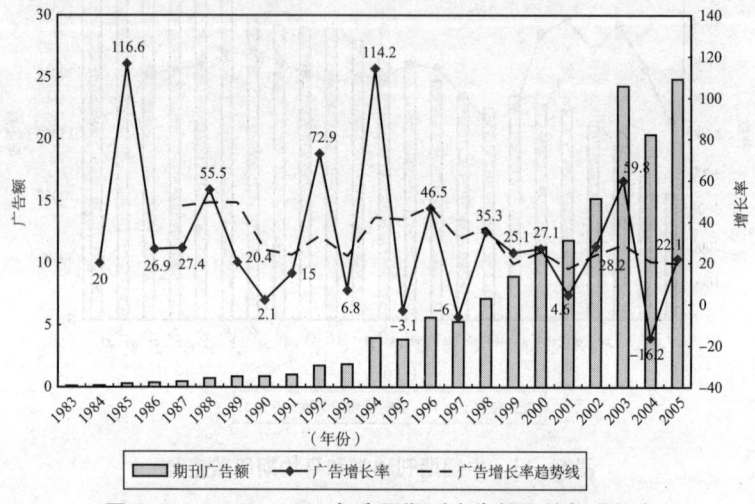

图6-14 1983~2005年我国期刊广告额及其年增长率

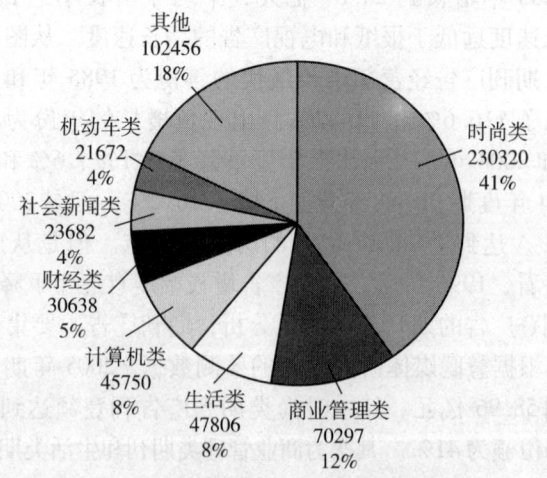

图6-15 我国各类期刊广告刊登额及份额

---

① 此数据为慧聪媒体研究中心按照刊例价格统计的数据，统计的广告刊登额大于实际经营额，各类期刊的广告价格打折幅度相差不大，所以，不影响各类期刊的广告份额比例。

同考察报纸市场结构应考虑区位因素一样,考察期刊广告市场集中度,应考虑期刊的内容因素。依据不同的读者群,创办了不同内容的期刊,各类期刊处于不同的市场中。因此,考察市场结构时,应分别考察各类期刊的市场集中度。笔者根据慧聪媒体研究中心的2005年监测数据,分别考察了我国时尚类、商业管理类、生活类、计算机类、财经类期刊的广告市场集中度(如表6-14所示),结果如下:

表6-14　　2005年我国各类期刊广告市场集中度　　单位:万元　%

类别	排名	期刊名称	广告额	市场份额	CR_n
时尚类期刊	1	时尚——伊人	36740	15.95	15.95
	2	世界时装之苑	33180	14.41	30.36
	3	瑞丽服饰美容	20685	8.98	39.34
	4	瑞丽伊人风尚	19642	8.53	47.87
	5	时尚——芭莎	17572	7.63	55.50
	6	时尚——先生	11580	5.03	60.53
	7	嘉人	11213	4.87	65.40
	8	时尚——健康	8822	3.83	69.23
商业管理类期刊	1	财富(中文版)	15180	21.59	21.59
	2	世界经理人	8925	12.7	34.29
	3	福布斯	7190	10.23	44.52
	4	中国企业家	5727	8.15	52.67
	5	哈佛商业评论	4984	7.09	59.76
	6	销售与市场	4919	7	66.76
	7	商业周刊	4265	6.07	72.83
	8	环球企业家	3922	5.58	78.41
生活类期刊	1	知音	8618	18.03	18.03
	2	女友	4876	10.2	28.23
	3	健康之友	4729	9.89	38.12
	4	都市丽人	4669	9.77	47.89
	5	北京青年	4022	8.41	56.3
	6	CITY	2896	6.06	62.36
	7	家庭(上半月)	2687	5.62	67.98
	8	希望	2210	4.62	72.6

续表

类别	排名	期刊名称	广告额	市场份额	CR_n
计算机类期刊	1	IT 经理世界	7495	16.38	16.38
	2	互联网周刊	5671	12.4	28.78
	3	中国计算机用户	5512	12.05	40.83
	4	计算机产品与流通	4375	9.56	50.39
	5	微型计算机	3256	7.12	57.51
	6	个人电脑	2623	5.73	63.24
	7	新电脑	2469	5.4	68.64
	8	电脑爱好者	2048	4.48	73.12
财经类期刊	1	财经	11247	36.71	36.71
	2	商界	6486	21.17	57.88
	3	新经济导刊	2656	8.67	66.55
	4	理财周刊	2340	7.64	74.19
	5	21世纪商业评论	2227	7.27	81.46
	6	商务周刊	1494	4.88	86.34
	7	经济月刊	1252	4.09	90.43
	8	商学院	1038	3.39	93.82

数据来源：姚林，张晓虎.2005年中国期刊广告市场分析.见：崔保国主编，2006年：中国传媒产业发展报告.科学文献出版社，2006：169~186。

时尚类期刊2005年广告经营额为230320万元，头号杂志《时尚——伊人》2005年广告经营额为36740万元，占时尚类期刊广告市场份额的15.95%。在时尚类期刊中，排名前四位期刊的市场集中度（CR_4）为47.87%，排名前八位期刊的市场集中度（CR_8）为69.23%。按照贝恩分类法，时尚类期刊属于寡占Ⅳ型市场结构；按照植草益分类法，属于高、中寡占型市场结构。

商业管理类期刊2005年广告经营额为70297万元，头号期刊《财富（中文版）》2005年广告经营额为15180万元，占商业管理类广告市场份额的21.59%。在商业管理类期刊中，排名前四位期刊的市场集中度（CR_4）为52.67%，排名前八位期刊的市场集中度（CR_8）为78.41%。按照贝恩分类法，商业管理类期刊属于寡占Ⅲ型市场结构；按照植草益分类法，属于极高寡占型市场结构。

生活类期刊 2005 年广告经营额为 47806 万元，头号期刊《知音》广告经营额为 8618 万元，占生活类期刊广告市场份额的 18.03%。在生活类期刊中，排名前四位期刊的市场集中度（CR_4）为 47.89%，排名前八位期刊的市场集中度（CR_8）为 62.36%。按照贝恩分类法，生活类期刊属于寡占Ⅳ型市场结构；按照植草益分类法，属于高、中寡占型市场结构。

计算机类期刊 2005 年广告经营额为 45750 万元，头号期刊《IT 经理世界》广告经营额为 7495 万元，占计算机类广告市场份额的 16.38%。在计算机类期刊中，排名前四位期刊的市场集中度（CR_4）为 50.39%，排名前八位期刊的市场集中度（CR_8）为 73.12%。按照贝恩分类法，计算机类期刊市场结构介于寡占Ⅳ和寡占Ⅲ型之间；按照植草益分类法，属于极高寡占型市场结构。

财经类期刊 2005 年广告经营额为 30638 万元，头号期刊《财经》广告经营额为 11247 万元，占财经类期刊广告市场份额的 36.71%。在财经类期刊中，排名前四位期刊的市场集中度（CR_4）为 74.19%，排名前八位期刊的市场集中度（CR_8）为 93.82%。按照贝恩分类法，财经类期刊属于寡占Ⅱ型市场结构；按照植草益分类法，属于极高寡占型市场结构。

从五类期刊广告市场集中度数据综合分析（见图 6-16），财经类期刊广告市场集中度最高，头号期刊广告市场份额达到了 36.71%，CR_4 为 74.19%，CR_8 为 93.82%；时尚类期刊广告市场集中度最低，头号期刊广告市场份额仅为 15.95%，CR_4 为 47.87%，CR_8 为 69.23%。综合分析，我国期刊广告市场集中度应属于高、中寡占型市场结构。

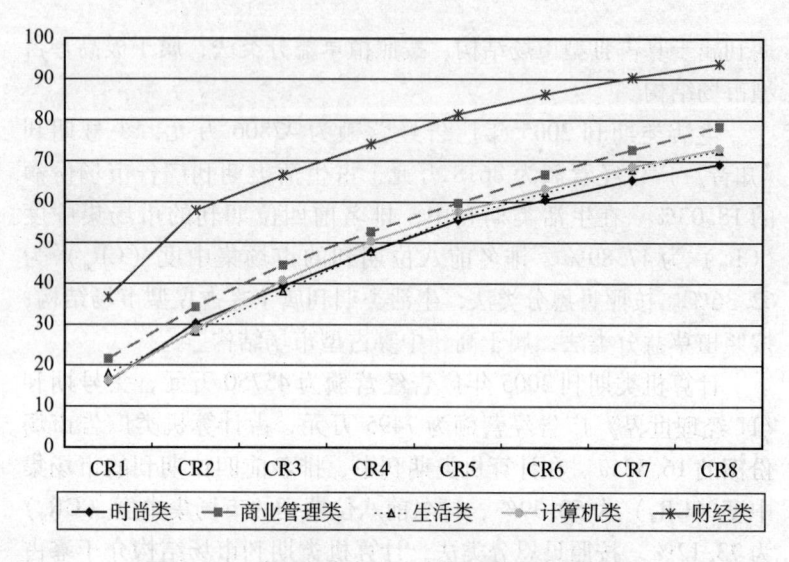

图 6-16 我国各类期刊广告市场集中度变化趋势

6.2.3.3 中美期刊产业市场结构实证分析的结论

依据表 6-11 ~ 表 6-14、图 6-12 ~ 图 6-16 和前述分析，可以得出以下结论：

1. 从期刊产业市场结构的性质看，中国期刊产业属于中、高寡占型市场结构，美国期刊产业属于高寡占型市场结构。无论美国，还是中国，期刊产业市场集中度都高于报业市场集中度。

2. 从期刊数量和结构看，我国期刊数量明显低于美国，我国期刊结构中消费类期刊所占比重过小，学术类期刊比重太大。

3. 从期刊发行市场看，我国期刊出版指标与期刊数量产生了背离，近几年期刊出版指标的增高多源自于增量（新出版期刊）而非存量（原有期刊）。

4. 从期刊市场的发展趋势看，近两年，中国和美国期刊市场发展速度放缓，平均期印数在减少，广告增长率在下降。

5. 与美国相比，我国期刊社的实力还很小，急需组建期刊集团，以提高市场竞争力。

6.2.4　中美广播产业市场结构测度分析

虽然广播是仅仅用单纯的声音做宣传，但是它可以排除很多视觉上和其他方面的干扰，它是一种移动性的媒体，成本低，宣传效果好。无论国内还是国外，广播收入都是一个比较纯粹依赖于广告的行业，其商业模式是以高质量的广播节目内容获得较高的收听率，从而获得相应的广告收入。但是，在传媒产业中，广播广告的市场份额处于"弱小"地位，就广告经营额来讲，甚至赶不上单一的报业集团或者单一的电视台营业额。有统计显示，德国的广播广告收入占全国广告收入的3%，英国为2.4%，日本为3.7%，韩国为3%。表现最好的是"车轮上的国家"美国，广播广告收入占全国广告收入总额的8%。[①] 由于广播节目的制作成本较低，人员需求也相对少，二三十个人就可以开一个频道，所以虽然广播广告的市场份额很小，但是就赢利能力而言，广播是最有把握挣钱的媒体，而且利润率相当高。同报纸期刊类似，考察广播产业的市场结构主要依据收听份额和营业收入份额两个方面。

6.2.4.1　美国广播产业市场结构

据美国广播收听率监测公司（Arbitron Radio Today）的统计资料，截至2004年，美国共有13499座电台取得营业执照，比1990年的10770座增加了2729座，增长了25%。而同期广播电台的营业收入由107.7亿美元增加到200.13亿美元，增长了85.8%，远大于电台数量的增长速度，说明各电台的实力在增长。从收入增长速度的趋势看，20世纪90年代，基本上维持在10%左右。由于"9·11"事件，2001年出现了负增长，2002

---

① 张海潮．眼球为王：中国电视的数字化、产业化生存．华夏出版社，2005．56．

年后重新恢复增长,但增速放缓(见图6-17)。

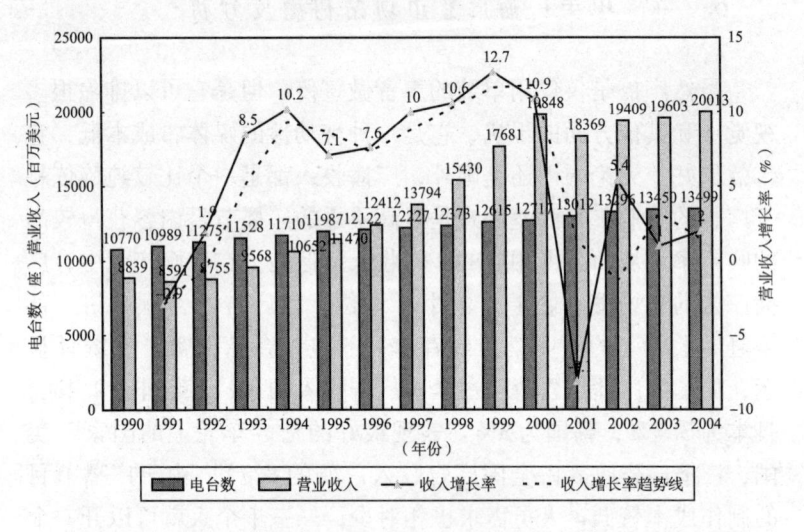

图6-17　1990~2004年美国广播电台数量及营业收入的变化趋势
资料来源:Arbitron Radio Today. http://www.journalism.org。

美国虽然有1万多家电台,但从每家电台覆盖的规模看,大多属于区域性电台,全国性的广播电台较少。美国学者诺曼(Eli M. Noam,2004)研究了1984~2002年美国地方广播的市场集中度变化情况,头号电台的市场份额由20%提高到35%,前4家电台的市场份额由53%提高到84%,赫芬达尔—赫希曼指数HHI由939提高到2400。[①] 从上述数值可以看出,美国地方广播市场属于高寡占型市场结构。

美国电台众多,但大多被各个广播公司所垄断,每家广播公司可以在全国开办有多家电台,例如,2004年Clear Channel公司开办有1194座电台,Infinity Broadcasting公司有183座电台,Cumulus Broadcasting公司有305座电台。从营业收入来看,Clear

---

① Eli M. Noam. Local Media Concentration in America. http://www.cem.ulaval.ca/6thwmec.

Channel 公司和 Infinity Broadcasting 公司一直位于前两名（见表 6-15）。

表 6-15　2000~2004 年美国广播市场集中度　　单位：百万美元、%

年份	排名	公司名称	总收入	市场份额	CR_n
2000	1	Clear Channel	3257	16.41	16.41
	2	Infinity Broadcasting	2092	10.54	26.95
	3	Cox Radio	428	2.16	29.11
	4	Entercom	408	2.06	31.17
	5	ABC Radio	401	2.02	33.19
2001	1	Clear Channel	3527	19.2	19.2
	2	Infinity Broadcasting	2355	12.82	32.02
	3	Cox Radio	452	2.46	34.48
	4	ABC Radio	436	2.37	36.85
	5	Entercom	423	2.3	39.15
2002	1	Clear Channel	3459	17.82	17.82
	2	Infinity Broadcasting	2159	11.12	28.94
	3	Entercom	461	2.38	31.32
	4	Citadel Communication	363	1.87	33.19
	5	Cumulus Broadcasting	293	1.51	34.7
2003	1	Clear Channel	3539	18.05	18.05
	2	Infinity Broadcasting	2262	11.54	29.59
	3	Entercom	467	2.38	31.97
	4	Citadel Communication	406	2.07	34.04
	5	Cumulus Broadcasting	313	1.6	35.64
2004	1	Clear Channel	3600	17.99	17.99
	2	Infinity Broadcasting（Viacom）	2208	11.03	29.02
	3	Cix	486	2.43	31.45
	4	ABC Radio（Disney）	457	2.28	33.73
	5	Entercom	457	2.28	36.01

资料来源：Arbitron Radio Today. http：//www.journalism.org。

从美国全国广播产业市场集中度的数值情况看，2000 年~2004 年，头号公司 Clear Channel 的市场份额由 16.41% 提高到 17.99%；前两名市场份额由 26.95% 提高到 29.02%。CR_4 的数值 2001 年最高，为 36.85%，根据贝恩市场结构分类法，属于寡占Ⅳ型市场结构；其余年份 CR_4 的数值分别为 31.37%、31.32%、34.04%、33.73%，根据贝恩市场结构分类法，属于寡占Ⅴ型市场结构。另外，美国广播市场还有一个显著特点是：从第三名以后的公司所占份额要比前两名少得多，说明存在明显的寡头势力。

根据表 6-15 的 CR_n 的数值，笔者制作为图 6-18，可以看出：美国广播市场呈现为越来越集中的趋势。2001 年的"9·11"事件使美国广播市场当年的集中度大幅提升。扣除 2001 年突发事件的影响，从图 6-18 可以看出：5 年间，CR_1、CR_2、CR_5 的数值均保持微增的趋势。

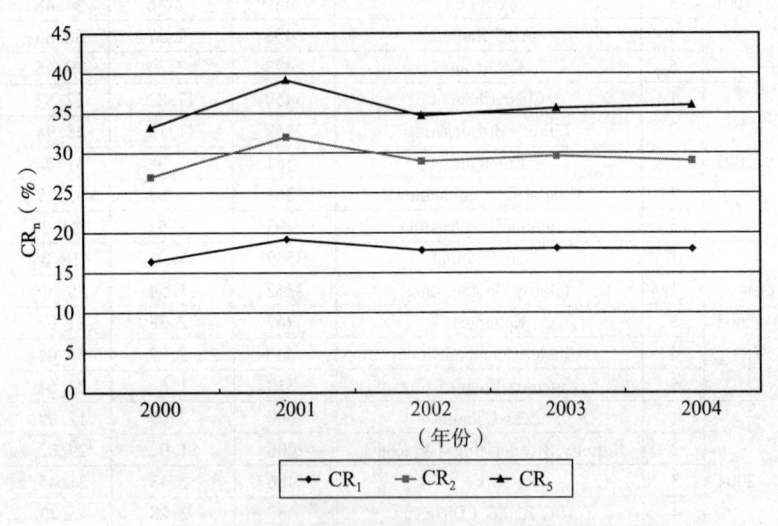

图 6-18　2000~2004 年美国广播市场集中度变化趋势

6.2.4.2　中国广播产业市场结构

中国广播电台的投资主体是中央和地方政府，不允许私人开办广播电台，形成了中央、省、市、县四级办台体制。根据国家广播电影电视总局的统计数据（见表 6-16），1983 年，中国仅有广播电台52座,综合人口覆盖率为64.5%;1997年,广播电台数量达到顶峰,有1363座,综合人口覆盖率为86.02%;1998年由于行政命令,广播电台数量直线下滑,削减为298座,但是综合人口覆盖率并没有下滑,为88.26%。随后几年,各个广播电台通过市场细分,增强服务功能,相继开发了众多具有独特风格的频道来吸引听众,音乐频道、交通频道、新闻频道大量涌现出来。虽然广播电台的数量减少了,但是各类广播的专业化频道大大增加了,通过这一策略提高了综合人口覆盖率(如图6-19)。2005年,我国有广播电台273座,综合人口覆盖率94.4%。与1997年相比较,2005年电台数量是1997年的20%,而综合人口覆盖率上升8.4%,这说明1998年之后我国广播收听市场呈现越来越集中的趋势,各个广播电台的实力得到了提高。

表6-16　　中国广播市场情况(1983~2005)　　单位:座、亿元、%

年份	电台数量	广告额	覆盖率	年份	电台数量	广告额	覆盖率
1983	52	0.1086	64.50	1995	1202	7.3769	78.79
1984	93	0.2323	67.80	1996	1244	8.7267	84.29
1985	213	0.267	68.30	1997	1363	10.578	86.02
1986	278	0.3563	70.20	1998	298	13.304	88.26
1987	386	0.4721	70.50	1999	295	12.524	90.53
1988	461	0.6383	70.60	2000	304	15.19	92.47
1989	531	0.7459	73.00	2001	301	18.86	92.92
1990	635	0.8641	74.70	2002	306	22.69	93.34
1991	724	1.4049	75.00	2003	308	25.6	93.72
1992	812	1.992	75.60	2004	282	35.5	94.05
1993	987	3.4944	76.39	2005	273	50.58	94.4
1994	1107	4.9569	77.53				

资料来源:国家广播电影电视总局统计资料,http://www.sarft.gov.cn

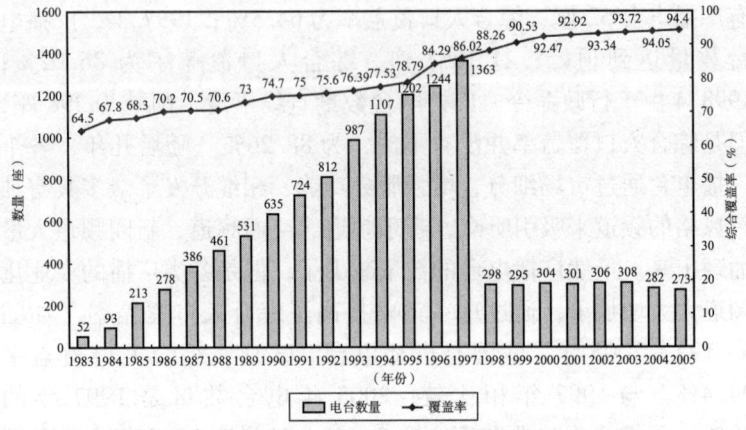

图 6-19 我国广播电台数量与综合人口覆盖率的关系

在中国，由于管理机构对广播电台数量的控制，异地创办广播频道存在一定壁垒，中国的广播产业呈现明显的地域特点。即使是中央人民广播电台这个国家级广播媒体，远远不能像中央电视台那样影响全国市场，在各个重点城市中，由当地的省级电台或市级电台占据主导地位。如表 6-17 所示：中央人民广播电台只是在北京占有 30.27% 的市场份额和在深圳占有 30.21% 的市场份额，在其他城市的市场份额很小。在四个直辖市中，上海市的市级频道市场份额为 90.82%，其次为天津 87.9%。在其他省会城市和计划单列市中，都分别由省级电台或市级电台占主导，省级电台占主导地位的城市有长沙、福州、广州、哈尔滨、武汉、西安，市级电台占主导地位的有长春、大连、杭州、济南、南京、青岛、深圳，只有郑州和沈阳市场省级电台和市级电台势均力敌。

由于没有形成全国性的广播市场，真正反映收听市场集中度的指标应为区域市场各专业频道的市场份额。CSM 媒介研究机构测度了我国部分重点城市广播收听市场前四位频道的市场份额（CR_4）（见表 6-18 所示），从表中数据可以看出：CR_4 值最大的为青岛（75.48%），最小的为沈阳（44.17%）。根据贝恩市场结构分类法，表中所列我国重点城市的广播市场集中度指标

表6-17　　2005年全国重点城市各级广播媒体市场份额

地区	中央级频率	省级频率	市级频率	其他	地区	中央级频率	省级频率	市级频率	其他
北京	30.27	68.25	—	1.48	长春	9.85	34.45	55.37	0.33
天津	11.78	87.9	—	0.32	杭州	8.33	32.67	58.82	0.18
上海	8.25	90.82	—	0.93	济南	2.97	33.61	62.77	0.65
重庆	22.04	75.06	—	2.9	南京	3.04	37.09	59.62	0.25
长沙	6.31	65.96	27.53	0.2	大连	11.6	3.02	84.62	0.76
福州	20.2	50.4	27.67	1.73	青岛	14.89	8.34	75.47	1.3
广州	3.83	74.14	20.23	1.8	深圳	30.21	12.98	48.72	8.13
哈尔滨	5.01	60.77	33.58	0.64	郑州	9.85	40.16	48.1	1.89
武汉	22.73	56.47	20.47	0.33	沈阳	16.63	44.17	38.73	0.47
西安	9.02	60.16	30.31	0.51					

数据来源：曾静平，梁帆.2005年中国广播媒介变局与收听市场解析.见：崔保国主编，2006年：中国传媒产业发展报告.社会科学文献出版社，2006年，第302页。

CR_4均大于30%，皆为寡占型市场结构。青岛的广播市场结构为寡占Ⅰ型，说明存在超强势的广播媒体；天津、大连、长沙、重庆、长春、杭州、广州、上海、北京、深圳、济南、哈尔滨、南京等13城市的CR_4指标大于50%，为寡占Ⅲ型市场结构，说明有比较强势的广播媒体存在；武汉、福州、西安、郑州、沈阳5城市的CR_4指标大于35%且小于50%，为寡占Ⅳ型市场结构，在这5个城市中市场集中度相对较低，强势垄断者还没有出现。在这5个城市中，弱势频道通过定位、编排改革，还有机会"咸鱼翻身"，获取有利的市场地位。

表6-18　　2005年全国重点城市广播收听市场集中度

地区	青岛	天津	大连	长沙	重庆	长春	杭州	广州	上海	北京
CR_4	75.48	72.73	71.95	68.71	67.72	65.77	64.59	64.4	61.75	58.55
地区	深圳	济南	哈尔滨	南京	武汉	福州	西安	郑州	沈阳	
CR_4	56.53	55.92	54.08	51.27	49.16	48.37	47.1	46.46	44.17	

资料来源：同表6-17。

我国各级广播电台的经营收入以广告收入为主。表6-16可知:1985 年我国广播产业广告收入仅为 2670 万元,2005 年增长为 50.58 亿元,平均年增长率为 30.46%。在过去的二十几年里,广播广告保持了持续增长的趋势,从广播广告的增长率看,我国广播广告市场经历了三个阶段(如图 6-20 所示)。

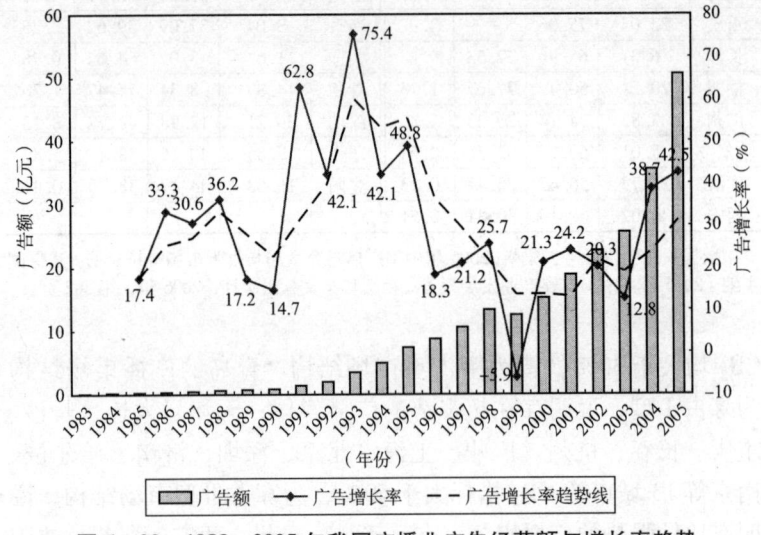

图 6-20 1983~2005 年我国广播业广告经营额与增长率趋势

第一阶段是改革开放后至 1993 年,这一阶段由于我国经济的迅速增长和向市场经济的转型,各种产品市场的放开,推动了广告业的整体发展,也使广播广告的增长率连年上升;第二阶段是 1994~1999 年,这一阶段由于电视的迅速普及,电视广告以其视觉和听觉优势挤占了广播广告的市场份额,广播广告的增长率连年下降,并且在 1999 年出现了负增长;第三阶段是 2000 年至今,以 2000 年为拐点,广播广告的增长率进入了上升的通道,今后几年广播广告仍有较大的增长空间。这一轮增长主要源于中国汽车市场的快速发展,汽车市场的红火直接带动了乘车人群和流动人口的增加,对广播收听人口的壮大提供了良好的基础条件,带动了广播广告市场的发展。

从前述分析可以知道，我国广播市场地域特征明显，每个省级电台具有绝对优势。为了考察广播广告市场集中度，笔者收集了广东、浙江、江苏、山东、辽宁、河北6省的有关资料（见表6-19）。根据日本市场结构类型划分方法（见表6-4），这6个省的广播广告市场应属于寡占Ⅰ型市场结构。

表6-19　2005年全国重点省份省级电台广告市场份额　单位：亿元　%

省份	广东	浙江	江苏	山东	辽宁	河北
全省广播广告额	7.393	4.3395	4.296	3.604	3.331	2.203
省台广告额	2.26	1.5	1.3	1.2	1.1	1.03
省台广告份额	30.57	34.57	30.26	33.3	33	46.75

资料来源：2006年1月3日中国广播影视报和国家广播电影电视总局统计资料，http://www.sarft.gov.cn。

6.2.4.3　中美广播产业市场结构实证分析的结论

依据表6-15～表6-19、图6-17～图6-20和前述分析，可以得出以下结论：

1. 从广播产业市场结构的性质看，无论收听市场，还是广告市场，无论中国的广播产业，还美国广播产业，属于高寡占型市场结构。

2. 从全国性广播市场看，美国各地广播电台被各个广播公司所垄断，各个广播公司间的竞争关系已经建立，形成了中低寡占型市场结构。而我国全国性广播市场还没形成，即使中央人民广播电台在各地的市场份额也很有限，没有形成竞争的市场格局，急需通过规制突破区域壁垒。

3. 从广播产业的营业收入看，近几年，中美广播产业的发展速度都高于其他传统媒体（报纸、期刊、电视）。与美国相比，我国广播产业的广告规模还很低，并且在媒体广告中的份额也低于美国（2005美国广播产业广告份额为7.42%，我国为2.74%），说明我国广播产业的发展空间还很大。

4. 从电台数量看，我国比美国要少得多，我国广播产业应该放松规制。

6.2.5 中美电视产业市场结构测度分析

无论国内还是国外,电视是最有影响的媒体,在所有媒体当中居于主导地位。电视台的收入来源主要是广告收入和收视费收入,其中广告收入占有绝大部分份额。因此,本节主要考察电视广告市场的市场结构。

6.2.5.1 美国电视产业市场结构

进入 21 世纪,美国电视台数量变化不大(见图 6-21),由 2000 年的 1663 座增加到 2005 年的 1745 座,增加了 82 座。广告经营额由 592.3 亿美元增加到 679.8 亿美元,增加了 15%。从广告的增长趋势看,2001 年由于"9·11"事件出现了 7.8% 的负增长,2002 年后开始恢复性增长,2004 年增速达到顶峰,2005 年增速放缓。从广告增长率趋势看,电视广告市场的增速下降的拐点已经形成。

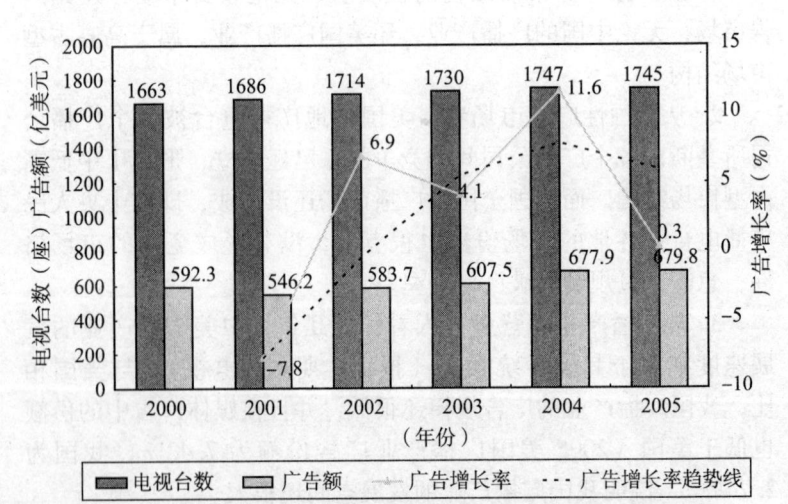

图 6-21 1990~2004 年美国电视台数量及营业收入的变化趋势

资料来源:广告额来自 Newspaper Association of America. http://www.naa.org。电视台数量来源于《2006 年:中国传媒产业发展报告》,崔保国,社会科学文献出版社。

从无线电视产业看，美国无线电视产业由全国市场和地方市场组成。在全国市场上，由 Fox、Viacom、NBC、ABC、Tribune 五大电视网展展开竞争，由于潜在竞争者进入壁垒的存在，市场集中状况是比较明显的。Litman（1993）指出，电视网的规模经济形成了一个主要的壁垒。一个竞争者必须达到全国观众约 70% 的收视份额，才能在全国性的市场上产生效率，因为现存的电视网已和全国 70% 的电视台达成了加盟协议。在地方市场上，电视网的加盟台、独立电视台和公共电视台彼此争夺电视观众，美国学者诺曼（Eli M. Noam，2004）研究认为，美国电视在地方性市场上的集中度呈缓慢下降的趋势。1984~2002 年，头号电视台的市场份额由 33% 下降到 25%，前 4 家电视台的市场份额由 90% 下降到 73%，赫菲德尔—赫希曼指数 HHI 由 2460 降为 1714。① 从上述数值可以看出，美国地方电视市场仍属于寡占Ⅲ型市场结构。

从有线电视产业看，美国有线电视在开办之初，一般就具有了垄断行业的特点。有线电视经营者必须首先申请地方有线电视经营许可证，经营特许权的授予权力一般都在地方政府手里，地方政府往往通过对特许权进行竞拍的方式，将特许权授予竞拍的中标者，中标者便拥有了在某一特定的地理范围提供有线电视服务的权利，而且在大多数情况下，这种权利是排他性的。这种竞拍中标的特许权授予方式，为有线电视运营商创造了一个事实上的垄断地位，它意味着一家用户如果想预订有线电视，就只能从一家运营商那里得到。有线电视运营商一方面通过纵向整合的方式，在区域市场上寻求更大的市场垄断势力；另一方面通过横向兼并的方式扩大其经济实力。目前，在美国市场上形成了电信公司、时代华纳公司和有线电视公司三大有线系统运营商统治着有线电视产业的市场结构，这些多系统运营商大约拥有全部有线电

---

① Eli M. Noam. Local Media Concentration in America. http://www.cem.ulaval.ca/6thwmec.

视系统网络 2/3 的份额。

6.2.5.2 中国电视产业市场结构

中国电视台有两个类别的投资主体：一个是各级政府，包括中央、省、市三级政府投资办台；另一个是各级教育部门，包括教育部，省、地（市）教育部门。根据国家广播电影电视总局的统计数据（见表 5-20）可知：1983 年，中国仅有电视台 122 座，综合人口覆盖率为 59.9%；1997 年，电视台数量达到顶峰，有 923 座，综合人口覆盖率为 87.68%；1998 年电视台数量直线削减为 347 座，但是综合人口覆盖率为 88.26%，上升了 0.58%。1999~2002 年，电视台数量增加了 15 座，2003 年后电视台数量进一步削减。2005 年，我国有电视台 302 座，是 1997 年电视台数量的 32%，而综合人口覆盖率达到了 95.81%，上升 8.13%。可以看出，虽然电视台的数量减少了，但是综合人口覆盖率上升了（如图 6-22），这说明近几年我国电视收视市场呈现越来越集中的趋势。

表 6-20　中国电视市场情况（1983~2005）　　　单位：座、亿元、%

年份	电视台数量	综合人口覆盖率	广告额	年份	电视台数量	综合人口覆盖率	广告额
1983	122	59.9	0.1624	1995	837	84.51	64.98
1984	167	64.7	0.3397	1996	880	86.22	90.789
1985	202	68.4	0.867	1997	923	87.68	114.41
1986	292	71.4	1.1514	1998	347	89.01	135.64
1987	366	73	1.6927	1999	353	91.6	156.15
1988	422	75.4	2.5583	2000	354	93.65	168.91
1989	469	77.9	3.619	2001	357	94.18	179.37
1990	509	79.4	5.6137	2002	368	94.61	231.03
1991	543	80.5	10.005	2003	363	94.94	255
1992	586	81.3	20.547	2004	314	95.29	291.5415
1993	684	82.38	29.439	2005	302	95.81	355.2867
1994	766	83.4	44.76				

资料来源：国家广播电影电视总局统计资料，http://www.sarft.gov.cn。

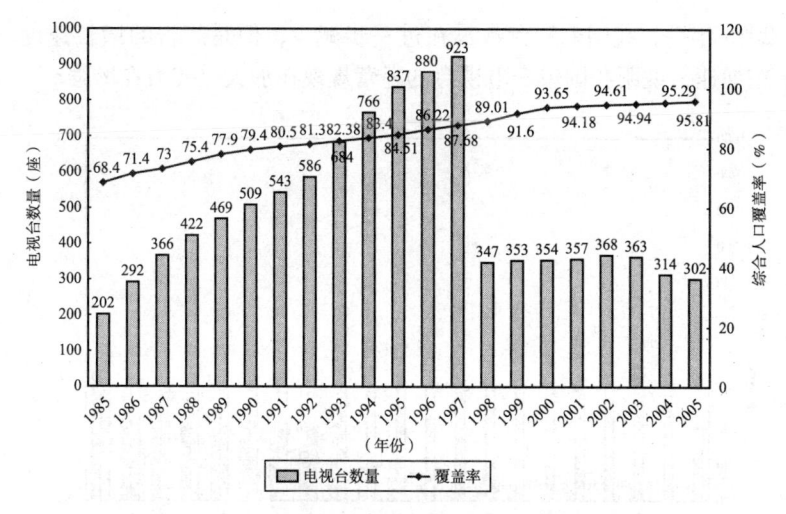

图 6-22 我国电视台数量与综合人口覆盖率关系

从 1979 年上海电视台播出第一条商业广告到现在，电视广告经过了近 30 年的快速发展历程。根据中国广告协会的统计数据，1985 年我国电视广告收入仅为 8670 万元，2005 年增长为 355.29 亿元，平均年增长率为 37%。在过去的 20 多年里，单纯从广告经营额的数值上看电视广告保持了持续增长的趋势，但是从增长速度看电视广告呈现出起伏状态（如图 6-23 所示）：1985~1992 年，我国电视广告增长的速度呈增长的态势，1992 年电视广告的增长速度达到了高峰，为 105.37%；1993~2001 年，电视广告的增长速度逐年下降，2001 年电视广告仅比 2000 年增加了 6.19%；从 2002 年开始，电视广告的增长速度开始缓慢提高，2002 年电视广告比 2001 年增加了 28.8%，2003 年比 2002 年增加了 10.38%，2004 年比 2003 年增加了 14.38%，2005 年比 2004 年增加了 21.86%。从图中广告增长率趋势线可以看出，今后几年电视广告进入加速增长的通道，电视广告仍有较大的增长空间。从表 6-20 和图 6-23 可以看出，虽然 1998 年我国电视台数量减少了，但是广告经营额仍处于增长的态势。尤其是在

2003年后,我国电视台数量在进一步减少,但是广告的增长速度在加速,说明我国单个电视台的经营规模在加大,实力在增强。

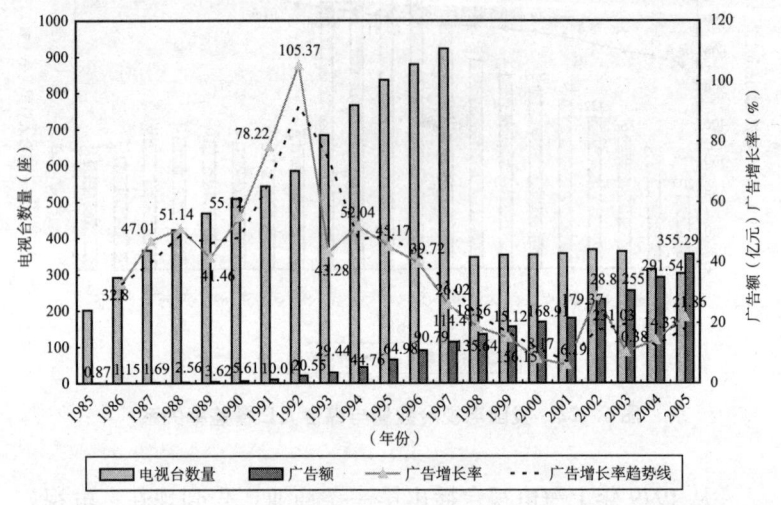

图6-23 1985~2005年我国电视台数量与广告经营额和广告增长率
资料来源:国家广播电影电视总局、中国广告协会。http://www.sarft.gov.cn。

在城市市场,电视业竞争最为激烈。城市电视台的主要竞争对手既有中央电视台各个频道和全国各省级卫星频道,又有来自本省电视台的都市频道、娱乐频道、经济频道等诸多频道的挤压。

与广播业不同,我国中央电视台和50多个省级的卫星频道构成了全国性的电视市场,并且在广告经营上占有主导地位。为了研究我国电视广告市场的市场结构,笔者收集了1999~2005年间,我国电视广告前8名的广告经营收入情况,并根据同年度电视广告经营总收入,分别计算出了这些年度的我国电视广告市场集中度(CR_n)(见表6-21),并根据表中数据制作了市场集中度变化趋势图(见图6-24),通过图表分析可知:

从排名前几位企业的分布看,中央电视台稳居榜首,并且经营数额是第2名的3倍多,说明在全国性电视广告市场上没有一家电视台可与中央电视台抗衡。排名第2、3位的电视台分别为北京电视台和上海文广集团，1999 年、2000 年北京电视台位居第 2 位，2001 年上海电视台和上海东方电视台合并成立上海文广集团后，上海文广集团取代北京电视台位居第二。

从排名前几位电视台的市场份额变化趋势看，排名第一的中央电视台市场份额由 1999 年的 30.2% 下降为 2005 年的 24.2%；而第 2 名的市场份额有较大幅度的增长，1999 年北京电视台排名第二，市场份额为 5.1%，2005 年上海文广集团排名第二，市场份额为 8.6%；排名第 3~8 名的市场份额都有不同程度的增长。这说明各个地方电视台通过"上星"在不断挤占着中央电视台的市场份额。

从 CR_n 的数值看，从 1999~2005 年 7 年间，排名前 4 位的企业市场集中度（CR_4）分别达到了 42.7%、45.4%、53.9%、46.2%、47.3%、45.9%、41.8%；排名前 8 位的企业市场集中度（CR_8）分别达到了 49.9%、54.9%、65.8%、55.3%、57.5%、55.2%、53.4%。根据贝恩市场结构分类法，我国电视广告市场属于寡占Ⅳ型市场结构。

为了考察我国电视广告市场集中度的变化趋势，笔者根据表 6-21 的数值制作了图 6-24，从图中可以看出：从 1999~2005 年 7 年间，CR_1 的数值总体上呈下降的趋势；CR_4 和 CR_8 的数值 2001 年之前呈上升的趋势，2002 年之后呈下降的趋势，但下降的幅度远小于 CR_1。

表 6-21　　　　1999~2005 年我国电视市场集中度　　　单位：亿元、%

年份	排名	单位名称	广告额	市场份额	CR_n
1999	1	中央电视台	47.14	30.2	30.2
	2	北京电视台	8	5.1	35.3
	3	上海东方电视台	5.7949	3.7	39
	4	上海电视台	5.73	3.7	42.7
	5	国家广电总局电影频道	3.4719	2.2	44.9
	6	山东电视台	2.82	1.8	46.7
	7	上海有线电视台	2.6033	1.7	48.4
	8	广东有线电视台	2.3442	1.5	49.9

续表

年份	排名	单位名称	广告额	市场份额	CR_n
2000	1	中央电视台	53.5	31.7	31.7
	2	北京电视台	9.4954	5.6	37.3
	3	上海电视台	7.148	4.2	41.5
	4	上海东方电视台	6.6487	3.9	45.4
	5	广东有线电视台	5.8	3.4	48.8
	6	上海有线电视台	4.0066	2.4	51.2
	7	山东电视台	3.2024	1.9	53.1
	8	黑龙江电视台	2.985	1.8	54.9
2001	1	中央电视台	54	30.1	30.1
	2	上海文广集团	17.28	9.6	39.7
	3	北京电视台	15.5	8.6	48.3
	4	广州电视台	10	5.6	53.9
	5	广东电视台	7.0937	4	57.9
	6	上海有线电视台	5.492	3.1	61
	7	江苏电视台	4.7	2.6	63.6
	8	国家广电总局电影频道	4	2.2	65.8
2002	1	中央电视台	63.839	27.6	27.6
	2	上海文广集团	21.105	9.1	36.7
	3	北京电视台	13.9	6	42.7
	4	广东电视台	8.2	3.5	46.2
	5	浙江电视台	6.3037	2.7	48.9
	6	江苏电视台	5.6	2.4	51.3
	7	国家广电总局电影频道	4.8	2.1	53.4
	8	山东电视台	4.43	1.9	55.3
2003	1	中央电视台	75.3	29.5	29.5
	2	上海文广集团	21.261	8.3	37.8
	3	北京电视台	14.28	5.6	43.4
	4	广东电视台	10	3.9	47.3
	5	浙江电视台	6.8578	2.7	50
	6	湖南电广传媒	6.6	2.6	52.6
	7	江苏电视台	6.3	2.5	55.1
	8	国家广电总局电影频道	6	2.4	57.5

续表

年份	排名	单位名称	广告额	市场份额	CR$_n$
2004	1	中央电视台	80.027	27.5	27.5
	2	上海文广集团	25.2	8.6	36.1
	3	北京电视台	15.4	5.3	41.4
	4	广东南方电视台	13	4.5	45.9
	5	国家广电总局电影频道	7	2.4	48.3
	6	上海东方电视台	6.75	2.3	50.6
	7	安徽电视台	6.6	2.3	52.9
	8	江苏电视台	6.5997	2.3	55.2
2005	1	中央电视台	86	24.2	24.2
	2	上海文广集团	30.55	8.6	32.8
	3	北京电视台	16	4.5	37.3
	4	广东南方电视台	16	4.5	41.8
	5	浙江电视台	12.1	3.4	45.2
	6	江苏电视台	11.371	3.2	48.4
	7	湖南电视台	10.7	3	51.4
	8	国家广电总局电影频道	7.2	2	53.4

资料来源：中国广告协会每年发布的《媒介单位广告营业额前100排序》。

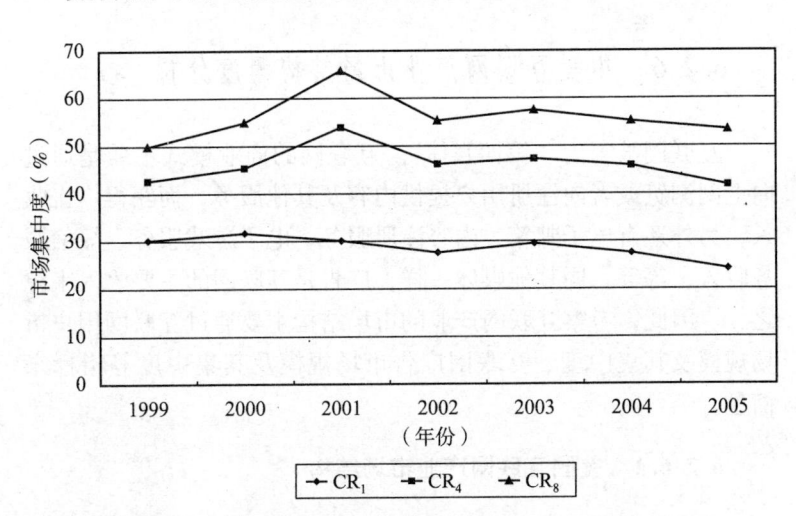

图 6-24 1999~2005 年我国电视广告市场集中度变化趋势

6.2.5.3 中美电视产业市场结构实证分析的结论

依据表 6-20～表 6-21、图 6-21～图 6-24 和前述分析，可以得出以下结论：

1. 从电视产业市场结构的性质看，无论美国，还是中国，都应属于寡占型市场结构。但是近几年电视产业市场集中度呈现缓慢下降的趋势。

2. 从全国电视市场看，我国中央电视台一枝独秀，虽然近几年其份额一直在减少，但仍没有哪一家电视台可与之抗衡，垄断性质明显高于美国。而美国已经形成了寡头竞争型市场结构。

3. 从地方电视市场看，我国城市电视市场竞争激烈，而美国虽然地方电视市场集中度在降低，但仍属于寡占Ⅲ型市场结构。

4. 从电视市场广告增长率看，2004 年美国电视广告市场的拐点已经形成，广告增长速度呈现缓慢下降的趋势；而我国电视广告仍处于加速增长的通道，市场增长空间还很大。

6.2.6 中美互联网产业市场结构测度分析

互联网被誉为"第四媒体"。互联网的商业模式主要是通过向上网浏览或者向注册用户提供内容及其他服务，而获得广告收入，另外还有电子邮箱、内容注册服务、电子游戏服务、短信服务收入，等等。同其他媒体一样，广告是互联网的主要收入来源之一。因此，考察互联网产业的市场结构主要通过互联网用户市场规模及其集中度、互联网广告市场规模及其集中度等指标来衡量。

6.2.6.1 美国互联网产业市场结构

美国是世界上互联网普及率最高的国家之一，据美国人口普查局（Census Bureau）目前公布的最新报告显示，2003 年美国家庭在本地使用互联网的比例已经达到55%，比1997年使用互联网的比例增长了两倍多。从互联网的受众分析，美国互联网媒体的市场结构属于寡占型。以2005年新闻网站为例，美国20家新闻网站的注册用户达到2.131亿。Yahoo News排名第一，拥有0.241亿用户，占有11.31%的份额；排名前4位的市场份额CR_4为40.2%；排名前8位的市场份额CR_4为61%（表6-22）。根据贝恩市场结构分类法，美国新闻网站用户市场属于寡占Ⅳ型市场结构。

表6-22　　　　2005年美国新闻网站市场集中度

排名	1	2	3	4	5	6	7	8
公司	Yahoo	MSNBC	CNN	AOL	Gannett	IBS	NYTimes	KRD
用户量	24.1	23.4	22	16.2	11.8	11.4	11	9.9
份额	11.31	10.98	10.32	7.6	5.54	5.35	5.16	4.65
CR_n	11.31	22.3	32.6	40.2	45.7	51.1	56.3	61

数据来源：Arbitron Radio Today. http://www.journalism.org

网络广告是互联网媒体的主要收入来源之一，根据美国网络广告局（Interactive Advertising Bureau）的统计数据（见图6-25），2005年美国网络广告收入超过125亿美元，创历史新高，是1998年19.2亿美元的6.5倍。从图中可以看出，1999年、2000年网络广告增长速度最快，分别达到了140.7%、80.87%；由于"9·11"事件的影响，2001年、2002年分别出现了11.8%、15.8%的负增长；2003年开始网络广告业开始复苏，增长率达到20.9%。从广告增长率的发展趋势看，目前网络广告仍处于发展增速通道。从广告形式来看，搜索广告仍然是收入最多的广告形式，google公司居于垄断地位。

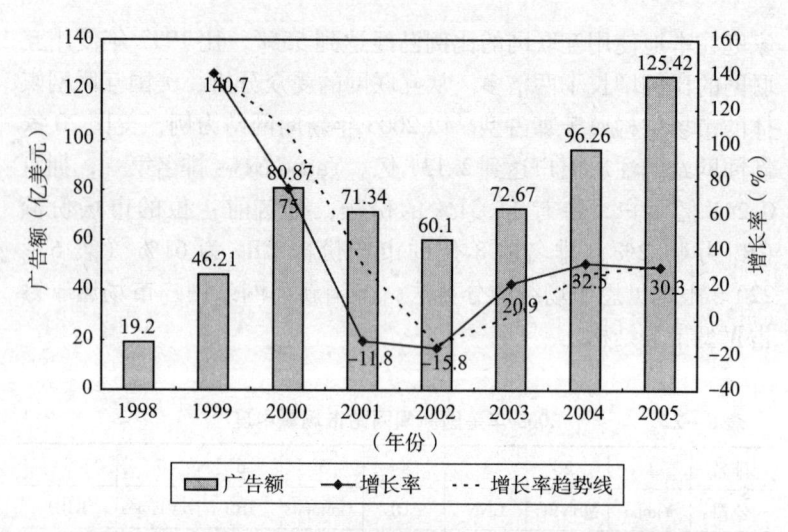

图 6-25 1998~2005 年美国互联网业广告经营额及其增长率

资料来源：Interactive Advertising Bureau. http://www.iab.net。

6.2.6.2 中国互联网产业市场结构

中国内地的互联网市场发展迅速，与传统媒体相比，有着巨大的潜力尚待挖掘。总体来说，在中国网络媒体的进入壁垒相对于传统媒体而言要宽松得多，主要限制在于商业网站没有自行采写新闻的权利，只能登载中国内地新闻机构制作的新闻。将互联网按照主体性质不同分为政府网站、企业网站、商业网站、教育科研网站、个人网站、其他公益性网站以及其他网站等。

根据中国互联网络信息中心（CNNIC）的统计，截止到 2006 年 6 月 30 日，中国的网民总人数为 1.23 亿人，与 2005 年同期相比增加了 2000 万人，增长率为 19.42%（如图 6-26 所示），同 1997 年 10 月第一次调查的 62 万网民人数相比，现在的网民人数已是当初的 198.4 倍。从网民人数增长率的变化趋势看，2006 年网民增长率略有回升，但 1.23 亿网民在中国 13 亿的总人口中仅占9.4%。这说明尽管中国的网民总数大，但互联网的普及程度目前还很低，未来的发展空间比较大。

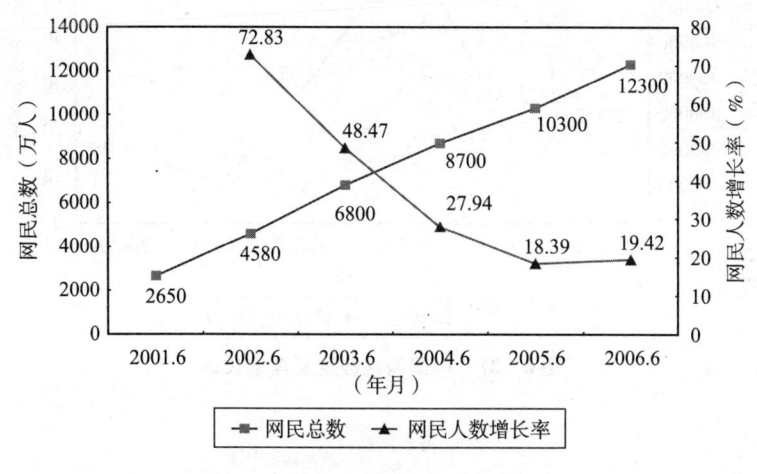

图6-26 中国网民总数及增长率

中国网站数量近几年也有大幅的增长。据中国互联网络信息中心（CNNIC）的统计截止到2006年6月30日，中国网站数为78.84万个，与2005年同期相比增加11.09万个，增长率为16.4%（如图6-27所示）。在这些网站中，企业网站所占的比例最大，占网站总体的60.4%，其次为个人网站，占21.9%，第三是教育科研类网站，占5.1%，随后依次为政府网站占4.4%，其他公益性网站占3.8%，商业网站占3.5%，其他网站占0.9%（如图6-28所示）。从网站数的地域分布可以看出，华北、华东、华南的网站数比例占86.0%，占据主要地位；东北、西南、西北网站数所占的比例为11.5%，这说明中国互联网发展水平区域差距较大。

随着网民数量的不断增长，网络环境的日渐成熟，网络广告对广告市场的影响力逐年递增，我国互联网广告额急剧增长。根据艾瑞市场咨询公司的调研数据显示（如图6-29所示）：2005年

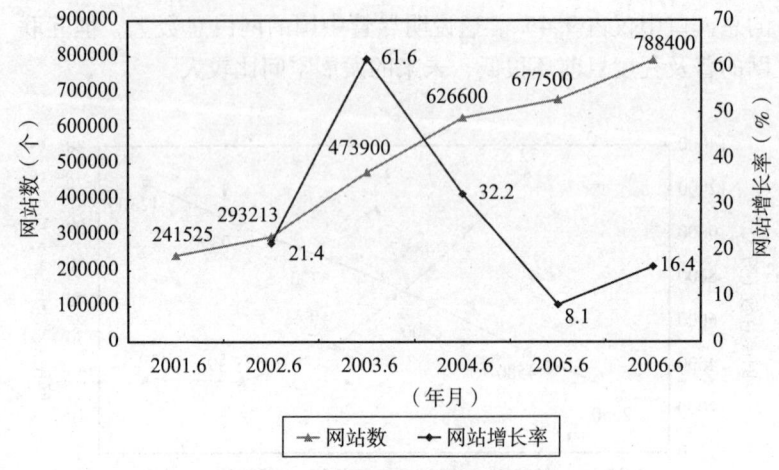

图 6-27 中国网站数量及其增长率

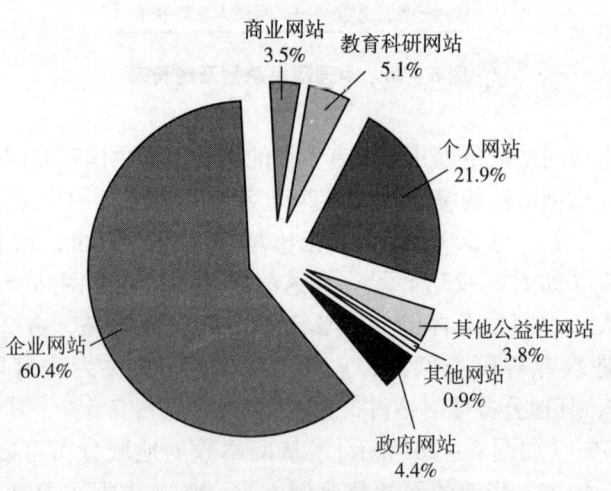

图 6-28 不同性质类型网站分布

我国互联网广告市场已经从 2001 年的 4.1 亿元增长到 31.3 亿元，年均增长率达 70%。近 5 年中，2003 年我国互联网广告增长最快，增长率为 110.2%；2004 年、2005 年增速放缓，但仍维持较高的增长速度，增长率分别为 71.8%、76.8%。

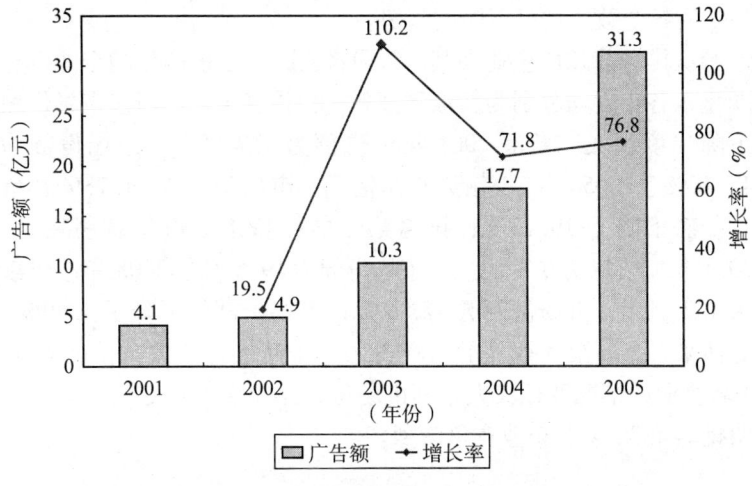

图 6-29 2001~2005 年我国互联网业广告经营额及其增长率

为了研究我国互联网广告市场的市场结构，笔者收集了 2001 年至 2005 年间，我国互联网业前 4 名的广告经营收入情况，分别计算出了这些年度的我国互联网业广告市场集中度（CR_n）（见表 6-23），并根据表中数据制作了市场集中度变化趋势图（见图 6-30），通过图表分析可知：

从 CR_n 的数值看，从 2001~2005 年，排名第一的网站市场份额（CR_1）逐年下滑，2001 年为 41.46%，2005 年降至 21.73%，2003 年和 2005 年下降幅度最大；排名前两位的企业市场集中度（CR_2）2002 年最高为 63.27%，2005 年最低为 36.75%；排名前 3 位的企业市场集中度（CR_3）2002 年最高为 70.41%，2005 年最低为 44.74%；排名前 4 位的企业市场集中度（CR_4）2002 年最高为 76.53%，2005 年最低为 48.57%。根据 CR_4 数值和贝恩市场结构分类法，2002 年市场集中度最高，接近寡占Ⅱ型市场结构；其次为 2001 年、2003 年、2004 年，接近寡占Ⅲ型市场结构；2005 年市场集中度最低，为接近寡占Ⅳ型市场结构。从 CR_n 的变化趋势看（见图 6-30），2002 年后

CR_n 的各个数值均呈下降的趋势。

从排名前几位企业和其广告份额看，排名前两位的企业没有变化，各年度均分别为新浪和搜狐，但排名第一的新浪市场份额下降幅度很大。新浪 2001 年广告额为 1.7 亿元，市场份额为 41.46%，2005 年广告额为 6.8 亿元，市场份额为 21.73%，市场份额下降了 19.73%；排名第二的搜狐市场份额震荡变化，2001 年广告额为 0.8 亿元，市场份额为 19.51%，2005 年广告额为 4.7 亿元，市场份额为 15.02%，市场份额仅下降了 4.49%。总体来看，新浪和搜狐的市场份额越来越接近一致。排名第 3、4 名企业的情况变化较大，其市场份额比较接近且变化不大，说明排名第 3、4 名企业竞争激烈。

表 6-23 2001~2005 年中国互联网业广告市场结构　　单位：亿元、%

年份	排序	网站	广告额	市场份额	CR_n	市场结构
2001	1	新浪	1.7	41.46	41.46	寡占Ⅲ型
	2	搜狐	0.8	19.51	60.97	
	3	TOM 在线	0.24	5.85	66.82	
	4	网易	0.1	2.44	69.26	
2002	1	新浪	2	40.82	40.82	寡占Ⅱ型
	2	搜狐	1.1	22.45	63.27	
	3	TOM 在线	0.35	7.14	70.41	
	4	网易	0.3	6.12	76.53	
2003	1	新浪	3.4	33.01	33.01	寡占Ⅲ型
	2	搜狐	2	19.42	52.43	
	3	网易	0.8	7.77	60.2	
	4	TOM 在线	0.48	4.66	64.86	
2004	1	新浪	5.4	30.51	30.51	寡占Ⅲ型
	2	搜狐	3.8	21.47	51.98	
	3	网易	1.5	8.47	60.45	
	4	TOM 在线	0.63	3.56	64.01	
2005	1	新浪	6.8	21.73	21.73	占Ⅳ型
	2	搜狐	4.7	15.02	36.75	
	3	网易	2.5	7.99	44.74	
	4	腾讯	1.2	3.83	48.57	

资料来源：艾瑞市场咨询公司。http://www.iresearch.com.cn

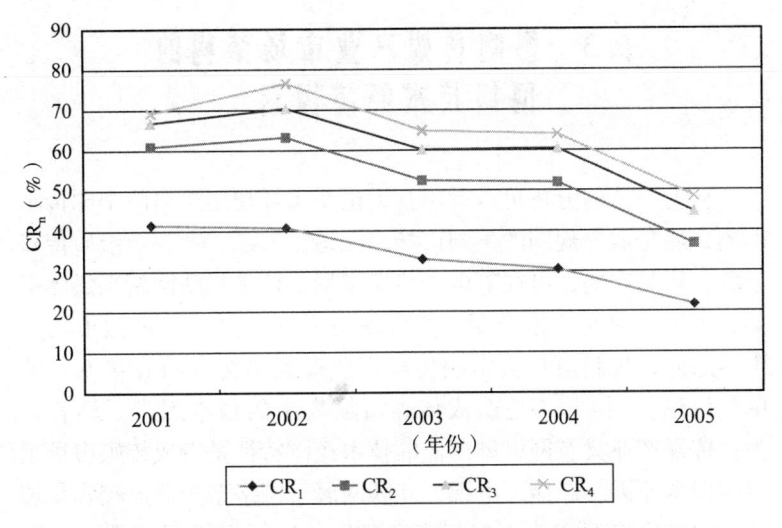

图 6-30　2001~2005 年我国互联网业市场集中度变化趋势

6.2.6.3　中美互联网产业市场结构实证分析的结论

依据表 6-22~表 6-23、图 6-25~图 6-30 和前述分析，可以得出以下结论：

1. 从互联网产业市场结构的性质看，无论美国，还是中国，都应属于寡占型市场结构。但是近几年由于中国互联网产业新进入者的增多和快速发展，市场集中度呈下降的趋势。

2. 虽然互联网广告在广告市场中的比重还很小，但是增长速度却很快，不久的将来，将超过期刊和广播广告市场。

3. 从互联网广告增长率看，目前美国和中国互联网广告都处于增长加速通道，上升的空间依然很大。

6.3 影响传媒产业市场结构的网络技术经济因素

从上一节的分析可以看出：无论是市场规制严格的中国传媒市场，还是放松规制的美国市场，无论是报纸、期刊等纸质传媒市场，还是广播、电视等电子传媒市场，还是互联网新兴媒体市场，市场集中度都相当高，均呈现为程度不同的寡占型市场结构。因此，规制虽然会影响传媒产业市场结构（将在第6.4节单独讨论），但并不是造成传媒市场集中的根本因素。笔者认为：传媒产业具有网络型产业的技术经济特征是造成传媒市场集中的根本原因。广播、电视、互联网属于网络型产业比较容易理解，但是网络型产业不仅仅指互联网、广播电视网等有形的网络，还有无形的网络。传媒产品的本质是信息内容产品和受众网络服务产品（传媒广告的本质是利用传媒受众网络为广告客户和受众进行匹配，提供交易信息中介），对广告客户而言，报纸、期刊广告的价值取决于由其受众组成的这一无形网络规模的大小，因此，报纸、期刊也属于网络型产业。既然传媒产业具有网络型产业的技术经济特征，我们就可以从信息产品和网络产品的特性出发，运用网络产业经济学的有关原理来分析传媒市场集中的成因。下面从传媒产品的网络的外部性和正反馈效应、成本结构特征、经验品特性等内部因素解析传媒市场结构。

6.3.1 网络外部性和正反馈效应

传媒产品的本质是信息内容产品和受众网络服务产品。一般而言，网络由多个结点和联系结点的连接构成，自身形成一个网状配置系统，网络功能的体现和发挥需要多个网络成分共同参与，因此，网络成分之间是相互补充的。网络可分为单项网络和双向网络，不同的网络特点对理解网络系统的外部性非常重要。① 单向网络中，某些非中心结点与其他结点存在差别，有意义的交易只能够向一个方向进行，相同类别的结点之间进行交易没有意义。广播、电视、报纸、期刊、新闻网站等传统传媒属于单向网络系统。双向网络中，交易可以向任何方向进行，即交易可以在任何非中心结点开始，在任何非中心结点终结。互联网的论坛、博客、播客属于双向网络系统。

一般情况下，网络具有正的外部性，即每个用户连接到网络的价值取决于连接到该网络的其他用户的数量，或者说接到一个较大的网络要优于接到一个较小的网络，也就是某个网络的参与者越多，这个网络的价值就越高。网络的正外部性也被称为需求方规模经济，也有的学者称其为网络经济。由此不难理解，在极端情况下，网络正外部性可以导致"赢家通吃"的市场，即单个企业、技术或标准可以击败所有的对手。可见，网络正外部性具有对网络经济起支配作用的梅特卡夫法则的本质特征（植草益，1992；夏皮罗和瓦里安，2000）。② 产生网络正外部性的关键原因是网络各组成成分之间的互补性。网络外部性可划分为直接网络外部性和间接网络外部性。双向网络的外部性是一种直接的网络外部性，只要这个双向网络有容纳额外交易的足够能力（即新来者没有对原有网络成员造成明显的拥挤或干扰成本），或者以小于或等于提供原有成员服务的平均边际成本来增加足够的能力，新成员的增加对原有成员而言网络的价值就是增加的。单向网络的外部性以一种较为间接的方式通过开发未被利用的

---

① 关于单向网络与双向网络的外部性问题，罗仲伟作了详尽的分析，参见罗仲伟. 网络特性与网络产业公共政策. 中国工业经济，2000（10）。
② 所谓梅特卡夫法则，是指网络的价值与其用户的平方成正比。植草益（1992）以 n 表示一个网络的用户数量，以 S 表示线路的连接数量，则 $s = n \times (n-1)/2$，随着 n 的增加，S 以几何速度增长；夏皮罗和瓦里安（2000）以 n 表示用户的数量，认为该网络对每个用户的价值与网络中其他人的数量成正比，这样该网络对所有人的总价值与 $n \times (n-1)$ 成正比。虽然植草益与夏皮罗和瓦里安的数学公式表达式有所不同，但含义相同。

规模经济而产生。在存在间接网络外部性的市场上,消费者使用一种产品的价值取决于与该产品互补的产品数量和质量。如广告客户选择媒体发布广告时,会考虑传媒的受众群体的特性和数量。

上述两种网络外部性都会极大地巩固传媒领先者的垄断地位。在博客、播客等双向网络中,对于已拥有了一定的用户基数传媒领先者,消费者如果使用该机构的传媒产品,获得的效用明显大于购买一个用户基数接近于零的新传媒产品,因此消费者往往选择领先的传媒产品。在报纸、期刊、广播、电视等单向网络中,开发未被利用的规模经济有两种可能的途径:第一种可能途径正好涉及直接存在着的规模经济。例如,一个新的有线电视用户、一个新的报刊读者,如果存在未被利用的规模经济,那么新来者的加入就会减少网络中其他成员的服务成本。第二种可能的途径涉及规模经济和多样化价值。因为一个传媒机构的受众基数越大,获得收益和信息量也越多,将会为现有受众提供更多的互补性产品和服务,同时促使相对或绝对价格的降低。另外,传媒的内容产品和广告产品是一种互补型产品,传媒的受众基数越大,对广告客户产生的价值越大。

综上所述,拥有较大受众基数的传媒机构就会拥有越来越多的用户,这就是网络外部性产生的"正反馈效应"(即强者更强,弱者更弱)。这种正反馈效应巩固了市场领先者的垄断地位,导致传媒市场呈现为寡占型市场结构。传媒广告的本质是匹配受众和广告客户双方,促进交易的进行。为进行这种匹配活动,传媒机构需要建立潜在的受众网络。网络越大,广告客户的选择范围越广,通过广告找到交易对象的可能性越高。因此,对广告客户而言,网络规模大的传媒机构提供的服务要比网络规模小的传媒机构提供的服务更有价值。由于这种网络效应,广告服务并不是一种同质产品,传媒机构可以通过调整网络规模实现纵向差异化。① 与 Shaked 等人提出的纵向差异化会导致集中而横向差异化会导致分散的观点相同,② 建立受众网络需要耗费巨大成本,传媒广告市场的纵向差异化,会导致市场结构随着市场规模的增长趋向寡头垄断。

6.3.2 传媒产品的成本结构特征

传媒产品属于信息产品,是一种固定成本很高,而边际成本接近于零的产品。这里所说的边际成本,是指增加一个消费者对供给者带来的边际成本,并非微观经济学中经常分析的产量增加导致的边际成本。传媒产品的成本结构分为创作成本、传播成本、生产成本三部分,这里创作成本和传播成本大部分为固定成本,并且这两部分中有很大一部分是沉淀成本(Sunk Cost),即如果停止生产就无法挽回的成本,也就是说开发传媒产品要投入高额的创作成本和传播成本。以电视台为例,电视节目的创作成本和传输成本是主要成本,增加一个广告客户的成本几乎接近于零。传媒产品的这种边际成本近于零且始终不会随着经济规模的扩张而上升的特征就意味着一种几乎没有限制的规模经济,因而产生了先进入者垄断市场的可能性。在这种情况下,一旦先进入者面临着潜在竞争者,它就完全可以凭借其成本优势(以极低的边际成本对抗新进入者高昂的前期投入成本)以大幅降价的方式抢占市场份额。这种仅靠成本和价格的竞争是极其残酷的,新进入者往往因为无法收回成本而退出,而市场主导者的利润空间也是极为有限的。在这里,沉淀成本充当了产业的进入门槛,

---

① 产品差异化策略可分为纵向差异化与横向差异化。纵向差异化是指产品的技术提升和质量的提高;横向差异化是开发具有新的功能、风格以及与其他产业技术融合的产品。

② Shaked, A., Sutton, J. Natural Oligopolies. Econometric, 1983 (51): 1469 – 1483.

Shaked, A., Sutton, J. Relaxing price competition through product differentiation. Review of Economic Studies, 1982 (44): 3 – 13.

一旦把价格降到使沉淀成本无法收回的水平上,新进入者就只能望洋兴叹了。

6.3.3 传媒产品的体验品（Experience Goods）特性

所谓"体验品"是指只有消费了该商品之后才能评价商品的价值。相对于"体验品"，有些商品的价值消费者在购买前就能知道，即所谓"搜寻品（Search Goods）"；也有些商品的价值即使消费以后仍无法评价，即"信任品（Credit Goods）"。传媒产品是典型的体验品，其价值只有在使用后才能评价出来。这一性质无疑给传媒机构出了一道难题。从报刊发行方面讲，假如读者不了解该报刊的内容和价值就不会购买，而一旦了解其内容后也就不必购买了。解决这一难题最一般性的做法是通过一定的途径把"适量"信息免费提供给顾客，如通过目录、固定的栏目、引人的标题等，以激发受众的欲望。广告市场也是如此，客户不发布广告就不知道广告的效果，解决的办法通常是向客户解释传媒的定位、受众的特性和数量，但由于存在信息不对称，很难说服广告客户。因此，无论发行还是广告，要想让客户持续购买，最好的办法是靠产品及传媒机构的品牌和声誉，良好的声誉将会使客户对产品价值产生比较高的预期，从而愿出高价购买。但品牌和声誉是建立在该传媒机构以往产品质量基础上的，客户通过"重复购买"形成和强化对该品牌的信任。因此，较早进入的传媒垄断者因为成功地占领了显著的市场份额而成为市场主导，其品牌往往具有较高的美誉度和知名度，这为其推出新产品奠定了良好的市场基础。传媒产品这一体验品特性进一步保护了领先者的市场地位。

从以上三点可以看出：在传媒市场上，一个传媒机构一旦在初始阶段领先，就会产生连锁效应使其在以后的各个环节都占有优势，可谓"一步领先，步步超前"，从而成为市场的垄断者。但这是不是说传媒产品市场就会变成完全垄断而没有竞争了呢？

不是的。正因为领先者在传媒产品市场上所获得的丰厚利润,诱使了其他竞争者想尽一切办法进入该市场。而成功进入最有效的办法就是差别化战略,瞄准有不同需求的细分市场,创造一种近似替代品极少的产品,从而逐步占领市场以期与垄断者抗衡。因此各个传媒都在为"差别化"而殚精竭虑,不但要研究自己与竞争对手的产品差别,而且要研究消费者差别,这种差别往往就是传媒机构生存与发展的秘诀。这种为取得优势地位而进行的竞争提高了传媒市场的社会福利。由于以上的种种原因,传媒市场将是一个既有垄断又有差别产品的市场,各传媒机构之间是竞争与分工共存。所以,传媒市场虽然呈现高集中度的市场结构,但是市场竞争已然存在,并且表现为超竞争①的市场态势。因此,不能把传统的市场集中度指标用来衡量传媒市场的竞争程度。

6.4 政府规制对传媒产业市场结构的影响

对一个产业的市场结构进行规制的根本目的是,通过控制市场中企业的数量,达到资源有效配置,防止垄断造成不良经济后果。通常的方法是使用进入规制,直接影响市场结构。本节主要分析对传媒产业市场结构进行规制的原则和方法以及放松规制对市场结构的影响、不对称规制对市场结构的改善。

6.4.1 对传媒产业市场结构规制的原则和方法

6.4.1.1 对传媒产业市场结构规制的原则

在现实中,确实存在对传媒经济活动进行规制的必要性,但

---

① 信息产品具有超竞争的特征。信息产品更新换代快,通常是上一代产品还没有完全标准化的时候已经有下一代或替代产品出现,产品的生命周期不再有阶段性的特征或各个阶段之间的分界线变得模糊不清。

是政府参与规制传媒经济活动也必然会产生一定的副作用，尤其是对具有意识形态属性的传媒产业进行规制时，规制经济学理论中的规制方式无法直接应用于传媒产业的规制结构，为此，对传媒产业市场结构进行规制应遵循以下原则：

1. 避免无序竞争、确保产业安全原则。竞争虽然能带来效益，但是无序竞争必然带来资源浪费和低水平的重复建设，加剧市场结构不合理，对传媒产业安全和发展极为不利。因此，对传媒市场结构的规制应符合建立良好的市场环境和竞争秩序需要。

2. 降低进入和退出壁垒原则。传统的产业规制政策以公共利益理论为基础，不仅对进入实行限制，而且也不允许受规制的亏损企业退出。限制进入或退出将妨碍可竞争性，最终损害市场绩效。可竞争性理论分析表明，禁止退出会鼓励交叉补贴，直接对被规制者提供补贴比禁止退出更有利于提高效率，因此，为促进市场的可竞争性，不仅要降低进入壁垒，而且也要允许自由退出。

3. 尽可能降低沉没成本不利影响的原则。沉没成本是市场进入和退出的主要障碍，因此，要提高市场的可竞争性，就要设法制定政策消除沉没成本的不利影响。例如，可以考虑将沉没成本较大的有线电视传输网络与沉没成本较小的节目制作部分开运营。

4. 对在位企业和新进入者的规制应遵循非对等原则。在位厂商比潜在的进入者有先占优势，潜在进入者和在位企业的地位事实上是不平等的。这种不平等将严重损害潜在的竞争性，应该通过对在位企业和进入者实行不对等规制加以抵消，抑制在位厂商对进入者的价格反应，保持市场的可竞争性。

6.4.1.2 对传媒产业市场结构规制的方法

政府对传媒产业市场结构进行规制的方法是实施进入规制和产权规制，传媒产业的进入规制主要是通过实行进入许可制度来实现的。进入许可制度一般可分为如下几种类型：

一是独占许可。即在一个可定义的市场上（传媒内容和受众具有较强替代性的市场空间）只允许一家媒体存在，传媒市场上基本没有竞争。这种规制的目的是对市场进行严格分割，形成垄断型的市场结构。

二是严格限制的少数进入许可。即在一个可定义市场上允许最多有 2~3 家媒体存在。在这样的进入许可制度下，一个大市场中各细分市场界限分明，进入壁垒很高，通常会形成寡头型的市场结构，产品承受竞争市场的压力比独占许可要高。

三是一般性限制的多家进入许可。即一个可定义市场中允许有多家媒体存在。在这样的进入许可制度下，市场中各细分市场界限不是很明确，细分市场交叉重叠，市场竞争激烈，进入壁垒不是很高，会形成一种寡头企业和中小企业并存的市场结构。

四是放松进入规制的审批进入许可。即只要符合条件就可以被批准进入，实行审批的主要目的是为了防止过度进入，导致过度竞争，在这样的进入许可规制下，传媒市场进入限制不强，基本上可以自由进入，会形成垄断竞争型市场结构。

五是登记进入制度。即没有许可限制，也完全没有数量限制，不需审批，只要登记就可进入。在这样的进入许可规制制度下，没有政府力量的进入限制，完全自由竞争，传媒之间的竞争压力非常大，激烈的竞争趋向产生垄断。

对传媒市场结构进行规制的另一方法是产权规制，产权规制一般通过对主办单位的性质和资本投入的大小和比重限制的方法来实现。我国对媒体的产权有严格的规制政策，制定了严格的主办单位和主管单位制度，要求主管单位的行政级别是：中央是部级以上，省是厅级以上，地市是县级以上。美国对主办单位要求主要是限制外国人的传媒所有权。对媒体产权规制的另一个方面是对资本投入和比重的限制。我国将媒体分为公益性传媒事业和经营性传媒产业。对于经营性传媒产业虽然可以吸收社会资本但要求国家绝对控股。美国在媒体的所有权以及交叉所有权方面也有严格的规定。

6.4.2 放松规制引发传媒产业市场集中度提高

世界上多数国家对传媒产业实行了进入规制,尤其是广播电视领域,产权限制较多。以美国为例,为了避免兼并可能导致市场的垄断,1890年美国国会就通过了第一部反垄断的法律——谢尔曼法,并在后来相继制定几部反垄断法律来限制过度的企业兼并行为。这一思想同样也体现在对传媒产业的管理上。美国在1934年制定的通讯法案规定,无线电视台不能拥有地方有线电视,一个传媒公司最多只能拥有1家电视台、2家AM电台和2家FM电台,一家公司的数个电视台在同一市场的观众数不能超过这一市场观众总数的25%等等。这一基本原则一直沿用到20世纪90年代初。

20世纪80年代以来,随着经济全球化的发展,出现了放松规制的趋势。作为美国电信业管理机构的联邦通讯委员会(FCC)在价值取向上也随之发生了方向性的变化,从过去的规制走向开放,1996年美国国会通过了电信法案。与1934年的法案相比,1996年的电信法案取消了同一公司拥有电台和电视台的最高数量限定;将一个传媒公司电视台可以拥有的观众数目从过去的电视市场人口总数的25%提升到35%;经营者购买一家电台或电视台后可以立即再卖给另外的公司,而此前的法案要求购买者至少经营3年之后才能再次转手。1999年,FCC对于地方市场上一家公司所有权的限制进一步放宽,规定如果一个地方市场上有8家电视台,一家公司可以拥有其中的2家(其中一家不能是市场份额前4位的电视台);如果一家地方市场上有至少20家媒体(包括有线电视、报纸以及其他广播机构),一家公司可以拥有其中的2家电视台和6家广播电台。2003年6月,FCC进一步将单一公司可达到的全国电视家庭(TVHH)限制提高到45%(见表6-24)。

总之,新的法案大大便利传媒企业之间的兼并,同时也从法律上支持传媒产业进行跨行业兼并。1996年美国电信法案出台后最直接的影响便是加速推进了传媒产业所有权的大调整,在20世纪90年代初期已经取得了很大市场份额的大公司迅速购买兼并了大批的中小传媒企业,到90年代末,美国传媒产业为6家大公司一统天下。传媒产业兼并与被兼并的规模越来越大,2000年,美国最大的网络公司美国在线(America Online)和最大的传媒集团时代华纳(Time Warner)公司的合并更是创下了历史纪录,成为当时世界上资本总额最大的公司兼并案。

表6-24 美国电信法案所有权规制新旧规则比较

		旧规则	新规则
电视市场	全国	一个公司可以在全国范围内拥有12家电视台,在全国电视市场份额不能超过25%	对一个公司拥有的电视台没有数量限制,一家公司所能达到的全国电视家庭(TVHH)数量不能超过45%
	地方	一个公司在一个地方市场上只能拥有一家电视台	如果一个地方市场上有8家电视台,一家公司可以拥有其中的2家(其中一家不能是市场份额前4位的电视台);如果一家地方市场上有至少20家媒体(包括有线电视、报纸以及其他广播机构),一家公司可以拥有其中的2家电视台
广播市场	全国	一个公司可以拥有20家AM和20家FM电台	没有任何数量限制
	地方	一个公司不能在一个地方市场同时拥有2家AM和2家FM电台,拥有市场份额不能超过25%	如果某一市场上有超过45家电台,一家公司拥有电台数量不能超过8家(其中最多5家AM或FM) 如果33~44家电台,则不超过7家(其中最多5AM或5FM) 如果33~44家电台,则不超过7家(其中最多5AM或5FM) 如果15~29家电台,则不超过6家(其中最多3AM或3FM) 少于14家电台,不超过5家(其中最多3家AM或FM) 如果FCC裁定某一市场的电台数据增加,以上的数量限制可以免除

资料来源:Federal Communication Commission. http//www.fcc.gov。

放松规制导致了传媒企业兼并增加，传媒产业市场集中度急剧上升，损害了传媒多样性，引起了众多学者的关注，许多学者测度了规制对市场结构的影响。美国哥伦比亚商学院的教授诺曼（Eli M. Noam, 2004）分析了地方广播、地方报纸、地方电视等地方大众传媒 1984 年到 2002 年的 19 年数据，其研究结果显示美国地方传媒市场也呈现越来越集中趋势：①

1. 地方广播的市场集中度明显上升。赫菲德尔—赫希曼指数 HHI 由 1984 年的 939 上升为 2400；头号公司的市场份额（CR_1）由 20% 上升为 35%；头 4 家公司的市场份额（CR_4）由 53% 上升为 84%。

2. 地方报纸市场集中度也有所上升，并且在 5 种地方大众传媒中市场集中度最高。头号公司的市场份额（CR_1）由 80% 上升为 83%，但是二号公司的市场份额有所下降；赫菲德尔—赫希曼指数 HHI 由 7219 上升为 7621。

3. 地方电视的市场集中度呈下降趋势。赫菲德尔—赫希曼指数 HHI 由 2460 下降为 1714；头 4 家公司的市场份额（CR_4）由 90% 下降为 73%。但诺曼认为，这主要是由于许多政治家担心电视集中会影响他们竞争，所以竭力主张严格控制兼并的结果。

美国北得萨斯大学教授艾尔布兰（Alan B. Albarran, 2004）教授的研究从美国全国传媒市场角度研究了市场结构的变化情况，收入最多的头 4 家公司的份额（CR_4）和头 8 家公司的份额（CR_8）分别由 1995 年的 25%、40% 上升到 2001 年的 49% 和 66%。②

传媒产业放松规制后，不仅传媒企业间的购并活动明显增加，而且传媒产业的战略竞争重点由"规模经济"转为"多样

---

① Eli M. Noam, Local Media Concentration in America, http://www.cem.ulaval.ca/6thwmec.

② Alan B. Albarran and Bozena I. Mierzejewska, Media Concentration in the U.S. and European Union: A Comparative Analysis, http://www.cem.ulaval.ca/6thwmec.

性经济",巨型传媒公司纷纷展开横向购并,进一步提高了传媒市场集中度。传媒集中的趋势同样发生在放松规制的欧洲国家,艾尔布兰教授认为欧洲的传媒市场集中的趋势同样不可小视,以报纸为例,头3家公司的发行量份额(CR$_3$)都相当高:荷兰为88%、瑞典为85%、瑞士为71%、爱尔兰为66%、英国为60%、西班牙为53%、芬兰为46%、意大利为43%、法国为41%、德国为35%。[1]

6.4.3 不对称规制改善了传媒产业市场结构

政府对传媒市场结构直接规制的好处是快速实现目标市场结构,缺点是这样的市场结构是由政府实施的,实施成本巨大,一旦出现失误损失会很大,同时也不能作为经常性的行为。不对称规制则是政府借助企业的行为对市场结构进行调整和改善,相对而言是一种温和的调节方式,而且规制政策的调整要比行政性分拆容易得多,成本也要小得多,便于随时修正。针对传媒市场结构的不对称规制通常有三种方式:

一是针对在位传媒企业和新进入传媒企业实施的不对称规制。不对称规制的实质是在从打破垄断到形成充分竞争的过渡时期,鉴于存在诸多的在位者优势,潜在进入者和在位企业的地位事实上是不平等的,这种不平等将严重损害潜在竞争的作用,应该通过对在位企业和进入者实行不对等规制加以抵消,以便塑造竞争性的市场结构。这种不对称规制有多种形式,可以对在位企业实行比新进入企业更严格的规制,也可以给予新进入企业补贴、税收优惠等措施,或者通过价格规制,允许新进入企业以更低、更灵活的定价方式吸引客户。

二是针对不同性质的传媒机构实施的不对称规制。在市场经

---

[1] Eli M. Noam, Local Media Concentration in America, http://www.cem.ulaval.ca/6thwmec.

济条件下传媒分为公益性质的传媒和经营性质的传媒两种，对二者实施不同的规制制度，既可以利用市场配置资源的效率优势，又可以弥补市场失灵的制度缺陷。例如，我国传媒体制改革的总体思路是：根据传媒性质不同分为传媒事业和传媒产业，二者区别对待。对经营性传媒产业转企改制，完善法人治理结构，建立规范的现代企业制度，有条件的要进行产权制度改革，实行投资主体多元化；对党报、党刊等传媒事业单位，引入竞争机制，实行新的事业体制，加大扶持力度，充分发挥其喉舌功能和宣传作用。

三是针对传媒产业价值链不同环节的企业实施的不对称规制。在传媒产业价值链不同环节的性质不同，应区别对待。例如，在党报的编辑环节和经营环节，实行宣传与经营两分开，把广告、印刷、发行环节转制为企业，面向市场，搞好经营，为壮大主业服务。又如，电视传播服务建立在自然垄断的基础设施网络（包括无线、有线、卫星和电信的移动网络）之上，涉及基础设施的规制通常存在拥有基础设施的上游企业参与下游市场竞争的问题（卡布罗，2002），因为上游企业可能会将其垄断势力延伸至下游，在下游市场创造同样的垄断势力，导致消费者付出更高的价格（或更多的时间），却只有更少的节目可以选择，由此降低了消费者福利。为了引入竞争机制，可以在电视产业的非自然垄断环节放松规制，实施结构分离——网台分离和制播分离，把提供"瓶颈"服务的网络运营商和上游的垄断播出企业分离开来，把电视播出企业的制作和播出功能分离开来，在下游引入竞争性的节目供应市场，实行不对称的规制约束。

6.5 产业融合对传媒产业市场结构的作用

市场结构长期而言是动态变化的，但短期可能相对静止在某一水平，因此，对市场结构的考察与判断，需要兼具动态与静态两种思维方式。传统的产业经济理论认为影响市场结构的因素很多，如政府政策、规模经济、产品差别化、进入和退出壁垒等产业的主客观因素。而在信息化进程中出现的产业融合，不仅仅是产业层面的技术、业务边界等方面的重大变动，同时本身也内涵着产业组织中市场结构、行为、绩效等方面的重大变动，这必将给传统的产业组织理论带来了冲击。产业融合最早发生在传媒领域，并且传媒领域的产业融合也最深入和彻底，产业融合必将影响未来的传媒产业市场结构。产业融合对传媒产业市场结构的影响主要体现在以下几个方面。

6.5.1 打破了传媒产业各子产业间的分立，改变了产业竞争格局

传统的报纸、期刊、广播和电视虽然都是从事信息服务的部门，各子产业间信息服务内容尽管存在个别交叉情况，但是总体上每种内容分别使用不同的传送平台和接受终端。因此在其产业架构中，可以明显看到所存在的技术边界、业务边界、运作边界和市场边界等产业边界特征，使各子产业间处于"分立"状态。在信息化进程中，随着互联网的出现和信息技术发展，不仅互联网可以传送包含了报纸、期刊、广播和电视等所有形式的内容，突破了传送平台的专用性，而且使用的接受终端也日趋统一，个人电脑、手机、电视可以接受各类信息。从而使各子产业市场边界发生变化，行业界限不断淡化。使报纸和期刊、广播和电视原具有替代性的产品替代性进一步增强，报刊和广播电视原不具有替代性的产品转变为可替代性产品，打破了传媒产业各子产业间的分立，导致了市场结构的变化。

传统产业组织理论是用产品的替代性或互补性来定义和界定市场的，产品替代性的变化意味着市场的变化和市场边界的游移，使得市场界限出现相互交叉或模糊化。市场边界的移动直接导致了市场结构的变化（周振华，2003）。产业融合通过突破产

业之间的边界，实现产业、企业之间新的联系，从而促进了更大范围的竞争；同时，改变了原有产业的垄断与竞争的关系，使产业竞争格局发生重大变化。对于传媒产业各子产业而言，各子产业间要实现融合，首先必须打破垄断，放松规制，允许其他产业的企业进入，从而改变这些产业原有的垄断与竞争关系。一般而言，在产业融合前只有属于同一子产业内部间的企业之间才存在相互竞争关系，传媒产业各子产业之间的企业不存在竞争关系。一旦由于技术创新而发生产业融合，就会导致本产业与其他产业相互介入，本产业与其他产业的企业之间就处于相互竞争的状态之中，从而使传媒产业各子产业间原先非竞争关系转变为竞争和合作关系。而且，在此过程中还有大量来自其他产业（如电信产业）的新参与者进入，使竞争程度进一步加剧。在产业融合过程中，虽然产品替代性和融合程度增强，但是由于消费者的偏好不同、需求不同，引导着传媒企业有针对性地开发定制产品，产品差异化与产品融合相伴而生，由此也增强了产业的竞争效应。

6.5.2 强化了范围经济特性，弱化了规模经济效应

传统的传媒产业各子产业的信息资源存在高度依赖特定的信息载体，导致了各子产业间有其特定的传输网络和接受终端。比如报纸期刊业通过有形发行网、广播电视业通过地面传输、有线电视网和卫星传输网传送信息内容，广播电视分别使用收音机和电视机作为接受终端，传媒产业各子产业间的资产专用性很强。数字技术的使用大大减少了信息内容对载体的依赖性，实现了所有信息的标准存储，把文本、语音和视频等不同信息形式转化为同一的"比特"（即数字产品），从而使传媒产业的资产专用性减弱。从信息传输平台来看，光纤技术、卫星传输技术的应用使得基于数字化的传媒产品的传输平台得到了统一，传媒产品的信息流、商流（所有权的转移）、资金流和物流几乎都可以通过统

一的信息传输平台来实现。从信息接受终端来看，数字电视、IP电视以及智能手机等智能化的信息接收终端可以接收多种类型的信息资源，不仅有声音、文本和音乐，更有图片、游戏和视频。

产业融合在弱化传媒产业资产专用性的同时，也强化了传媒产业的范围经济特性。之所以存在范围经济性是因为生产经营活动存在着"可共享的投入（Shared Inputs）"或一定的"不可任意分割性（次可加性）"。传媒产业尤其是广播电视产业的生产成本主要沉淀于传输网络建设，如果用单个业务去分摊网络建设的成本，其成本相对较高，而在同一网络上开发多种业务，实现过去多个网络才能够实现的业务，就可以用多种业务去分摊网络建设的成本，从而使每种业务的成本大幅下降。这种范围经济带来的成本降低使传媒产业平均成本曲线和边际成本曲线向下移动。如电信网、互联网、有线电视网不断融合，使得各网只需附加相对较小的成本就可以相互进入对方的传统经营领域，这就极大地降低了市场进入成本和风险。同时，由于智能接受终端的出现，一种接受终端可以同时接受报刊文本、广播音频、电视视频等多种信息内容，这极大刺激着各子产业企业间的融合渗透。一个传媒企业既可以在互联网上从事广播电视业务，也可以通过互联网发行电子报刊，使越来越多的企业追求范围经济性。

产业融合的发展改变了传媒产业的生产成本函数，使其规模效应相对弱化。产业融合使传媒产业各子产业的传送平台和接受终端趋向同一。如创办报刊不用重新建立发行网络，可使用电视、手机等作为接受终端，省去了印刷环节；开办电台、电视台可以使用互联网传送。这一切都大大降低了传媒产业的沉没成本。传媒产业生产成本的下降使传媒企业不再单纯地依赖规模扩张，通过产业融合的推动，广泛地应用新技术成果，同样可以收到利润倍增的效果。同时，产业融合使传媒产品数字化，数字产品可以任意复制和再传播，这种可变性导致了数字产品的差异化和定制化，其程度远高于任何其他的实物产品。

6.5.3 传媒产业各子产业间从纵向结构转向新型融合结构

传媒产业融合之前,不同子产业间各自形成本身的价值链。虽然各子产业提供的都是内容产品,但是每种内容都分别与传送平台和接受终端对应,各子产业间利用技术屏障维护其纵向的产业结构。在电信、广播电视和报纸期刊三大产业融合过程中,不仅语音、视像与数据可以融合,而且通过统一的实现技术使不同形式的媒体彼此之间的互换性和互联性得到加强。这样,无论是文本、音频还是视频,都可以通过同一种接受终端和网络传送及显示,从而使广播、电视、报纸、期刊等信息内容融合为一种应用或服务方式。这样,原有传媒产业各子产业间的纵向一体化环节就转变为5个在很大程度上独立的水平的行业细分市场,形成了新型的融合产业结构,形成新的价值链,过去界限清晰的产业区分时期形成的传统价值链的合理性正在逐渐消失。但是这种新价值链的组成变得不像过去那样简单,往往是多个产业、多个产业的企业纵横交错地纠缠在一起,形成一个比过去更为复杂的循环系统如图6-31所示。在这一新型融合产业结构中,其融合产业价值链分别为:

内容:由媒体传送的产品或者服务,包括文字、电视节目、电台节目、电影、金融信息、货币、图像、网页、电子游戏、音乐、照片等。

信息传送载体:支持信息传输的物理基础设施,包括固定电话网络、地面和卫星设备、有线电视系统、局域网络、广播网络等。

包装:为消费者聚集或选择大量可用内容并创造成品的集成和呈现功能,包括内容配套和选择、添加综合服务和表达功能等。美国在线、时代华纳等都是内容包装商。

操作:为传播系统提供智能,包括网络和独立终端机上处理和储存用的硬件和软件。智能是指处理、储存和运用信息的能力，也包括那些使内容、传送和终端等环节得以互用（Interoperate）的联网协议和信息处理能力，还包括信息交换、路由选择、网上浏览软件、检索协议、信号压缩、网上检索器以及商业交易程序等。

终端设备：用于获取和显示信息的任何局部设备。包括电话听筒、电视机、个人电脑、电子记事簿、个人数字助理等。

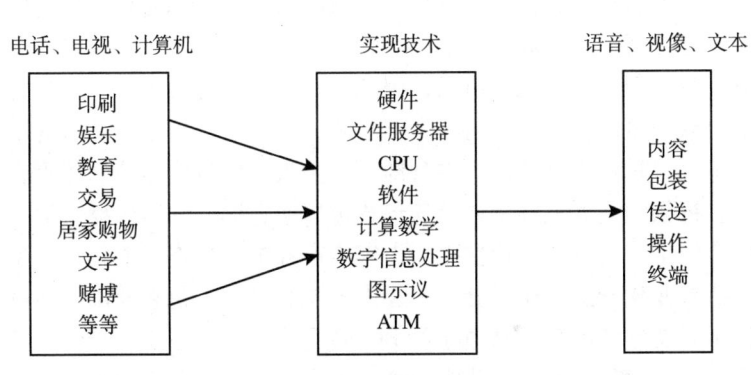

```
电话、电视、计算机              实现技术              语音、视像、文本

┌──────────┐            ┌──────────┐            ┌──────────┐
│  印刷    │            │  硬件    │            │  内容    │
│  娱乐    │            │文件服务器│            │  包装    │
│  教育    │ ─────────▶ │   CPU    │ ─────────▶ │  传送    │
│  交易    │            │  软件    │            │  操作    │
│居家购物  │            │ 计算数学 │            │  终端    │
│  文学    │            │数字信息处理│           │          │
│  赌博    │            │  图示议  │            │          │
│  等等    │            │   ATM    │            │          │
└──────────┘            └──────────┘            └──────────┘
```

图 6-31　传媒产业新型融合结构的形成过程

6.5.4　催生整合型企业，形成分层的市场结构

企业和产业边界的变化能够形成新的企业组织结构。在产业融合过程中，伴随着产业融合和企业之间竞争的加剧，必然会出现企业破产倒闭、企业合并和企业重组等现象加剧的局面。同时，产业融合也为企业提供了扩大规模、扩展事业范围、开发新产品和新服务的商机。通过这些过程，企业会演化出新的组织形式（植草益，2001）。与产业融合相适应的企业组织形式需要具有开放性、自组织、自适应和网络性等特点，能够适应产业和企业边界的动态变化。网络型企业组织结构是产业融合发展中催生

的一种新型的企业合作形态,在很大程度上能够成为产业融合得以拓展的重要微观组织基础。产业融合通过合并和重组推动了企业的组织形式和规模结构的变化,同时也催生了一大批多元化经营的传媒集团。如世界上最大的互联网服务公司美国在线与世界上最大的传媒公司时代华纳以技术融合和产业融合为基础成功实现了企业合并。

另一方面,在传媒产业这个大市场上,会细分为几个小市场,内容、包装、传送、操作、终端几大系统都同时作为独立的市场存在。在一些分市场上,存在数量众多的企业,而且多数企业会横跨两个以上的分市场,因此,每个分市场的竞争较之融合前要激烈得多。例如在内容生产环节,产业融合后内容环节的变化不大,每种类型的内容本身即可产生最小的范围经济。尽管音频、视频和文本三种基本信息形式可以通过同一网络传播,但是内容的生产仍可以保持独立。内容生产环节本身将根据内容类型保持专业化分工和相对分割。在内容包装环节,包装商试图通过将不同类型的内容(从电子报刊、电影到购物、信息以及广告)捆绑为单一包装而获得范围经济。未来的包装环节将分为垄断和分散竞争两个极端。如果某一包装商能够控制销售渠道并能设定垄断性标准则有望成为市场上的垄断供应商。与此同时,该环节也存在许多分散的分销包装商,每家分销商通过互联网直接为客户提供服务。

综合上述分析可以看出,未来的传媒市场将是寡头型市场结构与竞争型市场结构并存,传媒市场被分层化。寡头型市场中的企业,依靠其掌握网络资源优势和行业领导力,享有强范围经济性,开展全方位业务。在竞争型市场中,数量众多的企业或是专注于某一项服务,或是提供两项以上的集成性服务,在激烈的竞争中,创造出自己的竞争优势。因此,无论是对寡头型企业还是竞争型企业,产业融合对传媒企业的竞争力都提出了更高要求。

本 章 小 结

本章重点对传媒产业的市场结构进行了实证分析，通过对美国和中国五大传媒产业市场结构的测度得出了如下结论：无论是市场规制严格的中国传媒市场，还是放松规制的美国市场，无论是报纸、期刊等纸质传媒市场，还是广播、电视等电子传媒市场，还是互联网新媒体市场，市场集中度都相当高，均呈现为程度不同的寡占型市场结构。在实证分析中，还比较了中国和美国传媒产业中报纸、期刊、广播、电视、互联网等子产业之间的结构以及五大子产业的市场结构，得出了一些对中国传媒产业发展有参考价值的结论。

本书认为：规制虽然会影响传媒产业市场结构，但并不是造成传媒市场集中的根本因素，规制只属于影响传媒市场结构的外部因素。传媒产业具有网络型产业的技术经济特征是造成传媒市场集中的根本原因。因为传媒产业具有高沉没成本、低边际成本的特殊成本结构特征，产生了先进入者垄断市场的可能性；传媒产品的网络外部性和正反馈效应极大地巩固了传媒领先者的垄断地位；传媒产品的经验品特性保护了领先者的市场地位。这就使一个传媒机构一旦在初始阶段领先，就会产生连锁效应使其在以后的各个环节都占有优势，可谓"一步领先，步步超前"，从而成为市场的垄断者。

本章还探讨了对传媒产业市场结构进行规制的四个基本原则：（1）避免无序竞争，确保产业安全；（2）尽可能使进入和退出传媒市场变得容易；（3）制定有关政策来降低沉没成本的不利影响；（4）对在位企业和进入者的规制应遵循非对等原则。对传媒产业市场结构进行控制的方法是实施进入规制和产权规制。本章还以美国传媒业为例，研究了放松规制对市场结构的影响。

政府对传媒市场实施进入规制的好处是快速实现目标市场结构，缺点是这样的市场结构是由政府实施的，实施成本巨大，一旦出现失误损失会很大，同时也不能作为经常性的行为。政府可以通过相对温和的不对称规制对市场结构进行调整和改善，通常有三种方式：一是针对在位传媒企业和新进入传媒企业实施的不对称规制；二是针对不同性质的传媒机构实施的不对称规制；三是针对传媒产业价值链不同环节的企业实施的不对称规制。

市场结构长期而言是动态变化的过程，但短期可能相对静止在某一水平，因此，对市场结构的考察与判断，需要兼具动态与静态两种眼光。产业融合不仅仅是产业层面的技术、业务边界等方面的重大变动，同时本身也内含着产业组织中市场结构、行为、绩效等方面的重大变动，产业融合必将影响未来的传媒产业市场结构。产业融合对传媒产业市场结构的影响主要体现在四个方面：（1）打破了传媒产业各子产业间的分立，改变了产业竞争格局；（2）强化了范围经济特性，弱化了规模经济效应；（3）传媒产业各子产业间从纵向结构转向新型融合结构；（4）催生整合型企业，形成分层的市场结构。

第 7 章
传媒产业的 RC – SCP 分析（Ⅱ）：市场行为

市场行为研究是连接市场结构和市场绩效的中介，起着承上启下的重要传递作用，是产业组织理论的重要内容。本章首先对传媒产业的各种市场行为进行分析，在此基础之上，探讨政府对传媒市场行为的规制，并就产业融合对传媒产业市场行为的影响和变化趋势进行研究。

7.1 传媒产业的市场行为分析

传媒产业的市场行为即传媒产业的企业行为，是指传媒企业在市场上为了获得更多的利润和更高的市场占有率所采取的战略性行为的总称。传媒市场企业行为主要分为以下三类：一是以控制和影响价格为基本特征的价格行为，包括掠夺性定价、阻止进入定价、价格协调行为等；二是以研究开发、形成产品差异、促销为基本内容的非价格行为。如技术开发行为、广告行为等；三是以产权关系规模变动为基本特征的企业组织调整行为，如企业兼并行为、一体化行为、跨国经营行为等。本节是在分析上述企业行为的基础上，重点研究企业行为与市场结构的关系。

7.1.1 价格竞争行为

价格竞争往往发生在产品差别化程度小的产业。近几年，我国传媒产品从数量上说取得了很大进步，但从结构上说同质化现象严重，使价格竞争成为许多传媒企业主动或被动频繁使用的策略。价格竞争是竞争对手双方行为互动的策略博弈过程，一般存在外部诱因、发起者动机与行动、竞争对手反击可能性等市场结构与市场行为互动因素。由上一章的分析我们知道传媒市场属于寡占型市场结构，在这样的传媒市场上，价格竞争行为一般可分为非合作价格竞争行为和价格协调行为。非合作价格竞争行为可分为掠夺性定价和限制性定价行为两种。下面我们分别对传媒市场掠夺性定价行为、限制性定价行为和价格协调行为进行经济学分析。

7.1.1.1 掠夺性定价行为

传媒市场的掠夺性定价行为，是指在处于寡头垄断型市场结构中的传媒企业，采取将产品价格降低至平均成本之下，以将竞争对手驱逐出市场并吓退潜在的进入者，一旦竞争对手退出市场后，这个企业再提高价格，以强化自己的垄断地位，获取高额利润。

我国传媒史上最早的价格大战发生在 1872 年的上海市场。在此之前，上海报业市场《上海新报》一枝独秀，当时的售价每份为铜钱 30 文。1872 年，英国商人美查创办了综合性报纸《申报》，为了抢占市场，一推出便定价为铜钱 8 文。《上海新报》无奈之中，以同样的价格仓促应战，但由于采用洋纸印刷，成本甚高，在坚持了 5 个月后，便关张停刊。在消灭对手后，《申报》又将其售价提高到每份 10 文，以弥补成本亏损，获得经济利润。

我们可以用图 7-1 来说明传媒企业是如何实施掠夺性定价

策略的。图中 MC 为边际成本曲线，AC 为平均成本曲线，DM 为行业需求曲线，假定传媒市场中存在在位媒体 A 和新进入 B，且二者边际成本曲线和平均成本曲线相同。假定在位媒体 A 希望将价格降低到 P^*，以促使新进入媒体 B 亏损而退出市场，为此在位媒体 A 和新进入媒体 B 提供的总产量应为 Q^*，因为在价格为 P^* 时读者的需求为 Q^*。新进入媒体 B 的产量为 Q_1，损失量为图中的 P^*GFE 所表示的区域。

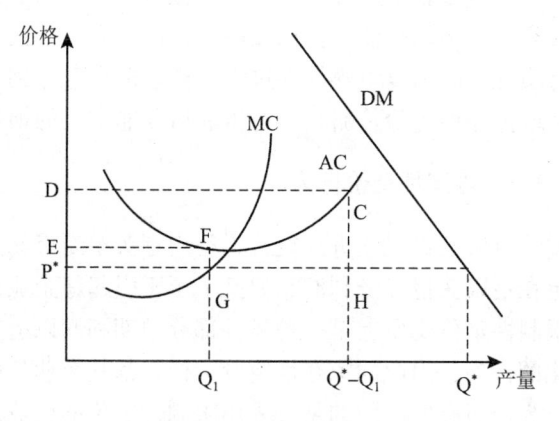

图 7-1 掠夺性定价行为

而实行掠夺性定价的在位媒体 A 产量必须为 Q^*-Q_1，从而使该市场的产品总量为 Q^*，在位媒体 A 不能降低产量，否则新进入媒体 B 就有提高价格的空间。此时，在位媒体 A 的边际成本和平均成本均高于价格 P^*，其损失量为图中 P^*HCD 所表示的区域。所以在实行掠夺性定价策略行为期间，在位媒体 A 的损失要大于新进入媒体 B。但在掠夺性定价目标实现后，媒体 A 就将价格提高到垄断价格水平，获得超额利润，且这一利润足以弥补实行掠夺性定价时所遭受的亏损。

事实上，实行掠夺性定价策略的在位媒体，不仅要能够迫使竞争对手破产，而且要确信破产媒体的资产被永远退出该产业，或者至少是受到自己的控制。否则，其他投资者还可能购买这些资产，再次进入该产业。因此，最可靠的掠夺性定价策略行为是迫使竞争对手破产并购买其资产。

掠夺性定价行为能否真正实现，还受限于该产业沉没成本和产品生产边际成本的高低。如期刊业、互联网业的沉没成本较低，竞争媒体极易进入和退出，在实行掠夺性定价时，竞争媒体可以迅速将资本转移至其他行业，在价格提高时又择机进入，这样掠夺性定价策略就很难实现。相反，报纸、广播、电视业的沉没成本较高，退出该行业要付出较高的代价，则掠夺性定价策略比较容易实现。因为竞争媒体在进入该产业前会考虑到，一旦在位媒体采取掠夺性定价策略，会有可能遭受非常大的损失。

7.1.1.2 限制性定价行为

限制性定价又称阻止进入定价，是指寡头垄断市场上的企业将价格定在足以获得经济利润、但又不至于引起新企业进入的水平上。限制性定价实质上是一种牺牲部分短期利润以追求长期利润最大化的行为，因此同掠夺性定价一样，都是企业长期定价的策略性行为。但有所不同的是，采用限制性定价的企业短期内可以仍有微利，而采用掠夺性定价的企业短期内处于亏损状态。

在简单的限制性定价模型中，潜在的进入者相信新企业进入后在位企业不会改变产量，而且新进入企业相信整个产业的总产量将等于自身的产量加上在位企业目前的产量，产量的增加将导致价格的下降。此时，在位企业的行为将其产量以及与之相联系的价格确定在能够阻止其他企业进入的水平之上，以维持自己在市场上的垄断地位。

如图 7-2 所示，假如某传媒市场上有在位媒体 A 和潜在进入媒体 B，二者面对着同样的产业需求曲线和平均成本曲线。如果没有新媒体进入时，在位媒体 A 所面对是整个产业的需求曲线 DM，产量为 Q^*，对应的价格为 P^*。而且当新媒体 B 进入时，仍然维持这一水平，则新进入媒体 B 的需求曲线应等于产

业总需求曲线减去 Q^*，为 dm（等于总需求曲线 DM 向左移动 Q^* 单位）。如果新媒体 B 决定不进入，在位媒体 A 的产量为 Q^*，对应的价格为 P^*。如果新媒体 B 决定进入，新媒体 B 的产量为 Q，则市场上的产量增加为 $Q+Q^*$，价格将下降到 P，正好等于产量为 Q 的新媒体 B 平均成本，利润为零。这意味着，在位媒体 A 选择产量为 Q^*，价格为 P^* 时，使新媒体 B 面对的需求曲线低于（或等于）其平均成本曲线，新媒体 B 进入该市场不能获得利润，新媒体不会进入。相反，在位媒体 A 若定价高于 P^*（为 P_1）时，则新媒体 B 面对的需求曲线为 dm_1，可以看出 dm_1 高于其平均成本曲线，新媒体 B 进入会获利。在位媒体 A 选择能够阻止新媒体 B 进入效果的价格 P^* 就是"限制性价格"。

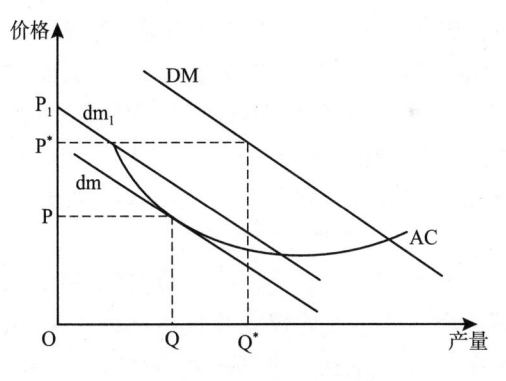

图 7-2　限制性定价行为

以上是简单的限制性定价模型的说明，如果市场上有多家在位媒体，潜在进入媒体和在位媒体的平均成本不一样，则定价模型要复杂得多。

在传媒市场竞争中，限制性定价策略通常被用于广告板面的销售。高广告价格获得高收入是刺激竞争者进入的强烈诱因。因此，在位媒体可以采用降低广告价格的方式来降低利润，将利润确定在一个合理的水平上，不至于刺激新媒体的进入，以便获得长期受益。

7.1.1.3 价格协调行为

价格协调行为是指企业间为了避免竞争而进行价格调整时所采取的共同行为。价格协调可分为两种：一是以协定为基础的共同行为，即卡特尔（Cartel）。分为有明确文字协定的卡持尔和只有口头而无文字协定的秘密协定卡特尔；二是根据默契的、相互了解的共同行为默契的合谋。分为价格领导制和有意识的平行调整。产业组织理论认为任何寡占市场中的厂商都有协调生产与定价活动的动机，通过限产与提价来增加行业利润和厂商利润，然而每一个卡特尔成员都有不遵守卡特尔协议的动机。传媒产业的价格协调行为从操作手法上看，可以大致分为两类：

其一，传媒企业之间自发的价格协调。如发生在电视行业的省级卫视联盟，2001年11月23日，北京、山西、黑龙江等12家省级卫星电视台在北京举办签署了《省级卫视联合服务公约》，是省级卫视联盟的雏形。2002年10月，针对《公约》的缺陷，32家省级电视台又成立了"全国省级电视台广告协作委员会"，形成了实质上的省级卫视联盟。

其二，政府主管部门或行业协会主持之下的价格协调。这种价格协调最终会达成书面协议，并且往往以避免降价竞争为目的。如发生在2001年的武汉市场报业价格战。2001年前武汉报业市场呈现为《武汉晨报》和《武汉晚报》双寡头市场。2001年11月，《市场指南报》改版为《楚天都市报》，以每份0.3元的价格进入市场，发行量急剧上升，于是决定继续维持0.3元价格。迫于竞争的压力，《武汉晨报》和《武汉晚报》先后跟进，2002年1月5日，《武汉晨报》以"贺岁价"的名义，以每份0.1元的价格将武汉报业市场价格战推到了一个新的高度，降价第一天的总销售量就升至62.6万份，刷新了发行纪录，连续多日位于武汉报业市场的销售第一。1月8日《武汉晚报》被迫降价应对。但 1 月 10 日，湖北省新闻出版局出面干预，宣布"武汉地区所有晚报类、都市类报纸自 1 月 10 日起实行统一零售价"，随后，各家报纸将零售价调整到每份 0.5 元。武汉价格战从打响到结束，历时 5 天，可谓是中国报业价格战中，时间跨度最短的一次价格战。武汉报业市场的价格战停息之后，我国报业价格战此起彼伏，但每次价格战都是以政府出面调停结束。

市场结构和产品差异化程度决定了价格协调行为的效果。一般情况下，寡头垄断型市场比竞争性市场容易价格协调。在寡头垄断型市场中，产品的同质性是促成价格协调的重要因素。产品越是同质，差别性越小，协调越是容易；相反产品的差别越大，相互间的替代性越弱，寡头企业的独立性越强，价格协调越是困难。事实上，对完全同质的产品来说，竞争的唯一手段就是降低价格。这时以联合利润最大化为目标的各方协调就变得较为容易，因为这时的变量只有价格。因此，在考察寡占型传媒市场的价格协调行为时，显然不能忽视这样一个前提：协调各方的产品必须具有一定的同质性。

从价格协调行为的市场效果看，既避免了无序竞争，提高了资源配置效率，但同时又造成了传媒产业的进入壁垒。从现代产业经济学的角度来说，国内报业的降价比拼、价格协议的达成以及省级卫视联盟的创建等现象，均属于企业行为，即企业在市场上为获得更大利润和更高的市场占有率所采取的一系列策略性的活动。从传媒串谋的社会效果看，在串谋协议的规定下，各个媒体失去了可比较的价格优势，竞争不再如先前那般惨烈，各媒体就会转而寻求在串谋协议规定的空间内进行合作，做大市场，保证共同获得极大利润，将传媒从单纯的竞争时代引入到竞争与合作的新阶段。然而，传媒的价格串谋一旦达成，无形中又为传媒产业新的进入者设置了一道进入壁垒。现代产业经济学认为，在集中或寡头垄断市场上的守成者会制定一项限制进入价格，以阻止潜在进入者进入市场，且又可以保证自己获得利润。传媒的价格串谋，无论是传媒主动为之，还是政府的意愿，就长远而言，对串谋各方有利，能够确保各串谋方获得共同的极大利润；而对潜在的传媒产业进入者来说，串谋协议却具有某种震慑作用，它为潜在进入者提供了这样一种暗示：进入该行业必须参照已有的串谋价格，无形中提高了传媒产业的进入门槛。

7.1.2 产品差异化行为

为避免价格竞争给企业带来的负面影响，非价格竞争往往成为企业的主要策略行为，产品差异化是企业非价格竞争的主要方式。按照传统的经济理论，在生产同类产品的行业，不同厂商的产品之间的竞争主要是其成本水平和价格水平的竞争。然而在现实中，在任何一个行业，哪怕是标准化工业产品行业，不同厂商生产的产品除了价格等市场赋予的差异之外，还存在诸多的差异方面。产品差异越大，则替代性越低，企业可凭此保持或增加市场占有率，从而提高集中度水平，后起的企业也通过创造新的产品差异获得竞争优势，扩大市场份额；反之产品差异越小，产品之间的可替代性越强，市场竞争加剧，那些不能创造和保持产品差异的企业就会失去竞争优势。

由于传媒产业存在二重市场，即受众市场和广告市场，既存在受众市场产品差异性，又存在广告市场产品差异性，且受众市场产品差异性决定广告市场产品差异性。从市场情况看，传媒产品的差异化主要表现在以下几个方面：

1. 地区差异化。报纸、广播、电视、城市杂志地区性差异明显，这些传媒即使不同地区之间的风格雷同，也没有很强的直接竞争关系。主要原因一方面与新闻的接近性原理有关，即新闻兴趣与地理距离成反比，也就是说受众对本地新闻的兴趣大于外地；另一方面与不同地域文化和社会心理的差异有关。正是这些地区差异性导致了传媒市场的区域化。河北省的《燕赵都市报》与河南省的《大河报》尽管都是面向市民的同一类型的报纸，但由于地理位置上的差异,两者之间竞争关系很弱。北京和天津的司机绝大多数会收听各自城市的交通广播电台,因为其关注的是各自城市的交通状况。

2. 时间差异化。传媒的时间差异性是指由于报纸期刊出版周期的不同、电台和电视台节目的播出时间不同而形成自己的特色,以减弱各个媒体相互间的竞争性,传媒时间差异性的实质是新闻的实效性。以报纸为例,因为新闻是连续性的,日报、晚报、晨报、周报在不同的时间,以不同的出版周期出版,就是将不同时段的新闻以最快的速度送达读者。就出版的时效性来说,晨报是凌晨截稿,第二天早上上市,因此晨报基本是报道昨天的新闻;晚报是上午截稿,下午出版,一般是傍晚到达读者手中,因此当日凌晨到上午的新闻是晚报的独家新闻。晨报和晚报的互补形成了新闻时空的连续性,增强了新闻的时效性,同时新闻的时效性也构成了晨报和晚报的时间差异,从而减弱了相互间的竞争。

3. 受众差异化。根据读者对象的不同,报纸可分为成人报纸、少年儿童报纸、老年报纸、妇女报纸等。有的地方广播电视也区分为成人频道和少儿频道。

4. 专业和功能差异化。根据功能不同,报纸有的以新闻、时政为主,有的以提供实用信息、提供生活服务为主;有的强调新闻时效,有的强调知识和发挥教育功能等等。电视台也根据功能的不同分为电影、新闻、生活、教育、经济、娱乐等频道。广播电台也细分为交通台、音乐台、新闻台等。

5. 品牌的差异化。企业经营制胜的一个重要秘诀就是靠名牌产品和品牌战略,传媒产业的运营也不例外。品牌是一个媒体和其竞争对手区别开来的鲜明特征,是媒体的个性和实力表现。品牌在受众眼中是不可替代的,甚至是唯一的,享有极高的读者忠诚度,在广告商眼里它是产品的最佳代言人。因此,一个媒体的品牌代表了其影响力和公信力。

7.1.3 技术创新行为

创新是指对新产品、新过程的商业化以及新组织结构等进行搜寻、发现、开发、改善和采用的一系列活动的总称。熊彼特最早指出创新是经济发展的根本动力,创新是在市场体系中将生产要素进行新的组合,它包括五种情况(1)采用一种新的产品或一种产品新的特性;(2)采用一种新的生产方法;(3)开辟一个新的市场;(4)掠夺控制原材料或半制成品新的供应来源;(5)实现任何一种工业新的组织。[①]

技术创新有狭义和广义之分,狭义的技术创新是指新产品和新工艺设想的提出及开发。而广义的技术创新则是指从新产品或新工艺的提出,经过研究与开发、工程化、商业化生产,到市场应用等一系列活动组成的完整的过程。[②] 传媒企业要想创新产品的差异性,理性的选择不是一种模仿或跟随。笔者认为,内容创新是传媒创新的根本,技术创新是手段,管理创新是基础。

1. 内容层面的创新。传媒产业是内容为王的产业,传媒产品具有体验品特性,决定了内容是传媒企业生命力之所在,因此,内容创新是传媒创新的立足点。传媒产品的内容往往是产品在专业上和功能上差异化的标志,这就要求传媒产品在内容层面的创新必须要紧紧服务于产品在专业上和功能上的市场定位,同时在内容的广度、深度、特色上寻求突破。但是应注意的是,必须要保证内容的质量和真实性,不应一味的求新而去虚构新闻。

2. 技术层面的创新。传媒本身是科学技术进步的产物。造纸术和印刷术催生了报纸的诞生;广播电视是频率科技的结晶;没有计算机技术就没有网络媒体。可以看出传媒产业的变革有两

[①] 约瑟夫·熊彼特. 经济发展理论——对于利润、资本、信贷、利息和经济周期的考察. 商务印书馆,1997。

[②] Cilliers. Boundaries, Hierarchies and Network in Complex System. International Journal of Innovation Management, 2001, Vol.5 (2): 136.

个最显著的特征：一是各种媒介的相互融合与渗透；二是不断涌现出各种新的媒介。引起这一系列变革的根本原因是信息传播技术的不断创新。技术创新既是媒介变革的推动力，也是媒介变革的重要标志。推动媒介变革的最重要的几项关键性技术是：信息处理技术、信息传输技术以及在这两项技术基础上形成的网络技术。从静态的角度看，每一种传媒产品的创新都是与当时的科学技术水平息息相关的，并且以技术发展为物质基础。传媒技术层面的创新主要是通过动画、图表、色彩、声音等信息表现形式形成产品的差异，更新消费者的听觉、视觉等方面的定式，改变消费者的偏好。

3. 管理层面的创新。管理制度可分为三个层次：宏观层次即国家的传媒产业管理体制、中观层次即传媒产业的行业管理、微观层次即媒体内部的管理。这里所说的主要是后一种意义上的管理制度，但有些方面与前两个层次是密不可分的。微观层次上的管理制度是媒体内部资源整合行为的规范，它既是媒体行为的规范，也是媒体从业人员行为的规范。管理制度的创新会给媒体行为和员工行为带来变化，有助于资源的有效整合，也有助于员工积极性和创造性的调动，从而使媒体更有竞争活力。

传媒管理制度的创新，包括产权制度、现代企业制度、人才制度、技术创新制度、投融资制度和产品管理制度等许多方面。传媒进行各种形式的制度创新，目的就是要形成灵活高效的管理运作机制，包括：（1）责权机制。明确部门与个人的工作责任和工作权益。（2）制约机制。明确制约关系、制约原则、制约措施。（3）监督机制。明确监督责任、监督对象、监督任务、监督内容、监督途径。（4）反馈机制。明确反馈的目的与意义、原则与方法、内容与形式、结果的处理原则等。（5）激励机制。明确激励的目的与方向、对象与方法等（丁和根，2005）。①

---

① 丁和根. 传媒管理创新的内涵和功能. 新闻导刊, 2005（1）。

7.1.4 组织调整行为

组织调整行为主要表现为企业的兼并（Merger），它是指两个或两个以上企业变成一个企业的组织调整行为。通过合并，企业间发生产权关系的转移而实现资本集中、市场集中，这是企业外部成长的基本途径。传媒企业兼并可以是实力相当的企业之间的合并，即建立起一个新的企业或公司；也可以是吸收式兼并或吞并，通常是大企业吞并一个或多个小企业。但如果小企业掌握特有的生产技术或其产品具有较大的潜在市场，也可能吞并外强中干的大企业。传媒企业兼并的形式有三种：

1. 横向兼并。横向兼并又称水平兼并，是指进行兼并的企业属于同一产业、生产同一产品或处于同一加工工艺阶段。传媒产业横向兼并的案例很多，我国传媒产业的兼并是从广东开始的。1996年广州日报报业集团宣告成立，成为中国第一家传媒集团，所属《广州日报》、《广州英文报》、《广州文摘报》、《番禺日报》、《增城日报》等多种报纸。随后，南方日报报业集团、羊城晚报报业集团、深圳报业集团、广东省出版集团、家庭期刊集团、广东新华发行集团、南方广播影视传媒集团先后宣告成立。至此，广东成为传媒产业集团最为集中、传媒兼并行为最为明显的地区。1998年，上海两大日报《文汇报》和《新民晚报》合并为文汇新民联合报业集团，后又陆续并入《文学报》等多种报纸。2000年，上海的《解放日报》兼并了《房地产时报》和《申江服务导报》等多种报纸，成立了解放日报报业集团，与文新集团并称上海报业的两大寡头。截至目前全国共有41家报业集团，这些报业集团大多具有横向兼并的特点。

2. 纵向兼并。纵向兼并又称垂直兼并，是指进行兼并的企业之间存在着垂直方向（前向或后向）的联系，分别处于生产和流通过程中的不同阶段。我国的报业集团基本上都具有纵向兼并的特点，如报社兼并印刷厂、参股造纸企业、组建发行公司实行自办发行等。

3. 混合兼并。混合兼并又称复合兼并，是指分属不同产业、生产工艺上没有关联关系、产品也完全不同的企业之间的兼并。我国广播影视业的兼并多属于混合兼并，2001年11月国家广电总局曾下发通知，电子媒体可以组建综合性的传媒集团。最典型的是2001年挂牌成立的中国广播影视集团，它整合了中央电视台、中央人民广播电台、中国国际广播电台、中国电影集团公司、中国广播电视传输网络有限责任公司和中国广播电视互联网站等中央级广播电视、电影及广电网络公司的资源和力量，以及若干科研院所、艺术团体、新闻出版等单位，形成了一个具有广播、电视、电影、传输网络、互联网站、报刊出版、影视艺术、科技开发、广告经营、物业管理的综合性传媒集团，固定资产达214亿元人民币，年收入过百亿，可以说是中国名副其实的"传媒航母"。

从积极的意义上说，传媒兼并是推动产业结构调整的有效手段。新投资可以从增量上调整产业结构，兼并可从存量上调整产业结构。兼并可使生产要素向优势企业集中，优化资源配置。新兴传媒产业可通过兼并来吸收传统传媒产业原有的资本存量，使自身迅速成长壮大，同时传统传媒产业也可通过兼并顺利退出。从消极的意义上说，兼并导致的市场集中虽然可增进企业的规模经济和竞争能力，也很可能因此产生一些"垄断弊端"。因此，在传媒企业兼并过程中，需要通过有效的产业组织政策来趋利避害。

7.1.5 寡头博弈行为

由第6章分析可知，无论是中国传媒产业，还是美国传媒产业，均可以定性为寡头垄断型的市场结构。在这样的市场结构中，寡头们的决策是相互作用的，每一个传媒企业作决策时都要意识到竞争对手的存在，所做的决策都是建立在对竞争对手行为的猜测或者对竞争对手行为做出反应的基础上，每个企业的得益和利润不仅取决于自身的决策，而且取决于其他厂商的决策。传媒产业的企业之间便存在着这样的竞争与协调行为。

传媒企业之间存在广泛的市场竞争，如报纸期刊的定价问题、广播电视栏目的播出时间安排问题、广告的刊例价格问题、传媒内容和栏目的设计问题、市场推广问题等，每一项竞争决策都要充分考虑到其将怎样影响竞争对手以及对手会做出怎样的反应。但有时为了减少决策中的不确定因素，传媒企业会选择合作以赚取更大的利益。为了研究这些传媒企业的决策行为，需要运用博弈论来进行分析。

所谓博弈就是指一些相互依赖、相互影响的决策行为及其结果的组合。一个博弈一般由参与人、行动、信息、策略、得益、结果、均衡等要素组成。通常将博弈分为合作性博弈与非合作性博弈两大类。下面将列举两个案例来说明传媒市场的博弈现象。

案例一：中国糖酒业期刊市场是典型的双寡头市场，糖烟酒周刊和另一家食品类杂志占有85%以上的市场份额，二者读者定位均是糖酒行业厂家、商家的决策者，收入主要依靠厂家的广告投入，二者竞争相当激烈。2001年全国秋季糖酒会期间，糖烟酒周刊率先举办了全国糖酒企业营销论坛，业内反响剧烈，收益颇丰。随后众多行业杂志开始在全国糖酒会期间举办各种论坛，随着各种论坛的增多，论坛的效果开始逐渐下降。2004年，糖烟酒周刊的决策者意识到应该在论坛形式有所突破，糖酒会期间由于全国厂商云集，举办论坛并不能真正反映一家杂志社的影响力，于是开始谋划在非糖酒会期间在全国各地举办定位于经销商的巡回论坛，以此来反映糖烟酒周刊在经销商中的影响力，来吸引厂家投入广告。基于举办全国糖酒企业营销论坛引来众多跟进者的经验教训，糖烟酒周刊的决策者这次首先想到的是：竞争对手跟进怎么办？如何防止跟进或在竞争对手跟进后糖烟酒周刊仍能处于绝对优势地位？为此，在论坛的区域选择上是大区域（如华北、华南、东北等）还是选择以省级为单位小区域呢，主要取决于竞争对手的反应。如选择大区域,竞争对手跟进时会选择省级区域。由于举办论坛场地的局限性,参会人员数量受到限制,选择大区域的参会人数和选择省级区域差别不大,这样有可能反而成为竞争对手攻击的武器;如选择省级区域,竞争对手只能选择大区域,由于参会人数差别不大,表现为糖烟酒周刊一个省的读者数量相当于竞争对手几个省的数量的印象,成为市场竞争的有力武器。从上述分析可以看出,选择省级区域举办经销商论坛是糖烟酒周刊的最优选择。从实际情况看,糖烟酒周刊选择了省级区域举办经销商巡回论坛,影响力迅速提升。而竞争对手被迫选择了大区域举办论坛,收效甚微。

  案例二:上海报业市场主要表现为文汇新民联合报业集团(简称文新集团)和解放日报报业集团(简称解放集团)的竞争。在晚报市场上,文新集团的《新民晚报》定位于普通大众,销售量保持在百万份。解放集团打算推出《新闻晚报》,是定位成与《新民晚报》相似的大众读者,还是与之相反的精英读者呢,主要依靠新推出的《新闻晚报》市场占有情况以及文新集团的反应。如果文新集团继续定位于大众读者,而解放集团选择大众读者所能赢得的读者数量高于选择精英读者,那么《新闻晚报》应定位于大众读者;如果文新集团转而定位于精英读者,由于在晚报市场中,大众读者多于精英读者,解放集团定位于大众读者依然优于定位于精英读者,选择定位于大众读者仍是最优选择。在这次博弈中,参与者无论是同时选择还是先后选择,最优选择结果都是一样的。这是一个纳什均衡,即一个参与人的最优策略并不依赖其他参与人的策略选择。所以解放集团和文新集团都选择了大众读者这个占优策略。

  在晨报市场上,解放集团的《新闻晨报》定位于普通大众,推出时间不长就赢得了40万份的发行佳绩,文新集团也打算推出《东方早报》,同样出现定位于大众读者还是精英读者的问题。在这个博弈中,由于早报市场大众读者的数量小于晚报市场,两家报业集团都没有占优策略,一家的决策取决于另一家的决策。如果文新集团选择了大众读者，解放集团则将错位选择精英读者，反之亦然。如果两家都定位于大众读者或精英读者，则每家市场占有量将减小。这时往往会依靠外部力量进行协调，以达到整体最优目的。这次博弈的结果是两大报业集团展开了错位经营，文新集团最终推出的《东方早报》定位于知识精英阶层。

7.2 政府规制对传媒企业行为的影响

7.2.1 对传媒企业行为规制的方式

对企业行为的规制是规制理论的主要内容，因此日本规制经济学家植草益把规制看做是微观规制。针对企业行为的规制涉及到许多方面，具体到传媒市场，较为常见的规制方式主要有以下几种：

1. 价格规制。是指政府通过实行价格审批或制定最高限价、最低限价来影响传媒产品价格的调整。在过去，中国的报纸、期刊一直实行严格的价格审批制度，主要目的之一是保证低价格报纸、期刊的普遍供应。现在对报刊的价格规制主要是为了维持市场的竞争秩序，例如2000年3月1日，在南京《服务导报》改版，争夺零售市场的一番价格大战之后，主管部门硬性规定，南京报纸零售最低限价为0.3元。对于有线电视等带有垄断性的传媒产品而言，政府一般会采用最高限价的措施，以防止有线电视台利用垄断地位而获得超额利润，从而使消费者福利受损失。

2. 数量规制。针对报纸数量规制主要是规定每一种报纸（每周）的期数和版面数，报纸的增期（减期）、增版（减版）都必须经政府行政部门审批，目的是控制报业的结构，即哪种类型的报纸应该占多大的市场比重。期刊的数量规制与报纸类似，主要规定每种期刊的出版周期和页码。广播电视的数量规制主要规定每家广播电台、电视台的频道数目。

3. 许可权限规制。以报业为例,国家行政部门规定报纸不得随意出版地方版,包括地方广告版,地方报纸不得异地出版,禁止一报多式。

4. 反不正当竞争规制。传媒产业反不正当竞争规制是指禁止传媒机构以不正当的方式获得市场竞争利益,目的是为了维持公平竞争的市场秩序,维护消费者和公众的利益。比如禁止刊播有偿新闻、不良内容和虚假广告等;禁止以新闻的形式表现广告,进而吸引广告客户,获得市场竞争中利益。

5. 反垄断行为规制。传媒产业反垄断规制是对同一传媒控制整个市场或者同一经济主体控制多家传媒进行限制,以避免传媒垄断可能带来的低效益、不公平和负的外部效应等社会福利的损失。迄今为止,中国尚没有严格意义的传媒产业反垄断政策。但是,相对于20世纪80年代以前的传媒产业垄断局面,现阶段的传媒产业政策已经具有了明显的反垄断含义。以报纸为例,通过发放报纸刊号形成多家报纸竞争局面,对报纸及其他媒体的兼并进行管理,避免形成传媒市场的不合理垄断,以提高整个社会的福利水平。

7.2.2 规制对传媒企业行为的影响——以南京报业规制为例

规制在两个方面对传媒企业行为发生影响:一是通过对市场结构的改变来影响企业行为。对传媒产业市场结构的规制主要是进入规制和产权规制,进入规制直接决定了传媒业的市场结构,从而决定了传媒企业行为的基本背景。放松进入规制对进入者而言,赋予了其进入的权力,同时也引发了在位者的排他性行为。二是通过规制要求企业直接发生或者禁止某些行为。上一章已经探讨了传媒规制对市场结构的影响,本节将以1999~2001年南京报业价格竞争为例,说明政府加强规制和放松规制对传媒企业行为的影响。

1. 严格规制背景下的企业行为。1999年以前，南京报业市场主要是省委机关报新华日报报系和市委机关报南京日报报系展开竞争。在晚报市场上，新华日报所属的《扬子晚报》一枝独秀，该报创刊于1986年，1995年日发行量突破100万份，在市场竞争中占据了优势地位，晚报市场上另一报纸《金陵晚报》市场份额很小。但是在早报市场上，没有出现类似的强势报纸，《服务导报》、《每日桥报》等早报市场份额悬殊不大，市场壁垒相对较低。在此背景下，《金陵晚报》采取产品差异化行为，避开晚报寡头——扬子晚报，改为早上出版，切入早报市场。基于报纸的特殊产业特性考虑，我国不仅实行了价格规制（报纸的价格需要物价部门审批和监督），还有严格的进入规制。报纸的刊号申请相当困难，导致进入市场的行政壁垒很高，使报业市场存在超额利润，诱使新秀报纸进入报业市场。这些报纸不约而同地采用了产品差异化策略——切入早报市场，南京早报市场竞争加剧。

2. 放松规制背景下的企业竞争行为。随着我国市场经济的深入发展，在保持严格进入规制前提下，逐步放松了对传媒市场的行为规制，报社享有了自主定价权。严格进入规制导致了超额利润，继续诱使新报进入市场，同时价格规制的放松，为报社进行价格竞争解除了枷锁。1999年5月9日，江苏供销合作总社所属的《江苏商报》从行业报改为综合性早报切入市场。喊出了"江苏商报，一看就有回报"的口号，4开16版，售价只有2角，点燃了南京报业大战的导火索。虽然内容上相对于《服务导报》等老牌报纸并无多大差别，但是《江苏商报》"两毛钱"的售价不仅令社会各界关注，也引起了读者的青睐。到10月份，这份原先名不见经传的报纸已拥有13万份的日发行量，成为当时南京地区销售量最大的早报，膨胀速度前所未有。

同年9月，《人民日报》下属《市场报》主办的《江南市场报》改名为《江南时报》，对开8版，同样以2角的价格跟进，报业降价的连锁效应开始显现出来。

不到一个月，新华社江苏分社下属的《现代经济报》扩版并更名为《现代快报》，4开16版的报纸售价只有1角。《现代经济报》以前的发行量最高也只有2万多份，面市第一天，报纸的日发行量达到6万份，到12月初，《现代快报》日发行量接近30万份。

《江苏商报》与《现代快报》的价格示范效应引起了南京报业的极大震动，各报纷纷改版、降价，调动各种策略应对报业的激烈竞争。12月1日，《南京日报》改版，部分彩印，改对开8版为对开12版，售价5角，同时推出"买一送一"活动，即买一份《南京日报》，送一份《金陵晚报》。此外，如果单独订阅2000年《金陵晚报》，则全年订报款144元人民币可以返还同等额度的实物或有价证券。与《金陵晚报》同出一辙的是《经济早报》，该报提出"不花钱看早报"，付全年订报款156元，可获回赠不低于156元的生活用品。

12月8日，新华日报报业集团属下的《每日桥报》由原先的4开16版黑白小报，改为对开8版彩印大报，每份零售价1角，还推出"导报桥报，龙凤配套"的优惠活动，读者可以在买《服务导报》时获赠一份《每日桥报》，花一份报的钱看两份报。2000年1月10日，《服务导报》进行改版，售价未变，买《服务导报》送《每日桥报》的活动仍然延续。

此时，《现代快报》的发行量上升到30多万份，成为南京早报市场的新霸主。《江苏商报》也由原来的几千份上涨到15万份，而原先的早报排头兵《服务导报》则发行量大跌。《每日桥报》改版降价后发行量才止住跌势，《金陵晚报》也受到了较大的冲击。

从报纸价格战的效果看，由于商品的替代品的数目和替代品的相近程度是该商品需求的价格弹性的决定因素之一，就同质化程度较高南京报业市场来说，一家报纸的降价所带来的效应是明显的。并且先行降价的《江苏商报》和《现代快报》获得了最大的收益，重新配置了报业资源，改变南京报业市场格局。

在这次价格战中，采用了一些技术创新策略。如许多报社也使用了改印彩报的技术创新和"买一送一"、返还同等额度的实物或有价证券等营销方式创新的竞争行为。

3. 不稳定的卡特尔协定。激烈的价格竞争使得超额利润市场向平均利润点逼近。报纸的销售收入的剧降，给各个报社带来了巨大损失。2000年1月，拼杀了半年多的几家报纸终于坐到了一起，新华日报社、新华社江苏分社、《每日桥报》、《现代快报》、《江南时报》、《江苏商报》等6家传媒机构签订了卡特尔协定——《关于调整报纸价格的协议》。协议规定：自2000年3月1日起，南京地区报纸（4开16版或对开8版）最低限价为3角，凡低于此价格的报纸自即日起调整至3角元以上；各报纸不再实行相互搭配销售或其他买一送一等酬宾优惠方式。

不过，2000年1月达成的调整报纸价格的协议很快失去了约束力，2000年3月，《现代快报》、《江苏商报》市场零售价仍然保持在每份2角，君子协议被撕毁，卡特尔联盟破裂。2000年11月，新华日报报业集团不甘于在早报市场的失败，决心重新挽回颓势，将《每日桥报》更名为《南京晨报》，引发新一轮报业大战。

4. 无序的价格战导致了政府严厉的规制。南京报业市场的"恶性竞争"引起了管理部门的关注。2001年2月22日，江苏省委宣传部、省新闻出版局、省廉政办联合发出《关于进一步规范南京地区报纸价格的紧急通知》作出了4项规定：一是自2月26日起，南京地区报纸每份零售价为3角，凡低于此限价者一律上调；二是自2月26日起，各报纸不再实行相互搭售、"买一送一"等"酬宾"、"优惠"等变相降价的销售方式；三是各有关报社接此通知后，必须认真贯彻，严格执行有关规定。对违反纪律的新闻单位，将视情节给予警告、停刊整顿等处罚，并追究报社领导责任；四是发动社会和舆论进行监督，省委宣传部、省新闻出版局、省廉政办将组成联合督查组，进行市场跟踪检查和报社内部抽查，发现问题及时处理。由于行政力量的介入，南京报业价格战报暂告终结，市场秩序恢复稳定。

由于本次规制是管理部门以硬性定价的强制性举措规范市场，看似简单易行。但由于在新的价格高度上的竞争是非自愿的、非市场化的，导致竞争的市场越趋不透明，零售价格的明升暗降，价格战仍在以更加隐蔽的方式进行，增加了市场交易成本，规制的结果与规制的初衷相差甚远。

7.3 产业融合对传媒企业行为的影响

产业融合过程中，各种技术创新以及各种新技术的重新组合与使用都会不断改变市场环境，增加企业所面对的不确定性，对企业的既定战略形成冲击。如果不能适应市场环境的变化，看不清产业融合发展的趋势而预先有所准备，企业将在短期内失去竞争优势。因此，面对产业融合的新趋势，各个传媒企业需要及时改变市场行为，积极适应产业融合带来的技术、产品和市场的变化，促进产品和技术创新，增强竞争优势。产业融合对产业组织的影响是长期的、动态的，对企业行为的影响主要表现在非价格竞争方面，产业融合要求传媒企业从调整企业兼并行为的动机、竞争由非合作博弈走向合作博弈、创建以范围经济为核心的传媒集团、组织以边缘竞争战略为目标的传媒联盟四个方面入手，调整企业战略，以适应传媒产业融合的市场要求。

7.3.1 调整了企业兼并行为的动机

在传统产业分立的情况下，传媒企业兼并活动主要表现为横向兼并、纵向兼并和混合兼并等形式。在产业融合条件下，这些兼并活动的形式仍然存在，然而，其动因却发生了新的变化。

传统传媒企业横向兼并所涉及到的企业都在同一类子产业市

场上经营,如报业集团主要由各个报社组成、广电集团由广播电台和电视台组成。其兼并的主要动机是寻求市场势力。通过将同一产业内大部分企业联合起来生成主导性的企业集团,企业集团可能会限制价格并维持其市场地位,或者可能使新进入者逐步放弃市场份额,形成寡占型市场结构,增加市场势力。在产业融合的情况下,融合的产品具有更大的替代性,同时也具有更大的差异化,从而日益演化为一种类似垄断竞争的市场结构。因此,横向联合更多的是在价值链的同一链条上的企业之间的联合。显然,这种企业的横向兼并和联合至多是为了增强市场实力,或取得基本的效率规模,而越来越难以达到增强市场势力的目的。另外,在这种情况下,更多的是基于降低新(数字)技术的高成本、对付新服务需求的不确定性的动机,才实行横向兼并和联合(周振华,2004)。

传统传媒企业纵向兼并主要是基于节约处于同一子产业价值链不同环节的企业之间制定合约的交易成本的动机,是为了响应更经济地在企业内部而非企业之间进行交易的市场特征。如报业集团兼并上游印刷企业、广电集团兼并有线电视网的传输业务等。在产业融合的情况下,传媒产业各子产业间的界限会越来越模糊,形成了内容、包装、传送、操作、终端融合的新产业价值链,传媒企业必须在新价值链的不同环节运作中下工夫,向具有更高价值的市场扩张或者发展规模经济的纵向结合。另外,传媒产业通过产业融合会产生一些新产品、新技术,形成新的市场,传媒企业趋向于通过纵向兼并和联合获得这些新技术和新市场。此外,在产业融合中由于融合的产品具有更大的替代性,增大了用户的选择权,为了把控好用户渠道控制权,传媒企业也会采取纵向兼并和联合来阻止来自相关市场的竞争。

传统的传媒企业混合兼并所涉及到的企业是在不同市场上经营,如许多传媒集团对房地产公司、酒店娱乐业等与传媒产业关联度不大企业的兼并活动,其主要动机是分散风险,追求企业迅速增长。由于这种混合兼并完全缺乏技术融合和市场融合的基础，因而其业务是独立的，相互分割的，除了资金融通外，基本不具有互补性。在产业融合的情况下，传媒企业的混合兼并将建立在技术融合和市场融合基础之上，往往是在同一运作平台上开展的，从而相互之间具有某种互补性。如传媒业与零售业的融合，传媒业利用其新闻网站的信息平台，搭建起网上商店从事零售业务，这种新型的混合兼并所涉及到的企业更多的是在交叉市场上经营，其主要动机不再是分散风险，而目的是更大范围的业务整合。从某种意义上讲，这种混合兼并已经蜕变为广义的横向兼并和联合，可以归并为产业融合条件下的横向兼并。

7.3.2 促使传媒企业的竞争从非合作博弈走向合作博弈

博弈论是研究相互依赖、相互影响的决策主体的理性决策行为以及这些决策的均衡结果的理论。博弈分为合作博弈和非合作博弈，二者最大的区别主要在于人们的行为相互作用时，当事人能否达成一个具有约束力的协议，合作博弈强调的是集体理性（所有当事人都遵守共同的利益准则），而非合作博弈强调的是个体理性（每个当事人只遵循自身的利益最大化准则）。

在产业融合的背景下，传媒企业面临的竞争压力不仅来自产业内部，更来自产业外部产品和服务的替代。产业融合使传媒产业各子产业拥有相似或相同的技术基础，为消费者提供相似或相同的产品或服务，满足其共同的需求，各产业之间的进入壁垒降低，势必会改变传媒企业间原有的竞争关系。竞争环境的改变使得传媒企业自有资源与其市场战略目标之间的不平衡加剧，在充满不确定性的传媒市场与产业融合形成的新市场边界中，企业之间从竞争走向合作的机会不断增加，合作范围越来越广泛。在新的传媒市场中，任何一家媒体都无法独占鳌头，为适应不断升级的市场竞争，从非合作博弈走向合作博弈出现了可能性，从敌对走向合作已成为大多数传媒企业的战略选择。

7.3.3 组织以边缘竞争战略为目标的传媒企业联盟

在产业融合的过程中,市场总是在不断地变化和运动,由此引发今天的合作者也许就是明天的竞争对手,或者既是合作者也是竞争对手等变化。而且,产业融合的发生、发展的方向有着很大的不确定性,传媒产业的变革可能来自产业内部,也有可能来自产业外部。变革的来源还可能是产业之间或产业之外的种种因素,这些因素使得产业融合本身变得难以预测,同时也难以制定相应的计划。因此,传媒企业面临的是持续变革的市场环境,为了获得持续的竞争优势,传媒企业应采取边缘竞争战略。① 这就要求企业不断调整其组织结构形式,以适应急速变革地竞争环境,企业联盟无疑是传媒企业的最佳选择。

传媒企业联盟是指由两个或两个以上传媒企业,为了共同的战略目标而达成的长期合作安排,通过共享资源改进他们的竞争地位和绩效。传媒企业战略联盟成员之间相互合作、共担风险形成优势互补、要素双向或多向流动的松散型网络组织。联盟各方仍旧保持着原有企业的经营独立性,通过契约安排方式建立某种较为稳固的合作伙伴关系,并在相关领域内协调战略目标与行为方式,从而实现双赢或多赢的效果。为此,传媒企业联盟是产业融合过程中传媒企业的战略选择。

1. 传媒企业联盟是传媒企业从非合作博弈走向合作博弈的结果。在产业融合的过程中,由于不同产业的市场边界日益模

---

① 肖纳·L·布朗和凯瑟琳·M·艾森哈特提出的边缘竞争理论,比较适合描述产业融合条件下的企业市场行为。边缘竞争能够解决变革环境下的战略难题,尤其是在不可预测的高速变化的市场环境下,它提倡不断地调整企业的竞争优势。边缘竞争战略的总体目标是根据一系列不相关的竞争力来彻底地改造企业优势组合。边缘竞争方法的前提是:一是公司所处的行业是高速变革的;二是变革是不可预测的。因此,战略挑战的中心问题也就是变革管理。边缘竞争理论认为战略是公司不断调整组织结构形式,进行变革,并与该组织结构相适应采取半固定式的战略趋向的一种必然结果。

糊,相互之间可以提供具有替代性的产品和服务,这一方面意味着竞争比原来更加激烈,另一方面也意味着由于产业系统要素的重组加速而必然会产生竞争中的合作。提高合作竞争能力成为传媒产业做大做强的必由之路。传统内部化的扩张方式(兼并、收购或新建)常使企业处于资金困境并疲于应付并购后的整合,传媒企业联盟则成为旨在缓解经济摩擦和扩张企业边界的基本策略,通过战略联盟提高合作竞争能力。

2. 传媒企业联盟是传媒产业各子产业间和传媒产业与电信产业交叉联合的结果。在产业融合的情况下,传媒企业间除了纵向兼并、横向兼并、混合兼并外,还出现了一种独特的方式,即交叉联合。这种交叉联合的内生性,在于产业融合带来的公司业务交叉及企业组织边界的任意延展。在技术融合的基础上,生产及市场的融合带来了大量的业务交叉,以及交叉性的新业务。这使企业不再仅仅局限于封闭的业务本身,而要通过服务化来突破企业自身的边界。在这种情况下,企业组织的基本生存方式,是接受服务和提供服务。企业提供服务,是一种由内向外的服务。这种业务外包和承接外包业务通常是由协议来解决的,并不是传统意义上的兼并方式。但由于这种外包协议比传统合同更复杂,它是包括独特的技术能力和创新的业务流程的长期安排。企业接受服务,主要是通过业务外包来获得一种由外向内的服务。随着企业把非核心生产活动包给外部的合作者,企业之间的界线也正在向灵活协作的关系方向转变,供应商、消费者甚至竞争对手之间结成类似于战略同盟的关系。

3. 资产专用性是传媒企业战略联盟的内在动因。昝廷全(2006)从资产专用性角度说明传媒企业战略联盟的形成。昝廷全认为决定企业保持长久竞争优势的是企业所拥有的难以被其竞争对手模仿的专用性资产。专用性资产包括核心资产和辅助性资产,前者是影响企业运作的关键性技术,后者是围绕核心资产,并协助核心资产发挥效益的各种要素,比如企业的品牌、管理制度、营销能力、信誉、客户关系等。以新闻网站和商业网站为例，网络技术的可模仿性高（人人都可以建立网站），但新闻网站所拥有的原创新闻的内容生产能力的可模仿性低。对新闻网站来讲，原创新闻的生产能力是其核心专用性资产，并且该资产与其他资产不易分解，带有非交易的特性，商业网站很难从新闻网站获得这一核心资产，而且难以从外部识别或模仿。如果商业网站与新闻机构组建联盟，联盟会增加成员企业间的边界渗透力，将模仿由外部转移到内部，使学习和模仿变得更加容易，成本更低。这解释了为什么商业网站在创建之初都急于与纸质媒体合作，利用其内容生产能力、品牌和读者群等资源来吸引网络用户，在短时间内扩大了网络外部性。对商业网站来讲，虽然商业网站的核心资产——网络技术的可模仿性强，但围绕网络技术的一系列"辅助性资产"并不是那么好模仿和开发的，比如商业网站灵活的体制、网络增值服务等应用技术。这就意味着新闻机构进入网络领域的市场壁垒虽然不高，但要做得成功就要获得与网络技术相关的辅助性资产。通过新闻网站与商业网站的联盟，新闻网站也得到了很多商业网站的开发技术以及管理经验，总结出了不少可以盈利的项目，如信息服务、手机短信、宽带视频、电子商务等。

7.3.4 创建以范围经济为核心的传媒集团

在上一章我们已分析产业融合强化了传媒产业的范围经济特性。另外，在产业融合的情况下，要求企业具有以最短的时间进入一个相关或非相关的业务市场进行跨行业经营的能力。企业往往通过企业间的横向联合来提高其跨行业经营的能力，以便把握稍纵即逝的市场时机。因此，创建以范围经济为核心的多元化传媒集团将是传媒企业的必然选择。中国传媒大学昝廷全教授（2006）从三个方面分析了创建多元化传媒集团的原则：

1. 以范围经济为核心的有限相关多元化而不是泛多元化。"有限相关多元化"即是传媒集团发展过程对范围经济的具体体现,它是传媒集团建立在共同市场、共同生产和共同技术等方面,其相关业务之间的价值活动能够彼此共享的互相关联的多元化。传媒集团具有多产品的范围经济特征,建设传媒集团一定要在充分发展集团的核心业务基础上,紧紧围绕范围经济展开传媒的内容产业建设,进行相关行业的产品开发,形成品牌延伸,这样不仅形成集团内部连贯、结构清晰的产业链,还可为集团寻找新的价值增长点。

2. 通过产品差异化塑造属于自身品牌的产品链或产品群。在产业融合过程中,传媒集团应按不同内容产品生产线的要求进行结构调整和资源重新配置,对品牌进行组合,实行产品细化和专业化生产,从而促进内容创新的深化,形成属于自身品牌的产品链和产品群。由此传媒集团通过产品的差异化,寻找属于自己稳定的目标市场,降低自己产品被其他竞争性产品替代的可能性。

3. 通过技术创新与应用进行产业渗透、产业交叉与产业重组。无论是"内容为王"还是"渠道为王",二者之间都不是孤立的,传媒内容供应商往往与一种特定技术紧紧相连——电视、印刷、电影、音响、网络等。特定消费者的需求不但由一系列内容产品和服务来满足,而且每种服务都要能自由地使用各种技术和媒体渠道。信息技术和产业融合在推动传媒内容产业增值能力倍增的情况下,也使得内容产业的价值链和产业链出现新的变化,价值链不再仅仅表现为垂直型,而是表现为垂直和水平相混合的复合型结构。充分利用新技术,把信息技术与互联网业务的开发和发展放在至关重要的位置,将是传媒集团进行产业渗透、产业交叉与产业重组的大势所趋。

本 章 小 结

本章分析了传媒产业的市场行为,一是从掠夺性定价行为、限制性定价行为和价格协调行为三个方面分析了传媒产业的价格行为；二是从地区差异化、时间差异化、受众差异化、专业和功能差异化、品牌的差异化五个方面分析传媒产业产品差异化行为；三是从内容层面、技术层面、管理层面分析了传媒产业的技术创新行为；四是研究了传媒产业的组织调整行为方式；五是以案例的形式分析了传媒市场上的寡头博弈行为。

针对传媒产业市场行为规制的方式主要有价格规制、数量规制、许可权限规制、反不正当竞争规制和反垄断行为规制五种。本书以南京报业规制过程为例，研究了政府规制对传媒产业市场行为的影响，具体分析了严格规制市场背景下的传媒企业行为、放松行为规制下的企业竞争行为、不稳定的卡特尔行为、无序的价格战导致政府严厉规制的过程。并指出管理部门以硬性定价的举措规范市场，看似简单易行，但是导致了竞争的市场愈趋不透明，价格战仍在以更加隐蔽的方式进行，增加了市场交易成本，使规制的结果与规制的初衷相差甚远。

产业融合对产业组织的影响是长期的、动态的，对企业行为的影响主要表现在非价格竞争方面，产业融合要求传媒企业从调整企业兼并行为的动机、竞争由非合作博弈走向合作博弈、创建以范围经济为核心的传媒集团、组织以边缘竞争战略为目标的传媒联盟四个方面入手，调整企业战略，以适应传媒产业融合的市场要求。

第8章
传媒产业的 RC – SCP 分析（Ⅲ）：产业绩效

在产业组织理论中，与市场结构、市场行为并列的另一个重要范畴是产业绩效。产业绩效是市场结构和市场行为共同作用的结果，它反映了市场运行的效率和资源配置的效果，产业绩效的评价决定了产业组织政策的调整。在规制理论中，决定政府规制政策制定和实施的同样是产业绩效。产业绩效是评价市场结构、企业行为和规制行为的最终指标。为此，本章将在对传媒业的产业绩效分析的基础之上，进一步探讨政府规制对市场绩效的影响，研究产业融合对传媒产业绩效的改进，为研究中国传媒产业规制重建和产业政策调整奠定基础。

8.1 传媒产业的产业绩效分析

产业组织理论所定义的市场绩效，是指在一定的市场结构下，由一定的市场行为所形成的价格、产量、成本、利润、质量和品种以及在技术进步等方面的最终经济成果。它反映在特定的市场结构和市场行为条件下市场运行的效果。市场结构和市场行为的调整必须以市场绩效为导向，以最佳的市场绩效为目标；实现最佳的市场绩效，必须优化市场结构，有效地调整市场行为，制定科学合理的企业发展战略。

8.1.1 传媒产业的产业绩效特征

从传媒产业的特点看，传媒产业区别于其他产业的主要特征是其生产的产品为精神产品。一方面，传媒被用于信息传播、教育、娱乐和舆论监督等方面，政治组织利用大众传媒来宣传其政治主张，影响受众以实现其利益，巩固其政治和经济上的统治地位，这是传媒的意识形态属性；另一方面，传媒被用于满足人们对信息、教育和娱乐的需求，这是传媒的商品属性。传媒产业具有意识形态和商品双重属性决定了传媒产业需重视经济效益和社会效益两种效益的统一。传媒产品的商品属性，决定了传媒企业必须要面对市场，遵循市场规律，计算投入产出，讲求经济效益。同时，传媒产品的意识形态属性决定了传媒不可避免地对人们的思想、观念、心理、行为等带来影响，因此，传媒产品既不能不顾市场需求的导向作用，又不能完全为市场需求的导向作用所左右。传媒产业若完全为市场左右，就会片面追求"卖点"，一味搜异猎奇，就会迷失正确的方向。在西方国家，大多数记者和编辑也认为"社会效益才是传媒的根本目的"。因此，本书将传媒产业的产业绩效[①]分为社会绩效和经济绩效两部分，对传媒市场进行绩效评价，不仅要看经济绩效或经济效益，而且要看其社会绩效或社会效益。

传媒市场呈现为二元结构市场——发行（收视）市场和广告市场。虽然发行市场和广告市场是相互影响、相互依存、相互促进的关系，但是二者又有所不同。以报纸为例，在发行市场上，报纸提供给读者的是信息产品，发行价格是读者为购买报纸而支付的货币，是报社和读者之间讨价还价的结果。在广告市场

---

① 在"SCP"范式中，performance 一词在国内有市场绩效、经济绩效、产业绩效等多种译法。考虑到传媒产业具有意识形态和商品双重属性，要追求经济效益和社会效益两种效益的统一，笔者使用"产业绩效"这一提法，并将传媒产业的产业绩效分为经济绩效和社会绩效。

上，广告客户通过报纸的读者网络，宣传了自己的产品，获得了受益，广告价格是广告客户为购买通过报纸的读者网络所提供的服务而支付的货币，是报社和广告客户之间讨价还价的结果。在两个市场上，传媒企业的行为是不同的，决定了传媒企业在发行市场和广告市场绩效会有所区别。

因此，传媒产业的产业绩效特征既区别于一般的生产流通业，又区别于其他服务业，具有一定的特殊性。

8.1.2 传媒产业的产业绩效测度方法

8.1.2.1 经济绩效的测度方法

产业组织理论给出的产业绩效指标主要是经济绩效指标。我们所要研究的传媒产业经济绩效主要指传媒产业和整个国民经济层次，而不是指传媒企业这一微观层次的。对经济绩效进行评价之前，我们必须首先了解传媒产业经济目标的具体内容是什么，毋庸置疑的是，这个目标本身是多元化的，但是从经济学的角度看，社会福利是最主要、也是最具综合性的目标。当然社会福利目标本身也包括了社会经济活动的效率、公平、稳定和进步等多层次、多方位的内容，这也就决定了对经济绩效的评价必然是多层次和多方位的。衡量传媒产业的经济绩效应从产业资源配置效率、产业规模结构效率、产业技术进步状况等方面进行综合评价。

1. 产业资源配置效率。资源配置效率是评价市场绩效的最重要标准之一，它主要强调市场的效率目标。资源配置效率是从消费者的效用满足程度和生产者的生产效率大小的角度来考察资源的利用状态。它的内容可以分为三个方面：一是有限的消费品在消费者之间进行分配以使消费者获得的效用满足程度；二是有限的生产资源在生产者之间进行分配以使生产者所获得的产出大小；三是同时考虑生产者和消费者两个方面，即生产者利用有限的生产资源所得到的产出大小程度和消费者使用这些产出所获得的效用满足程度。评价资源配置效率最常用的指标有利润率、勒纳指数、贝恩指数三个直接指标和市场结构、X非效率两个间接指标。

(1) 衡量资源配置效率的直接指标。西方微观经济学理论认为,资源的最佳配置状态应该是社会总效用或社会总剩余最大。剩余包括消费者剩余、生产者剩余和社会总剩余三方面的内容。下面是衡量资源配置效率的三个直接指标:

①利润率。在完全竞争条件下,各种资源在产业间、企业间是自由流动的,各产业的利润率趋于平均化,所有的企业都只能获得正常利润,不存在垄断利润。因此,可以用产业的利润率水平作为测度资源配置效率的指标。利润率的一般计算公式为:

$$R = (\Pi - T)/E \qquad (7-1)$$

式中:R——税后资本利润率;

Π——税前利润;

T——税收总额;

E——自有资本。

产业间是否形成了平均利润率是衡量社会资源配置效率是否达到最优的一个基本定量指标,似乎可以推断,利润率越高,市场就越偏离完全竞争的状态。因此利润率也被作为研究市场结构对市场绩效影响的一个指标。以贝恩为代表的产业组织学者相继对不同产业的长期利润率同市场结构的若干要素之间的相关关系进行了实证研究,其研究结果表明产业的集中度、企业规模、效益之间存在正相关关系。

②勒纳指数(Lerner Index)。所谓勒纳指数是指产品价格与边际成本的偏离率,其计算公式为:

$$L = (P - MC)/P \qquad (7-2)$$

式中:L——勒纳指数;

P——价格;

MC——边际成本。

勒纳指数的数值在0和1之间变动,在完全竞争条件下,价格等于边际成本,勒纳指数等于0;在垄断情况下,勒纳指数会大一些,但不会超过1。勒纳指数本身反映的是当市场存在支配能力时价格与边际成本的偏离程度。因此,勒纳指数越大,表明获取超额利润的能力越强,反之亦然。但勒纳指数无法反映企业为了谋取或巩固垄断地位而采取的限制性定价和掠夺性定价行为,在这两种情况下,勒纳指数接近于0,但是都不表明该市场是竞争性的。在勒纳指数的实际计算过程中,由于边际成本的数据很难获得,常常要用平均成本代替边际成本。

③贝恩指数(Bain Index)。贝恩指数是著名的产业组织学者贝恩提出的一个指标,他把利润分为会计利润和经济利润两种,它们的计算公式分别是:

$$\Pi a = (R - C - D) \tag{7-3}$$

式中:Πa——会计利润;
　　　C——当期总成本;
　　　R——总收益;
　　　D——折旧。

$$\Pi e = (\Pi a - iv) \tag{7-4}$$

式中:Πe——经济利润;
　　　i——正常的投资收益率;
　　　V——投资总额。

贝恩指数代表的是产业的超额利润率。它的理论依据是,如果市场上持续存在超额利润,就说明存在垄断势力,且超额利润越高,垄断力量越强。

(2)市场结构和资源配置效率。微观经济学的理论研究表明,一般情况下,市场竞争越充分,资源配置效率就越高,与此相反,市场垄断程度越高,资源配置效率越低。在完全竞争的市场结构条件下,资源配置的状态是最优的,也即消费者获得最大效用,生产者获得最大产出,消费者的最大效用和生产者的最大产出同时出现;与理想的完全竞争相比,垄断市场的供应量比完全竞争市场低,而垄断价格通常比完全竞争价格高。因此垄断企业通过较高的价格和较低的产量提供商品,攫取了一部分消费者剩余,使消费者剩余减少。与此同时,还导致了一部分剩余的永久性损失,即所谓的社会福利的净损失,即效率损失。此外,垄断企业为了谋取和巩固垄断地位,需要经常采取一些特殊的手段并为此支付巨额的费用,比如广告和特殊的产品差异化,设定人为的进入壁垒等。从经济学角度分析,这些为完全竞争市场所不必要的手段及其开支,都是一种社会资源的浪费。而在垄断竞争市场条件下,市场的资源配置效率介于前两者之间。显然,以资源配置效率为标准有明确的政策含义,显然完全竞争是一种理想状态,现实中并不存在,但可以以它作为制定政策的参照系,产业组织政策的指向是市场结构和市场行为,通过限制垄断,促进竞争,从而达到提高资源配置效率的目的。

(3) X非效率与资源配置效率。X非效率是指在垄断企业的大组织内部存在着资源配置的低效率状态,因此它是衡量企业内部组织效率的一个因素。X非效率的概念是由美国哈佛大学教授莱宾斯坦首先提出的。莱宾斯坦提出这一概念的目的是要说明,免受竞争压力的保护不但会产生市场配置的低效率,而且还会产生另外一种类型的低效率:免受竞争压力的厂商明显存在超额的单位生产成本。莱宾斯坦、弗朗茨以及日本学者马场正雄等人的研究表明,X非效率产生的主要原因是企业内部不同集团的利益目标不一致;企业规模扩大导致组织层次增加,信息沟通的速度和质量下降,从而使企业的管理成本上升,效率下降;垄断企业在没有竞争压力的条件下,缺乏成本最小化的动机。

2. 产业规模结构效率。产业规模结构效率是指产业经济规模和规模效益实现的程度,它也是市场绩效的重要方面。产业规模结构效率既与产业内单个企业的规模经济水平密切相关,也反映出产业内企业之间分工协作水平的程度和效率。主要用达到或接近经济规模的企业产量占整个产业产量的比例,以及垂直一体化的企业产量占流程各阶段产量的比例来反映产业内经济规模的实现程度。规模经济通常是指产品的单位成本随着规模即生产能力的提高而逐渐降低的规律。规模经济可分为产品规模经济、工厂规模经济、企业规模经济和产业规模经济等四个层次。在产业组织理论中，重点考察的不是某个具体企业的规模经济，而是指整个产业的规模经济，但产业规模经济又是与产品、工厂和企业的规模经济状况密切相关的。

3. 技术进步程度。技术进步渗透于产业的市场行为和市场结构的各个方面，但最终是通过市场效果表现出来，可以说技术进步反映了一种动态的经济效率，所以它是衡量市场绩效的一个重要指标。美国著名经济学家熊彼特把技术进步分成发明、创新和技术转移三个阶段。发明是构思对人类生活和生产活动有用的新产品或新方法以解决相关的技术问题。产业技术进步的这一阶段相当于研究开发。创新是指发明的第一次应用并导致一种新产品或新的生产方法的出现，对产业而言，就是企业家通过市场调查等可行性研究并筹集资本，将发明成果付诸实践，提供新产品和新的生产工艺。技术转移是新产品和新的工艺方法被广泛应用，对于产业而言，就是指新产品和新的工艺方法广泛应用时，所伴随的新技术的模仿和扩散过程。

8.1.2.2 社会绩效的测度方法

传媒产业的社会绩效并不是指传媒企业创造的利税、就业率等经济指标，而是指传媒作为精神产品，对公众和社会创造的无形价值。可以用政治绩效和公共绩效两个指标来衡量。

1. 政治绩效指标。传媒产业的政治绩效，从广义上讲就是传媒内容产品在传达党和国家方针政策、配合思想政治工作、加强社会主义精神文明建设方面所取得的社会成果。即所谓的"舆论引导的政治指标"，毋庸置疑，就是传媒要坚持正确的舆论导向。从传播学的视角来看，新闻宣传着眼于新闻主体，即宣传者的论点、意图如何在宣传对象上得到最满意的实现。因此，新闻宣传是一种观念输出活动，体现的是新闻的政治效益。对于传媒产业政治绩效的评估，可以从舆论导向、节目内容、表现形式、社会效果和保障体系五个方面进行评估，形成一个完整的绩效评估子系统。舆论导向正确是党委宣传的基本要求；节目内容健康和表现形式活泼是宣传到位的必要保证；社会效果良好是政治宣传的基本目标；质量保障体系是政治绩效长期稳定实现的前提。

2. 公共绩效指标。传媒产业的公共绩效是指传媒内容产品对人们的思想所产生积极作用。探讨传媒产业公共绩效评估指标之间的逻辑关系，必须先了解传媒产业公共绩效的产生模式，具体过程如下：

传媒内容产品→受众→受众反应→公共绩效

从上述传媒产业公共绩效的产生模式来看，受众反应作为公共绩效的反映形式，是衡量传媒产品有没有公共绩效、公共绩效如何的直接表现，是公共绩效评估的标准。然而，由于公共绩效的本质是一种精神反应带来的外部行为，具有模糊性和不可量化性特征，而且，受众认可或满意的节目未必公共绩效高，因此，评估传媒产业公共绩效还必须研究传媒产品的内容质量。为了便于量化，在保证传媒产品政治绩效的前提下，可以用社会占有率来衡量传媒业的公共绩效。广播电视业用人口覆盖率来衡量，报纸期刊产业可以用人均拥有量来衡量。

8.1.3　中国传媒产业产业绩效的实证分析

本节将对我国传媒产业的产业绩效进行全面考察，以便为下一章研究我国传媒产业政府规制的重构和产业政策的调整，提供实证依据。

8.1.3.1　传媒产业资源配置效率

资源配置效率是指传媒产业的资源利用效率。由于我国传媒产业的统计指标体系尚在完善之中，财务核算上相当部分是采用事业单位会计制度，仍然以收付实现制为核算基础，难以实行有效的成本核算。因此，在分析传媒产业的资源配置率时，只能以相关的数值来测算,而没法完整地取得各类传媒的资产与利润水平数字。由于传媒产业的利润主要来自于广告收入,所以,可以用广告经营额增减情况,从侧面反映传媒产业的市场绩效。

1. 中国传媒产业的广告额高速增长,资源配置效率有所提高。如图8-1所示,1991~2005年我国四大传统媒体广告经营额呈直线增长的态势,平均年增长率达到了30%。根据《2006年:中国传媒产业发展报告》,2005年,中国传媒产业总产值达到了3205亿元。从侧面反映了中国传媒产业市场绩效从指标上看应该是增长的。这主要源于以下几个方面原因:其一,源于20多年来中国经济平稳发展的宏观大环境;其二,源于中国文化体制改革的推进,传媒机构开始由事业单位向企业单位转制,传媒机构市场化运作意识增强;其三,源于传媒技术的进步和发展不断改进了传播的手段和内容。但是我们必须看到,较好的广告增长情况,只能从侧面反映资源配置效率在提高,但并不等同于良好的市场绩效。

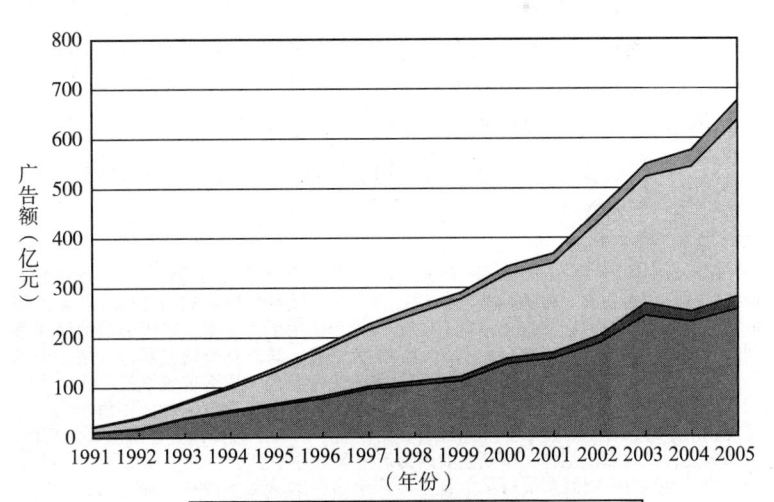

图8-1 1991~2005年我国四大传统媒体广告经营情况

2. 广告客户的需求尚没有得到满足,对经济的促进作用有待进一步提高。从第 6 章表 6-6 的数据可知,我国广告经营总额从 1983 年的 2.34 亿元增长到 2005 年的 1416.35 亿元,增长了近 605 倍。但是广告经营总额占国内生产总值的比重极低,2005 年为 0.78%,最高的年份是 2002 年,也仅为 0.882%。与美国广告收入占 GDP 比重的平均值 2.3% 相比,我国广告收入占 GDP 的比重明显偏低。这一方面说明我国传媒产业在广告市场方面的开发潜力巨大,另一方面也说明我国传媒市场还有很大一部分客户的需求没有得到满足,传媒产业对经济发展的带动作用有待进一步提高。

3. 传媒机构存在 X 非效率。[1] 中国传媒产业内部存在 X 非效率现象,其主要原因为:一是传媒机构产权不清晰,市场主体地位不明确,将会产生大量"搭便车"的现象,即指某些人或某些团体在不付出任何成本的情况下从别人或社会获得收益的行为,最终导致市场机制的失灵;二是传媒机构实行的是事业单位体制,没有形成有效的公司治理结构,缺乏一系列权力制衡机构的设置,决策、营运和管理存在较大的随意性,也容易出现所谓的"内部人控制"[2] 现象;三是不同利益集团的目标不一致。传媒机构负责人都采取任期制,因关心的是政绩而盲目地开展形象工程。一般职工关心的是其既得利益不受损失,由于目标的不一

---

[1] 莱宾斯坦(Leibenstein,1966)提出了 X 非效率理论,他认为,自然垄断的传统观点假定企业能有效地购买和使用生产要素,垄断的弊病只是价格和产量的扭曲。但实际上,企业在管理上不能有效地购买和使用生产要素,它所引起的潜在福利损失要比哈伯格三角形和寻租费用的成本大得多。缺乏竞争的垄断市场结构中的垄断者不会追求成本最小化。受规制产业中的垄断者丧失了追求成本最小化与利润最大化的动力,从而导致了 X 非效率。莱宾斯坦对产生 X 非效率的原因解释为,在受规制的垄断市场上,垄断企业从经营者到作业者的每个成员都会显露出人的惰性,久而久之,惰性变成惯性,垄断企业内部产生 X 非效率。

[2] 内部人控制概念最初是由日本经济学家青木昌彦(1994)提出的,根据他的定义,内部人控制是指从前的国有企业(SOE)的经理或工人,在企业公司化的过程中获得相当大一部分控制权的现象。公司治理中的内部人控制泛指企业管理者在掌握企业人部分的控制权后,利用企业所有者信息不对称的弱点,侵蚀、瓜分企业财产的现象。

致必然会降低企业的运行效率;四是企业规模的扩大会导致组织层次增加、信息沟通的速度和质量下降,管理成本上升、效率下降。如近几年我国各类传媒集团不断涌现,由于体制不到位,传媒集团组建后非但没有实现规模经济,反而加大了管理成本。五是由于严格的进入规制导致了市场垄断,在没有竞争压力的情况下,企业出现缺乏成本最小化的动机。

4. 严格的进入规制导致了传媒企业获取超额利润,降低了资源配置效率。在中国由于传媒产业实行严格的进入规制,业外资本和国外资本难以进入,所以竞争是不充分的。在一个地区的同一类型的报纸往往只有少数一两个被"许可"进入,广播、电视更是只有省级和地市级两个台,如果我们将"许可"作为一种"生产要素",则其具有很高的稀缺性,所以,传媒机构往往可以获得超额利润即特殊的生产者剩余和经济租。也就是说,当其他生产者不能进入或者没有进入的动机时,传媒机构可以获得超额利润或反映了经济租成分的利润。虽然近年来我国媒体数量在增加,竞争有所加剧,但这种竞争往往限于恶性的价格战,缺少规模化、专业化的有效竞争,传媒产品的质量、传媒机构的效率并未提高。相反由于进入政策的保护,一张亏损多年的报纸也可以长期存在,不会破产或被兼并,降低了资源的配置效率。

5. 传媒体制导致了传媒市场处于条块分割状态,阻碍了资源合理流动。我国传媒体制的一大特点是逐级办媒体,党中央办全国性媒体,省委、市委分别办省级、市级媒体,其逻辑结果是形成了大圈套小圈的块块分割的市场格局。这种条块分割导致了部门、地区之间各自为政,使得现代化经济所要求的横向经济联系和资源在全社会范围内的合理配置无法实现,要实现社会化大生产的有效分配和协作困难重重。更由于行政壁垒和区域市场封锁,传媒资源无法通过市场实现优化配置,使得传媒产业跨地区经营艰难,一些实力雄厚的传媒集团无法向外扩张,产业配置效率大打折扣,造成了社会福利的净损失,严重地影响了我国传媒产业的发展。

8.1.3.2 传媒产业规模结构效率

传媒产业规模结构效率一个重要的衡量指标是能实现盈亏平衡的传媒机构营业收入占整个市场的比例。近几年，中国传媒产业规模结构效率在政府的推动下有所提高，主要表现在两个方面：一是上规模媒体的数量大幅提升。从表8.1情况看，广告额超亿元的媒体数量由1999年的50家增长到2005年的116家。二是上规模媒体的市场份额增加，市场趋向集中。超亿元媒体广告总额由1999年的182.28亿元增长到2005年的574.22亿元，占四大媒体广告总额的比重由62.87%上升为85.06%。三是在政府的推动下我国组建了大批传媒集团。以报业为例，截至2004年，我国共有39报业集团，拥有报纸的数量占全国报纸总量的17%，但是平均期印数占全国总量的30%，总期印数占全国的41%；总印张占全国总量的56%。说明我国传媒产业市场中，拥有一定规模经济的传媒集团已经成为了传媒收入的重要提供者，反映出传媒市场的规模结构效率已有大幅度提高。

表8-1　1999~2000年中国广告额超亿元媒体的市场情况

年份	超亿元媒体数	超亿元媒体广告额	四大媒体广告总额	比重
1999	50	182.28	289.92	62.87
2000	68	246.18	341.91	72
2001	85	299.28	367.79	81.37
2002	86	338.44	457.41	73.99
2003	96	426.08	547.8	77.78
2004	88	428.63	575.57	74.47
2005	116	574.22	675.06	85.06

资料来源：中国广告协会。

虽然我国传媒产业规模结构效率近年来有所改善，但是任务还相当艰巨。从上面的数字可以看出，我国2005年有各类媒体上万家，而广告额上亿元媒体只有100多家，说明依然存在着大量的小规模的传媒机构，还远未达到产业规模结构效率的理想状态。综合分析，我国传媒产业规模结构效率呈现以下两方面特点：

一是在政府主导下的企业整合，一方面快速推动了产业规模结构效益的提高，另一方面也造成了资源浪费。从1996年中国第一家传媒集团广州日报报业集团成立起，截至2004年，全国共有传媒集团85家，之所以能在短短几年时间内组建起数量众多的传媒集团，主要是政府推动的结果。在强大的行政力量推动下，既组建了报业集团、广电集团、出版集团、发行集团等核心竞争力较强的优势群体，又推出了包括报纸、期刊、广播电视、通讯社等多种媒体在内的传媒集团，还创办了报刊出版和广告、印刷等相关产业纵向一体化传媒集团，以及传媒产业和其他非相关产业联合的混合式传媒集团。传媒集团的建立加快实现了传媒产业的规模经济，增强了与国际传媒集团抗衡的能力。但是这种在政府干预下组建的传媒集团，缺乏市场动力和机制。西方发达国家传媒集团是在自由竞争条件下形成的，传媒集团是企业资源配置的需求所致，资本是推动传媒集团化的纽带，企业内部资源就可以得到优化配置。而我国在政府行为下组建的传媒集团成了原有传媒单位的翻牌，甚至成了当地政府的政绩或者形象上程，所以，经济效益反不如组建集团前的案例并不为奇。

二是我国传媒产业的企业规模有所提高，但与发达国家相比仍有较大差距。中国最大的传媒集团为中国广播影视集团，2005年收入为100多亿元人民币，与发达国家的传媒集团相比，经营规模相差甚远。国际传媒巨头维亚康姆公司（Viacom Inc.）2002年总收入达246亿美元，全球最大的娱乐传媒帝国迪斯尼集团2002年的总收入达253.29亿美元，由默多克创立的新闻集团2002年总收入为151.95亿美元，而我国2005年的传媒产业总收入仅为3205亿元人民币。从经营规模上看我国传媒集团无法与这些国际传媒巨头抗衡；从经济效益看，国外传媒集团以利润为最大化目标，对运作成本控制极其严格，而中国传媒属于事业单位性质，效益欠佳。

8.1.3.3 传媒产业的技术进步状况

近年来,我国传媒产业技术水平有了大幅提高,技术创新的贡献程度加大。一方面,以手机、互联网为代表的各类新媒体大幅涌现,IP 电视、数字电视、手机报纸、博客、播客有了长足的发展,新兴的手机电视初露端倪。另一方面,传统媒体积极吸收新技术,发生了翻天覆地的变化。在报刊业,激光照排和胶印技术大大地提高了报纸印刷的质量和速度,使印刷效率得到极大地提高;计算机编辑系统使报纸编辑成本更低、适时性更强、广告版面更加灵活、信息量更大;卫星传输技术使远距离的传递版面成为可能,这使得报纸的发行范围更广,创办报纸的成本更低,也使得创办更有针对性的地区版成为可能。在广电业,光纤传输技术使传输节目更多,计算机编辑系统大大提高了编辑效率。可以看出,新技术的应用改变了中国传媒产业过去非集约化生产和粗放式经营方式,提高了国际竞争力。

8.1.3.4 传媒产业的社会绩效评价

我国传媒产业始终坚持党的领导,充分发挥了党的"喉舌"功能,对保持社会稳定起到了巨大作用。从公共绩效看,我国传媒产业各类媒体的社会占有率都有了显著提高,丰富了人民的精神生活。1983 年至 2005 年,我国广播电视人口覆盖率逐年提高,广播人口覆盖率由 1983 年的 64.5% 增加到 2005 年的 94.4%,电视人口覆盖率由 1983 年的 59.9% 增加到 2005 年的 95.8%(如图 8-2 所示)。我国广播电视人口覆盖率的提高,主要是源于各级政府投入巨大的财政资金,并非市场行为的结果。在传媒产业中,广播电视是财政拨款最多的行业,2003 年全国广播电视系统财政拨款高达 73.72 亿元,主要用于补充事业经费的不足和覆盖网络建设。

1983 年至 2005 年,我国报纸总印数由 1983 年的 155.11 亿份增加到 2004 年的 402.4 亿份,增长了 160%。2005 年虽然总印数有所下降，但仍达到了 282.3 亿份。我国期刊总印数由 1983 年的 17.69 亿册增加到 2004 年的 27.59 亿册，增长了 56%（如图 8-3 所示）。

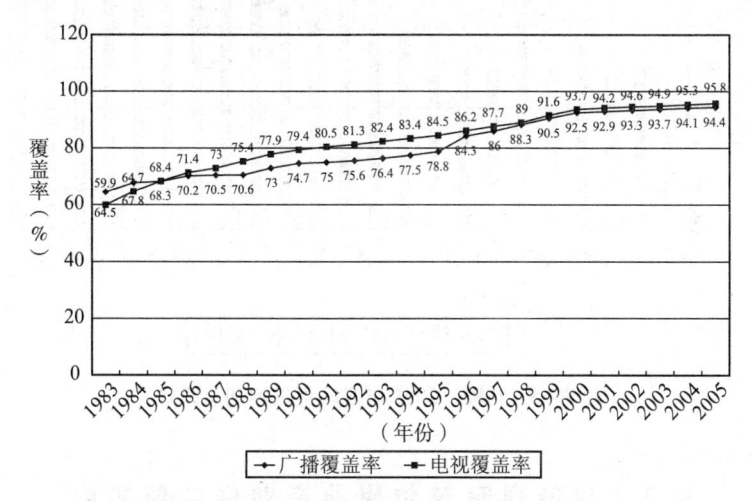

图 8-2　1983~2005 年我国广播电视人口覆盖率

近几年，我国互联网的覆盖率也大幅提升，网民人数由 2001 年的 2650 万人增加到 2006 年的 1.23 亿人，5 年间增长了 3.6 倍。

从上面的数字看，我国传媒产业的社会占有率有了大幅提高，但是远远没有满足受众的需求。2005 年我国每千人报纸的拥有数量为 21.7 份，而日本 1994 每千人报纸的拥有数量为 576 份，美国为 228 份，德国为 317 份。据国家广播电影电视总局的统计数据，2005 年我国共播出电视节目 3195 套，播出广播节目 2647 套，远小于美国的节目数量。因此可以得出结论，我国传媒产业虽然有了长足的发展，但是远没有满足受众的需求，还有相当大的发展空间。

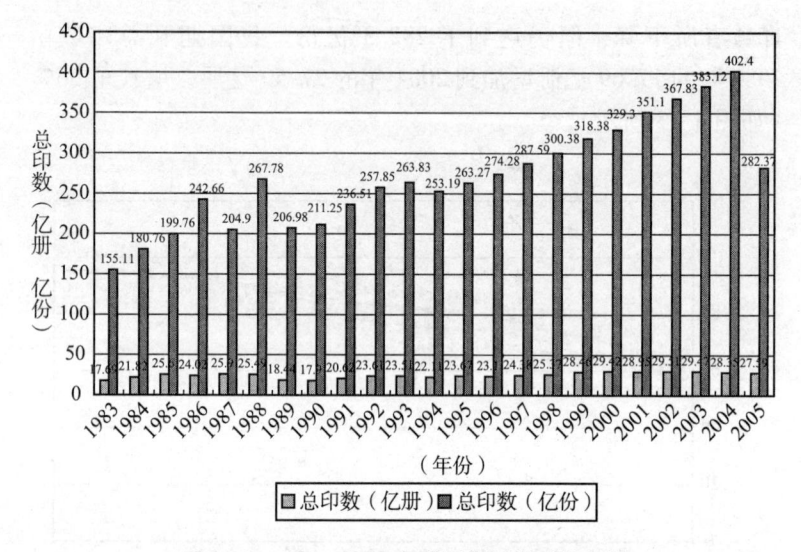

图 8-3　1983~2005 年我国报纸期刊总印数

8.2　政府规制对传媒业产业绩效的影响

政府对传媒产业的规制方式多种多样，有针对市场结构的进入规制，有针对市场行为的价格规制（价格补贴和行政摊派为变相的价格规制），有针对产品质量的内容规制。三种规制方式都会影响传媒产业的产业绩效。

8.2.1　进入规制对绩效的影响

目前中国传媒市场的进入规制非常严格。《出版管理条例》规定，创办报纸期刊实行严格的审查批准程序，而且指出设立出版单位应当"有符合国务院出版行政管理部门认定的主办单位及其必要的上级主管机关"。电台、电视台的设立就更为严格，实行政府办台的体制。《广播电视管理条例》规定电台、电视台由县及县以上政府的广播电视行政部门设立,教育电视台可由设区的市以上政府教育行政部门设立,其他任何单位和个人不得设立广播电台、电视台。电台、电视台不得出租、转让播出时段。

传媒市场进入规制的最直接效果是减少了既有传媒的市场压力,使其可以获得长期超额利润,但是导致了社会福利和效率的损失。如图8-4所示,D为传媒市场的受众和广告主的需求曲线,在市场准入条件严格时,传媒产品的生产曲线为S_1,传媒产品的定价水平在P_1,供给量为Q_1,媒体所获得的收益为P_1FQ_1O。当市场准入条件宽松时,潜在进入者会迅速创办新的媒体,使生产曲线S_1向右下方移动至S^*,假定受众和广告主的需求曲线D不变,此时价格为P,供给量为Q,媒体所获得的收益为PCQO。可以看出,当市场准入条件严格时,传媒产品的价格高于市场准入条件宽松时的价格,损害了受众和广告主的利益,并且造成了社会福利的损失(为图中三角形FGC)。

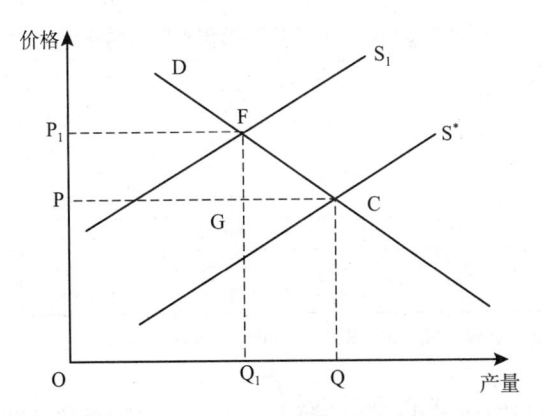

图8-4 进入规制造成的福利损失

综上所述,传媒产业的进入规制,不仅损害了受众和广告主的利益,扼杀了传媒业的竞争活力,而且造成了社会福利的净损失,降低了产业绩效。

8.2.2 政府补贴和行政摊派对绩效的影响

在传统计划经济体制下,我国传媒都是由国家财政拨款办起来的,属于全额拨款的事业单位。向市场经济转型以来,越来越多的传媒机构开始和国家财政脱钩。但是由于经济上难以完全独立,仍然存在各种形式的政府补贴。如广播电视业,2003年总收入为567.79亿元,其中政府补贴为73.71亿元,占总收入的比重为12.98%,并且比重有逐年增加的趋势(见表8-2)。报纸期刊行业虽然大部分已改革为自收自支的事业单位,也仍然存在各种形式的补贴。由于存在政府补贴的后路,传媒机构同政府有关部门讨价还价有可能得到比市场收益更多的利益,传媒机构就不会全心全意地进行市场拼搏,传媒的生产会越来越脱离市场。

表8-2　　　1998~2003年我国广播电视业收入情况表　　单位:亿元

年　份	总收入	政府补贴		广告收入	
		实际数额	所占比例	实际数额	所占比例
1998	305.35	43.01	14.09	158.14	51.79
1999	364.30	44.67	12.26	184.65	50.69
2000	430.98	48.59	11.27	239.81	55.64
2001	476.86	57.43	12.04	254.79	53.43
2002	415.02	53.78	12.96	279.58	67.37
2003	567.79	73.71	12.98	325.81	57.38

资料来源:国家广播电影电视总局,http://www.sarft.gov.cn。

随着我国市场化进程的深入,政府直接的财政补贴方式生存的空间越来越小,于是又产生了另一种变相的补贴方式——行政摊派。尤其是在报业,前几年强迫征订的现象很普遍。这种行政摊派的方式也会造成社会福利的损失。

政府直接或变相的财政补贴方式对社会福利的损失是很明显的。如图8-5所示,D为传媒市场的受众和广告主的需求曲线,传媒产品的生产曲线为 S_1，在没有行政摊派的情况下，传媒产品的定价水平在 P_1，对应的销量为 Q_1。如果通过行政摊派的方式，将销量提高到 Q，此时传媒机构增加的收入为 $FCQQ_1$，而三角形 FCB 为受众和广告主非愿意购买的产品，也就是行政摊派所造成的福利损失。

若不采用行政摊派的方式将销量提高到 Q，而是采用政府补贴的方式将销量提高到同样的水平，则社会福利损失会更大（如图 8-6 所示）。图中，D 为传媒市场的受众和广告主的需求

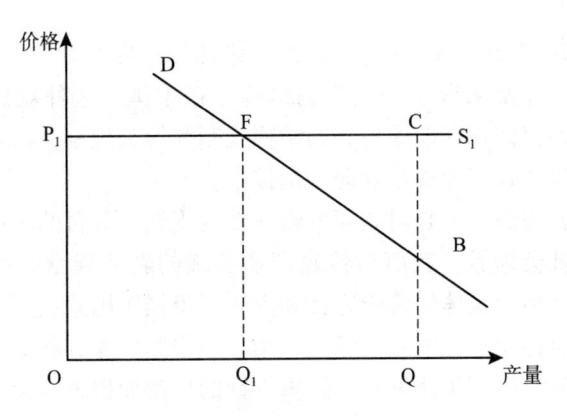

图 8-5 行政摊派造成的福利损失

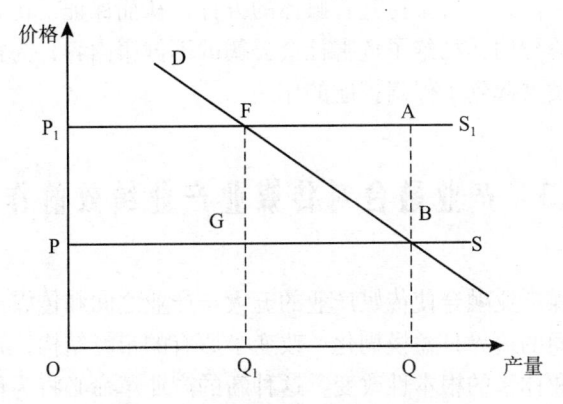

图 8-6 政府补贴的低效率状况

曲线,在不存在政府补贴时,传媒产品的生产曲线为 S_1,传媒产品的定价水平在 P_1,销量为 Q_1,媒体所获得的收益为 P_1FQ_1O。若采用政府补贴的方式将销量提升到 Q 时,传媒产品的生产曲线为 S_1 下移至 S,假定受众和广告主的需求曲线 D 不变,此时价格下降为 P,政府提供的补贴为 PP_1AB。可以看出,这种情况下,财政补贴比行政摊派效率更低。

8.2.3 内容规制保障了社会绩效

传媒产业的特殊性之一就在于它具有公共产品的性质,各国对传媒产业都采取了一些规制措施。在中国,这种规制更加严格,它不仅体现在前面提到的结构规制和行为规制,而且也体现在政府对传媒产业舆论导向的调控中。

内容规制主要是对新闻编辑方针的规制,其目的是保障传媒产业的社会绩效。政府对传媒产业实施的新闻规制政策主要包括:规定新闻媒体的编辑方针和内容不得损害国家利益或危及国家安全、控制传媒的政治倾向、禁止或限制传媒登载危害社会道德的内容、避免集团利益对编辑方针的控制而损害社会公正或公众利益等。

在中国,一直坚持党管媒体的方针,从而保证了传媒产业的正确舆论导向,杜绝了危害社会公德的不健康内容,为社会稳定和经济发展起到了保驾护航的作用。

8.3 产业融合对传媒业产业绩效的作用

传媒产业融合使传媒产业的五大子产业之间和传媒产业与电信业之间的边界日益模糊化,改变了原有的市场结构,是对原有传媒产业体系的根本性改变。这种新的产业革命必将为传媒产业带来更好的产业绩效和巨大的增长效应,为消费者带来更加多样化的选择。具体表现为：产业融合催生了新产品和新服务，扩大了受众的选择空间；增加了市场的竞争性，优化了资源配置效率；促进了资源整合，改善了产业规模结构效率；推动了技术创新和进步，改进了传媒产业的增长机制和方式。

8.3.1 催生了新产品，扩大了消费者的选择空间

发生在电信、互联网、报刊和广播电视产业之间的产业融合首先是技术融合。这种技术融合是建立在革命性技术创新之上的新型技术创新，具有极强的扩散性，技术融合将激发各种形式的创新，为更多的新产品和新服务的出现提供了可能。另外，产业融合打破了各产业间的分立，促进了新参与者的进入，使得市场竞争进一步激化。激烈的市场竞争迫使原有传媒企业加快技术创新和产品创新的步伐，与新进入企业一起为消费者提供新的产品和服务，进一步刺激了新产品、新服务的开发，创造了新需求，开辟了新市场。

1. 产业融合催生了新产品和新服务。信息技术和网络技术具有明显的扩散性和倍增性，报纸、期刊、广播、电视等四大传统传媒产业采用互联网和电信产业新技术，能够生产出新的产品。如四大传统传媒产业与电信产业的融合产生了手机报、手机电视、手机广播等新媒体；与互联网的融合产生了电子报纸、电子期刊、网络广播、网络电视（IPTV）；互联网产业也积极向传媒领域拓展，催生了博客、播客。另外，产业融合不仅催生了众多新产品，而且整合产品功能，大大提高了产品档次，使传统产品服务性能变得更丰富多彩。如数字电视和数字收音机在原有广播电视基础之上，能够提供更加完美的服务，还可以产生许多全新的服务运作程序，使消费者享受到了更多性能好、价格低的新产品和新服务，提高了的福利水平。

2. 产业融合开辟了新市场。产业融合形成的新产品或新服务，并不能完全取代原有的产品或服务，而是一定程度的与原有

的产品或服务存在互补性，如电子报纸期刊的出现，并没有使传统纸质报纸期刊消亡，而是一起服务于不同消费层次、不同消费习惯的读者。所以，产业融合使传媒产业的整体市场规模变得更大，开辟了新市场。这个新市场有两种不同的含义：一是开辟对所有参与者来讲都是新的市场，如网络广播，所有参与者都可以利用互联网这个平台开展广播业务；二是指参与者进入一个新的领域意义上的开辟新市场。电信、互联网、报刊和广播电视业间产业融合后，产生了一个新的运行平台，信息共享性更强，各子产业之间可以相互渗透，开拓"新业务"。如广播公司开始开发电信传输和服务业务；电信运营商正在从事有线电视和影音服务；有线电视业向通讯业拓展，利用有线电视网络传输文字信息和图像，开展电话业务。

3. 产业融合创造了新需求。在生产过程中，产业融合带来了新的产品和服务。在消费过程中，产业融合带给人们生活内容和工作方式的改变，满足了人们收入和生活水平提高后对更高层次消费品的需求。"供给创造自身需求"定律告诉我们，产品最终需求会随着产业融合的深入而不断得到提升。如手机电视、手机短信、手机报纸的诞生，提高了通讯网络的利用水平，给手机带来了新的需求。产业融合创造出的新需求，刺激新的产业产生和发展，推动了产业结构的升级。

8.3.2 增加了市场竞争性，提高了资源配置效率

产业融合打破了传媒产业的五大子产业之间和传媒产业与电信产业之间的分立状态，突破了原有产业间关联的瓶颈，改变了原有的产业体系，这必将加剧市场竞争，提高传媒产业的资源配置效率。

1. 产业融合加剧了市场竞争，强化了市场机制的资源配置功能。产业融合通过突破产业之间的边界，实现产业之间、企业之间新的联系，从而促进了更大范围的竞争。产业融合后促进了

更多参与者进入和开辟传媒市场,在融合后的传媒产业中,"企业数量自然会增加,竞争也自然会激化,在产业融合过程中,来自其他产业的企业也会新加入进来,竞争会进一步激化。竞争激化的过程中,肯定会发生企业倒闭和企业吸收合并等悲剧"(植草益,2001)。竞争的加剧使市场上企业优胜劣汰的速度加快,市场机制的资源配置功能得到强化,稀缺资源更顺利地向优势企业流动,从而提高了优势企业的生产能力和生产效率,提高了整个产业的资源配置效率。

2. 产业融合实现了资源共享,提高了资源利用效率。信息资源是传媒产业的主要资源,数字技术统一了各种信息资源的形式,把文本、音频、视频等不同形式的信息转化为统一的"比特"。在传媒产业融合过程中,不仅使信息资源得到最大化利用,而且使信息资源在更大范围和更深层面上与其他资源重新组合。在这一过程中,信息资源本身发生重大裂变递增,加速自我繁殖,进而进一步生产和创造出更多新的信息资源。所以,产业融合有力地整合传媒资源,实现了资源共享,提高了资源利用效率。

3. 产业融合扩展了企业范围经济效应,降低了交易成本。在企业生产经营过程中,要经常花费费用去搜寻交易对象,签订协议,还可能会因对方违约而遭受损失,这些都构成了"交易费用",在企业内部交易成本低于社会交易成本的前提下,企业的规模扩大是有效率的。传媒产业采用数字技术减少了信息内容对载体和传输平台的依赖性,大大减弱了传媒产业的资产专用性,提高了企业的范围经济特性,延伸了企业的生产与经营边界,扩大了企业规模。因此,在产业融合过程中,传媒企业利用范围经济优势,通过购并活动,可以实现资源、技术、业务内容的重新整合,降低企业生产与交易成本,提高经济效益。

4. 产业融合产生了融合经济效应,优化了资源配置。产业融合将在企业经营成本方面发生融合经济效应,即企业平均成本随着产业及企业融合程度的增加而减少。美国学者(Banker,

Chang & Majumdar, 1998）通过对 1988~1992 年信息通讯产业的资料进行检验，得出结论为：由于拥有共同的基础设施资源，导致这些被检验企业的单位平均成本减少[①]。这说明信息技术的融合对减少企业成本具有正相关影响，从而支持了技术和产业融合改善信息产业绩效的论点[②]。另外，传媒产业融合过程中也会产生学习效应，工作过程也可视为一种学习的过程，学习效应来自于工作中经验的积累。与这种经验直接相关的经济意义在于它有利于改善组织管理，提高工作效率，从而使生产表现出收益递增，并降低企业生产成本。因此，企业生产平均成本的降低和学习效应使产业融合产生了融合经济效应。以美国在线与时代华纳的整合为例，其整合的动因是相互利用对方的资源。时代华纳拥有 CNN、HBO、出版公司、唱片公司、电影制片厂、《时代》杂志、《财富》杂志、《人物》杂志和《体育画报》等等，多年来它一直在尽力开拓因特网业务，投资巨大，但收益甚微。美国在线是世界第一大互联网提供商。作为互联网提供商，其争取客户的重要手段是内容，它曾努力自己开发新的内容，但同样收效甚微。通过合并，时代华纳可以借助美国在线的多媒体平台和宽频网络，提供交互式信息娱乐内容，开展网络广告、营销和电子商务。美国在线可以共享时代华纳在新闻、娱乐、体育等领域的丰富内容。因此，美国在线与时代华纳合并强化了二者的优势地位，优化了资源配置。

8.3.3 降低了企业的最小经济规模，改善了产业规模结构效率

产业融合改善了传媒业产业规模结构效率，主要源于产业融

[①] 岭言. 产业融合发展——美国新经济的活力之源. 工厂管理, 2001 (3)：25~26。
[②] 杨春学. 信息技术对美国经济影响的计量估计. 经济学动态, 2001 (1)：14~16。

合使企业达到规模经济时所要求最小经济规模降低①。产业组织理论认为，如果某个产业相对于其市场容量而言最小有效规模很小，那么市场就可以容纳较多达到有效规模的企业，从而既能利用竞争促进资源优化配置，又能充分获得规模经济效益。产业融合降低了传媒产业的最小经济规模，原因有三：

一是产业融合使传媒产业各子产业的传送平台和接受终端趋向同一，传媒产业的资产专用性减弱，大大降低了传媒产业的沉没成本，从而使规模对于成本下降的重要性降低了。传媒产业的生产成本函数的改变，降低了传媒产业的最小经济规模。

二是产业融合使传媒产业呈现为横向的市场结构，使单个企业的生产工艺简单、前后生产过程之间依赖程度低、生产要素易于分割。在这样的产业中，企业合理规模的范围较大。

三是传媒产业融合后，形成了一个新的同一的运行平台，从而提高了生产社会化程度和专业化协作水平，意味着企业可以通过社会生产协作获得必需的中间产品，因此，可以放弃大而全的生产组织形式，相应缩小企业规模。

8.3.4 推动了技术创新和进步，改变了产业的增长机制和方式②

产业融合作为一种特殊的创新形式，将改变产业增长的减速规律。传统的产业经济理论认为，技术创新对各产业的生产率效应是不均等的，从而导致各产业的增长率不同，出现高增长部门替代低增长部门的趋势。而在产业融合这种技术创新的条件下，虽然各产业部门之间的生产率上升率仍是不均等的，但是各产业

---

① 经济规模也称最小有效规模（Minimum Efficient Scale 简称 MES），是指边际成本等于平均成本时实现的产量，也是企业长期平均成本最低时的产量水平。由于长期平均成本曲线呈 L 形，所以 MES 往往不是一个唯一值，而是一个区间。

② 本节核心内容笔者发表于核心期刊《生产力研究》2006 年第 7 期的《产业融合对产业结构政策的影响》一文。

生产率上升的差距在大大减小。报纸、期刊、广播、电视与电信产业的融合基础是数字融合,是数字技术在各产业部门的推广应用。而在数字技术应用方面,各子产业的应用起点、技术进步周期基本上是步调一致的,因而具有相近的技术进步率。与此同时,数字技术与各产业专用技术相结合,也会在不同程度上影响和改变其专用技术的生命周期,从而减轻了传统传媒产业的技术进步速率下降的程度。由此可见,产业融合将改变产业增长的减速规律,使各产业部门的增长率的差异大大缩小,产业间替代的动力减弱。

传统的产业经济理论认为:新技术的吸收是一个部门的过程,经济增长是主导产业部门依次更迭的结果。从较长的时间序列看,产业增长的速度随着该产业的成长、成熟到衰退而处于高速增长、均速增长和低速增长的变动中。若从任何一个时点看,总会看到多种处于不同增长速度的产业,即低增长部门、高增长部门和潜在高增长部门同时存在,这主要是因为各产业部门距离其创新起源点的远近不同所致。一般情况下,高增长部门距离创新起源更近而处于相对优势地位。随着时间的推移,当原有的高增长产业因创新的减缓而减速,便会被新的高增长产业所替代。产业融合将改变这一传统的替代规律,因为,从前面的分析可以看出,产业融合将使各产业与创新起源点的距离基本相同,技术进步周期的步调基本一致,从而各产业增长的速度差异缩小,产业间替代的动力大大减弱。因此,传媒产业将表现为融合后的传统传媒产业与互联网、电信产业并行发展的特征。

本 章 小 结

本章研究了传媒业产业绩效的测度方法,由于传媒产业具有意识形态和商品双重属性,要追求经济效益和社会效益的双重统一,因此需要从经济绩效和社会绩效两个方面来考察传媒产业的产业绩效。传媒产业的经济绩效指标有产业的资源配置效率、产业规模结构效率、技术进步程度等；社会绩效从政治绩效指标、公共绩效指标两项指标来考察。

本章还对我国改革开放以来传媒产业的产业绩效进行了实证分析，得出的结论为：我国传媒产业的资源配置效率和产业规模结构效率均有所提高，但是依然存在 X 非效率、严格的进入规制导致了超额利润、条块分割阻碍了资源的合理流动、存在着大量的小规模的传媒机构等问题。

本章探讨了政府规制对传媒产业绩效的影响。认为：传媒产业的进入规制不仅损害了受众和广告主的利益，扼杀了传媒产业的竞争活力，而且造成了社会福利的净损失，降低了产业绩效；政府补贴和行政摊派都会造成社会福利损失，且政府补贴比行政摊派效率更低；政府对内容的规制保障了传媒产业的社会绩效。

本章最后研究了产业融合对传媒业产业绩效的作用。产业融合是建立在革命性技术创新之上的产业革命，为传媒产业带来更好的产业绩效和巨大的增长效应，为消费者带来更加多样化的选择。具体表现为：产业融合催生了新产品和新服务，扩大了受众的选择空间；增加了市场的竞争性，优化了资源配置效率；促进了资源整合，改善了产业规模结构效率；推动了技术创新和进步，改进了传媒产业的增长机制和方式。

第9章
中国传媒产业的规制重建和政策调整

前些章节运用 RC – SCP 产业组织理论框架分别分析了传媒产业的市场结构、市场行为和产业绩效,并且重点分析了政府规制和产业融合对产业组织的影响,可以看出,政府规制和产业融合是决定传媒业产业组织的两个重要变量。在传媒业产业组织优化过程中,政府的作用具有特别重要的意义,政府的作用包括制定传媒产业政策和规制制度。研究经济理论的目的是应用于实践,促进中国传媒产业的发展是本研究着眼点之一。为此,本章重点研究中国传媒产业规制的重建和促进产业融合的产业政策调整。

9.1 中国传媒产业的规制重建

中国传媒产业发展过程中的许多问题根源于中国传媒产业现行的规制制度,因此,传媒产业规制制度的重建对中国传媒产业的发展具有重要意义。中国传媒产业与发达国家的最大区别是体制问题,并且传媒体制改革是重建规制的基础①,规制重建是体制改革的保障。为此,本节将首先探讨中国传媒产业的体制改革,在此基础之上,结合中国传媒产业的发展环境,分析传媒产业规制重建的理论和现实依据,提出中国传媒产业重建规制的目标和基本思路。

9.1.1 传媒产业规制重建的基础:体制改革②

不同的产权结构将产生不同的企业控制者,而不同的控制者将以自身效用最大化为原则来经营企业,会导致企业产生不同的市场行为和竞争态度,进而影响企业乃至整个产业的绩效。另外,政府规制也是通过影响和限制企业的行为来达到各种经济和社会目标。因此,产权制度和政府规制在提高产业绩效方面具有很强的互补性,在规制重建过程中有效规制制度的建立和产权改革之间是一种相互作用的、相互影响的关系。由于我国传媒产业实行严格的进入规制,使得非国有资本无法通过正当渠道进入,极大地影响了外部资本进入这个充满发展潜力的产业。目前,我国开始逐步放松传媒产业的进入规制,这就需要对产业内的传媒机构进行企业化改革,建立多元的产权结构,政府从所有者转变为规制者。只有完成体制改革,其他的规制手段才能真正发挥作用。因此,研究传媒产业体制改革具有特殊的现实意义。下面我们以我国报业制度变迁为例,在总结了我国传媒产业制度变迁演

---

① 沃尔斯顿研究了电信等基础产业规制与民营化改革的顺序问题,认为"先行确立制度和规制框架,然后再进行民营化是非常重要的,否则相反的做法只能使民营化创建一个垄断的民营企业而已"。但是,我国的传媒业与其他基础产业不同。我国传媒业长期使用的是计划经济的事业管理体制,产权改革只是传媒体制改革的一部分,目前传媒业改革的重点是"转企改制",建立市场竞争的机制,因此,传媒体制改革是重建规制的基础。但是在进行传媒业在进行产权改革前,一定要先行建立一套系统的规制框架。

② 本节内容选自笔者发表于中文核心期刊《新闻界》(2006年2月)的《传媒产业体制改革的制度经济学分析》一文,本书还被人大复印资料的《新闻与传播》2006年第9期全文转载。

进过程的基础之上，用新兴的制度经济学理论，分析了我国传媒产业制度变迁的特征，探讨了中国传媒产业制度变迁的路径依赖及创新途径，以期正确把握传媒业改革的正确方向。

9.1.1.1　我国传媒产业制度变迁的演进过程

改革开放前，我国传媒制度变迁可以分为两个阶段：第一阶段传媒市场规律的初期（建国初期～1956）。在此阶段，我国既有公营报纸，也有私营报纸和公私合营报纸，国家比较注意报纸的经济规律，而且也把报社作为企业来管理。第二阶段计划经济体制下的扭曲期（1957～1977年）。在这一时期，报纸实行了社会主义改造，私营和公私合营的报纸已经没有。从所有制上讲，报纸已经全部归国家来办，都属国有；从经营体制上来讲，报纸由企业改为事业单位；从报纸功能上讲，报纸的商品属性逐渐萎缩，政治属性越来越突出，尤其是在文化大革命时期报纸只剩下政治属性。

改革开放后，我国开始由计划经济向市场经济过渡，传媒体制改革也随之进行。纵观近30年来我国传媒制度改革实践，传媒制度改革都是在特有的宪政框架内进行的，呈现阶段式演进特征，大致可分为四个阶段：（参见我国媒介规制变迁的制度困境及其意识形态根源）

1. 企业化制度变迁期（1978～1985年）。1978年，《人民日报》与其他数家在京新闻单位联合向财政部要求试行"事业单位企业化管理"的经营方针。接着，1979年1月28日，上海《解放日报》率先刊登了"文革"后国内的第一则广告。1985年，河南《洛阳日报》率先走上自办发行道路，开创了国内报纸发行方式改革的新局面。从此，我国报业逐步从过去供给制办报——办报经费由国家财政全额拨付、生产数据由国家计划调配、无需参与任何经济活动，向"自主经营、自负盈亏、自我积累、自我发展"的企业化之路转变。

2. 市场化制度变迁期（1986～1995年）。20世纪80年代中后期，由于报业市场竞争加剧，报纸要将读者的注意力销售给广告商，必须要有吸引读者眼球的当家产品，提高报纸质量成为当务之急。报业经营名正言顺地回归主题——新闻采编服务于经营分配，即通过提高报纸的可读性来增强报社的核心竞争力，以争夺庞大的市场利润。这一阶段，报社从以编者为中心过渡到以读者为中心。广告市场的急剧增长使得报社急于扩充版面，以满足不断增长的广告市场需求。1987年1月1日，《广州日报》率先增张扩版，由原来每日出对开一大张四版，改为对开两大张八版，该报是广州地区乃至国内最早实行增张扩版的报纸。90年代初，房地产、日用品、商贸广告的大幅增长，为新兴市民报的发展提供了重要财源。在这种情形下，党委机关报纷纷创办晚报、都市报。这种经营分配制度和新闻采编制度相互促进、共同革新促进了中国现代报业雏形的形成。

3. 产业化制度变迁期（1996~1998年）。90年代中期，由于党委机关报兼办子报，为其带来丰厚的广告收入，在预期制度变迁带来的外在利润大于预期成本后，这些党委机关报积极谋划组建报业集团，开始自觉面对市场竞争，以集团公司的形式在市场中寻找更好的位置。1996年，国家新闻出版署正式批准了《广州日报》组建报业集团的请求，这是我国批准成立的第一个报业集团。1998年，新闻出版署又先后批准成立经济日报报业集团、光明日报报业集团、南方日报报业集团、羊城晚报报业集团、文汇新民联合报业集团等5个报业集团。与此同时，报业结构调整成为报业管理改革的重中之重，这种在行政力量的控制下传媒产业化制度变迁持续至今。到目前为止，已获国家批准成立的报业集团达41家。

4. 资本化制度变迁期（1999年至今）。1999年3月，湖南电广实业在深圳交易所上市，筹集资金4亿多元，无疑给新世纪的传媒资本经营研究提供了强有力的动力和启示。2003年12月31日，国务院颁发了《文化体制改革试点中支持文化产业发展的规定》和《文化体制改革试点中经营性文化事业单位转制为企业的规定》两个重要文件，意味着我国传媒体制改革已经过渡到资本化制度变迁的核心发展阶段。这将是中国报业乃至整个中国传媒业最深刻的一场体制变革，不仅将激活国有文化事业单位大量的存量文化资源潜力，还将激发目前市场中大量存在的民营文化产业的增量实力，从而极大地推动我国文化产业的跨越式发展。

9.1.1.2 我国传媒产业制度变迁的特征

由于传媒的特殊地位，为了维护国家和社会的稳定，转型期的中国传媒改革采取的是一种在维护传媒各利益主体既得利益的前提下进行妥协式、过渡式的渐进改良。按制度经济学理论，渐进式制度变迁是一种演进式的分步走制度变迁方式，具有在时间、速度和次序选择上的渐进特征。与以政府为主导的国企改革相比较，我国传媒业制度变迁过程呈现了变迁滞后性、诱致性、政府主导性的特征。

1. 从改革时间上讲，我国传媒制度改革明显滞后于经济体制改革。与经济体制改革相类似，传媒业改革的重点是解决如何面向市场的问题，即在利益的驱动下寻求市场化的走向。但是，传媒业不同于一般的产业，它是具有意识形态属性的特殊行业，它牵涉到国家的安全和社会的稳定，因此传媒业的改革不能冀求一蹴而就。基于上述考虑，我国传媒业的改革在时间和规模上都明显落后于经济体制改革，对此有人说中国传媒业的改革几乎是仿效或移植国有企业的改革模式。

2. 从制度变迁的方式上讲，传媒制度改革呈现了明显的诱致性特征。考察我国传媒近30年的制度变迁，创新集团起到功不可没的作用，在原有制度安排下，若不能获取外在利润，创新集团在评估了新的制度安排预期收入远大于预期成本后，自主采取创新措施，用新的制度安排代替现有制度安排，以获得外在利润。以报业为例，从1978年《人民日报》等中央级报刊主动打报告要求实行"事业单位，企业化管理"开始，到后来的恢复广告、自办发行、增张扩版、组建报业集团，以至于吸收业外资本等，都有创新集团自发性带头突破现有制度。创新集团在担负风险的情况下进行了制度变革，其他报社则在有利可图的情况下纷纷跟进。因此，这种由个人或一群人，在响应获利机会时自发倡导、组织和实行的制度变迁，是一种诱致性的制度变迁。①

3. 从制度供给的角度看，我国传媒改革带有明显的政府主导性特征。虽然我国传媒制度变迁表现出相当的诱致性特征，但是传媒制度变迁在总体上是由国家作为制度主体进行制度选择和制度变革的，国家在制度变迁的路径选择、推进的次序与时机的权衡中起到决定性作用，扮演着"制度决定者"的角色，是制度供给的主要来源。主要表现在：第一，由政府设置报业经营制度变迁的基本路向和准则。20多年来，我国的报业经营制度变迁都是在党的基本路线范畴内进行的，一切违反和损害基本路线的行为都将受到禁止。第二，对于报业制度的诱致性需求，最终都是政府以制度供给者的身份，通过法律、政策等手段实施制度供给，固化和推广民间诱致性制度变迁所取得的成绩和经验。第三，政府设置制度进入壁垒，限制微观主体的制度创新活动。总之，我国报业经营制度变迁，虽然以诱致性变迁为主，但这种自发性的制度安排都有强烈的政府主导性特征。

9.1.1.3 我国传媒产业制度变迁的路径依赖分析

诺思（1968）对制度及制度变迁的研究中提出了著名的制

---

① 制度经济学将制度变迁分为诱致性制度变迁与强制性制度变迁。前者的主体是国家，借助法律和政府政策自上而下来实现。后者是个人或团体受到潜在利益和机会的激励，自发组织和实行。二者各有优劣。强制性制度变迁的进展速度较快，但受到政府偏好、政策制定者有限理性、官僚政治、利益集团冲突等方面的制约，也违背了一致性同意原则，因此常出现"上有政策，下有对策"的现象。诱致性制度变迁符合一致性同意原则和经济原则，缺点是易导致外部性和搭便车的问题，同时由于它是一个自下而上、从局部到整体的过程，因此具有渐进性，推进速度较慢。

度变迁中的路径依赖理论。① 诺思认为，路径依赖类似于物理学中的"惯性"，一旦进入某一路径（无论是"好"的还是"坏"的）就可能对这种路径产生依赖。沿着既定的路径，经济和政治制度的变化可能进入良性循环的轨道，迅速优化；也可能顺着原来错误路径往下滑，甚至被"锁定"在某种无效率的状态下而导致停滞。一旦进入了锁定状态，要脱身而出就会变得十分困难。因此，路径依赖对制度变迁有极强的制约作用，在制度变迁与创新过程中，必须十分重视并不断解决"路径依赖"问题。目前，我国以连续的边际调整为特征的渐进式传媒体制改革，使得逐渐壮大起来的利益集团反过来成为进一步改革的阻力，并造成传媒生态环境的恶化。其深层次的原因在于固有的利益机制对传媒产业制度变迁形成的路径依赖，而传媒产业的制度环境、产权制度以及组织制度又是其利益机制形成的客观条件。

1. 长期形成并不断强化的利益机制是传媒制度变迁路径依赖的根本原因。在对传媒业的控制和管理过程中，已形成了与现行传媒制度相联系的三大利益主体：一是以上级主管部门为代表的党委政府，二是传媒单位的领导者，三是普通职工。在我国，传媒业被普遍视为一种社会公共事业，是党和政府的喉舌，形成了政府主导型传媒体制。为维护党和政府的话语权，改革成本最小的路径是在维持党和政府对传媒的控制下，让传媒实现自给自足。与党和政府的利益相比较，传媒单位领导者的利益更为直接，即在完成党的宣传任务的前提下，实现利润最大化，维持机构的正常运转。对于传媒单位的普通职工，改革成本最小的路径是在维持和扩大其原有经济收入和地位的基础上引入新的机制。以报业的人事制度改革为例，相当多的报社在推行全员聘用制时，都不约而同的实行了"老人老办法、新人新办法"，老员工是事业编制，而新招聘的员工则实行人事代理制。为保证各利益

---

① 科斯、诺思等著. 财产权利与制度变迁. 上海三联书店，1994。

主体的既得利益,我国传媒业改革表现出了强烈的路径依赖倾向。

2. 现行传媒产业的产权制度是其利益机制形成的前提。传媒业现行的利益机制是与其产权制度高度相关联的。根据经济学观点,所有者的剩余索取权直接推动企业追求盈利的目的性,追求经济效益和利益的最大化是企业生存的根本动力。众所周知,我国传媒业担负着党的喉舌的特殊功能,使得传媒业不是以追求经济效益为唯一目标,党和政府一直把传媒作为宣传阵地。即使允许传媒实施产业经营,亦被视为资源补偿,产业观念与产业实践的二律背反使当前传媒机构处于一种极其尴尬的处境,传媒机构的"事业属性"使得其不能以一个经济组织和利益组织名正言顺地参与市场竞争。毫无疑问,各类传媒的出资人是政府,传媒机构是国有资产。国家代表人民管理,然而国务院和各级政府不可能直接管理传媒,只能委托各部门去管理。这样一来各传媒单位没有了具体人格化的所有者,所有权虚置。传媒机构与国家间非经济产权的主客体关系使资产"增值"、"保值"无从谈起。作为产权主体的"国家"股东身份缺位,必然对传媒组织内部管理和外部经营缺乏强有力的监督,经营者也没有必要对国家负责,对企业的资产负责,这样极易形成"内部人控制"局面。这为现行利益主体,特别是传媒机构内部人控制传媒获取利益提供了机会,在一定程度上妨碍了公众的利益。

3. 传媒产业制度变迁的成本——收益比较是路径依赖形成的现实原因。如前所述,制度变迁路径依赖的最根本原因是原有制度的利益机制,在外界压力和内部动力的推动下进行制度创新以寻求新的利益时,必然付出新的成本,包括制度变迁的初置成本和运营成本(包括现行利益主体的反对成本以及由此而产生的效率下降),只有当制度变迁的边际收益大于边际成本时,制度变迁才会产生持续推动力,在动力和旧制度的阻力共同作用下形成张力,摆脱对原有路径的依赖。值得特别注意的是,对制度变迁的成本收益必须进行动态的考察。从制度经济学的角度,任何一项制度变迁都表现为报酬递增，即一项新制度的产生，各利益主体必然在新的制度下为寻求利益而不断学习、协调、适应由此而逐渐降低制度成本，实现报酬递增。对中国而言，如何维护国家和社会的稳定，直接影响甚至决定传媒制度变迁的成本——收益比较结果，从而决定政府对推动传媒制度改革的决策。

9.1.1.4　转轨经济中传媒业产权改革的次优路径

经济学家利普西和兰卡斯特的次优定理指出"如果帕累托最优的某一条件不能满足，只能在背离帕累托最优其他条件的情况下寻求较佳状态，该状态被称为'次优'"（Lipsey and Lancaster，1956）。它论证了，在转轨经济中，那些产权非完全界定的企业（比如与政府合资或参股）是次优的产权安排，与之相对的最优产权安排是完全民营化，并且证实了在制度环境不规范时（体制转轨时期），参股或合资产权（次优）比民有产权（最优）更具效率。目前，我国处于经济体制转轨期，市场发育程度低，各项体制、法规均不完善，离完全竞争的市场经济还相去甚远。因此，在这种环境下，进行传媒完全民营化改革是不合时宜的。虽然民营传媒有着非常好的潜质，具有良好的治理结构、市场化的经营机制，但是在法制、监管不到位的背景下，可能导致民营传媒的盈利动机恶性膨胀，只追求短期利益，从而引发道德危机，最终破坏社会的稳定。

结合我国渐进式改革的总体思路和俄罗斯传媒私有化的经验教训，考虑到新闻媒体是党和人民喉舌的性质，目前进行的传媒体制改革最有效率的选择是：对公益性传媒事业和经营性传媒产业区别对待。对于公益性传媒事业要坚持以政府为主导，以激发活力、改善服务为重点，调整资源配置，逐步构建起高效的传媒服务体系；对于经营性传媒产业要坚持以市场为主导，以转企改制为重点，逐步形成以公有制为主体、多种所有制共同发展的经营性传媒产业格局。这一选择必将促进公益性传媒事业全面繁荣，推动经营性传媒产业跨越式发展，双轮驱动，使我国传媒事业和传媒产业走上良性循环、健康发展的轨道。

9.1.2 中国传媒产业重建规制的依据

现行的规制制度和规制模式阻碍了我国传媒产业的发展，并且在传媒产业融合的大背景下，也要求对原有的规制制度进行考证。因此，传媒产业规制制度的重建对我国传媒产业的发展意义重大，有必要重新制定我国传媒产业规制的目标，重新选择规制的路径和调整规制的思路。我国传媒业改革的总体思路是在放松管制取得进展的同时，要引入市场竞争机制。"更确切地说，在引入竞争的同时，政府实际上应该加强规制制度的建设，以管制的方法来放松管制，这就是规制重建的含义"。"规制重建包括两大方面：一是规制机构本身的重建，重点是要实现政企分开和保持规制机构的独立性；二是规制内容体系的完善"（常欣，2001）。[①]

对我国传媒产业进行规制重建，既是产权制度改革的要求，又因为在传媒产业内存在"寻租"、条块分割现象影响了资源配置效率，急需通过规制调整来解决，更由于随着传媒产业融合的深入，加入WTO后传媒产业营销环境的变化，也对我国传媒产业的规制提出了新要求。因此，传媒产业的规制重建具有强大的理论和现实依据。

9.1.2.1 传媒产业产权改革的要求

沃尔斯顿对规制与产权改革的顺序做了开创性实证研究。[②]他在《在规制与民营化之间：改革的顺序选择》一文中使用200

[①] 常欣. 放松管制与规制重建——中国基础部门引入竞争后的政府行为分析. 经济理论与经济管理，2001（11）：10~15.

[②] 斯科特·沃尔斯顿. 在规制与民营化之间：改革的顺序选择. 经济社会体制比较，2003（3）：69~78。

个国家从 1985~1999 年的分组调查数据，来检验规制制度建立和民营化之间的选择顺序是否有直接结论关系，由此得出了民营化之前先行确立权威规制机构和相关规制体制，与电信投资环境的改善和电话普及率的提高有着直接的联系。否则相反的做法只能使民营化创建一个垄断的民营企业而已。另外，他从一个由33 个国家组成的样本中得到的数据分析表明，投资者更愿意把资金投向那些企业民营化之前已先行实施规制制度重建的国家。即民营化之前确立规制机构和相关规制体制，提高了投资者购买公司时愿意支付的价格。这是因为如果缺少民营化所必需的有效的规制制度，投资者就是投资于一个规则不确定的市场之中，投资者必然要求给予相应的风险补偿，以保证因规制不确定而造成的额外损失。中国传媒产业的垄断既是行政垄断，又是自然垄断。由此可见，在传媒产业放松规制和进行产权改革时，是否建立了有效的规制制度框架，是决定产权改革成功与否的关键。

9.1.2.2　寻租现象损害了社会福利

"寻租"（Rent-seeking）或"直接非生产性寻利活动"（Directly Unproductive Profit-seeking）通常理解为个人或组织通过控制或影响资源的分配者，以不正当的政治、经济交换过程获得某种稀缺资源，从中谋求额外利益或好处的活动。① 寻租活动可分为合法和非法的两种形式。一种是合法形式，如企业向政府争取优惠待遇，利用特殊政策垄断经营；另一种是非法形式，如行贿受贿、偷盗抢劫、走私贩毒等。无论合法的寻租活动，还是非法

---

① 寻租活动是一种直接非生产寻利活动，这些活动在为寻租者自己创造收益的同时并没有带来有社会价值的副产品，却破坏了规制制度的公正性和有效性。寻租者的资源花费是一种浪费性支出，形成的社会成本可能以各种方式转嫁到消费者身上而形成消费者的额外负担。规制寻租的可行性源于规制机构的自由裁量权。在发达国家，寻租主要表现为产业利益集团通过院外游说，政治捐款来争取占有租金的垄断特权；在转型期的发展中国家，寻租则主要与行贿、受贿等腐败现象联系。寻租最终造成的社会效率损失可能要比只因垄断而引起的净福利损失大许多。

寻租活动，都会造成社会福利损失。

产生寻租的因素很多，其中制度因素起着决定性的作用。就目前我国传媒产业的组织体制和运行机制来看，存在着严格的进入规制，行业垄断色彩明显，缺乏有效的制度来防范寻租活动。产权不明晰、法人内部治理结构不完善，使得传媒产业的组织体制过度地依赖于内部的思想政治工作和职业道德操守来约束人们对个人经济利益的追求，从而会造成非法寻租的行为。

目前，进入我国传媒产业需要严格的"审批许可"，"许可"成为一种稀缺性很高的"生产要素"，传媒企业据此可以获得生产者剩余和经济租。在一个特定的传媒市场上，国家对传媒产业的规制制度规定了这个市场只有唯一的"许可"证资源，只有一家电台或电视台、一类报纸。这样，市场上的媒体就可以获得相当高的会计利润，当然在这样的利润中包含着经济租。该媒体由于拥有"许可"这种特殊的稀缺资源，而使其具有的价值明显大于没有"许可"规制的价值。另外，我国传媒市场按地区管理的规制方式造成了地方保护主义，对外地来本地办媒体重重设限，对于本地的媒体来说，享受在本地办媒体的地方保护主义的"许可"，也形成了经济租。

由于存在进入的许可规制，因此传媒企业可以获得垄断利润，为了部门集团利益，传媒企业就会向政府寻租，以便获得许可，维持垄断利润。政府是否颁布进入许可执照，取决于社会净福利损失与规制带来的收益哪个大，但是传媒企业为了获得垄断利润会游说政府要求政府对传媒市场规制，并将执照发给自己。此时政府做出是否规制的决策就不仅仅依赖于规制的社会福利净损失与规制收益的比较，还要考虑设租收益，因此，作为规制者的政府可能出于维护本部门、本地区所属传媒机构的利益，而对传媒产业进行不恰当的规制。这实际上也是通过规则制定来设租和寻租，其结果的腐败性是可想而知的，起码从社会总福利的角度看，社会效益损失严重。近几年，政府虽然逐渐退出对传媒市场经济活动的干预，但是部分政治既得利益集团，特别是政府中的一些官僚集团在追求自身利益最大化的过程中，有一种扩大公共区域的偏好，产生对规制的一种内在需求，形成对现行传媒制度的路径依赖，从而促使政府对传媒市场的经济活动进行种种限制，这些限制本身会带来租金，从而促使人们去追逐这些租金。另外，众多传媒企业在寻租竞争中消耗的社会资源对整个社会而言也是一种福利净损失。

以广播电视系统为例，广播电视总局和各地方广播电视管理机构，作为行业主管部门，既是行业的监督管理者同时又是行业利益的代表，当然难以保证完全从公众的利益和文化产品消费者的立场去思考问题，制定政策。拒绝开放市场和引入竞争机制便成为行业管理者和被管理者合谋的结果。这使得政府行业主管部门不是代表和维护广大消费者和公众的利益，而是代表该行业少数所属企业的利益，极力维护其垄断地位，甚至在某些时候有可能做出与中央的方针政策相违背的决定。著名经济学家施蒂格勒曾经分析过规制俘获理论（capture theory），证明许多管理者和被管制者最终本身变成了规制的既得利益者。于是他们就会寻找到各种各样的借口，通过建立更多的规则，利用政府赋予的合法权利来创造出更多的规制来。这样的规制最后的利益指向是可想而知的。

我国传媒市场的进入规制并非由于政府有意"设租"而存在，而是出于一个对意识形态控制的需要。只要存在进入规制，寻租就一定会发生，腐败就会丛生。而那些地方保护则更倾向是纯粹的设租与寻租，这类媒体一旦被要求退出市场，则千方百计护租。

传媒是党和政府的喉舌，由于监督体制不健全，这种喉舌功能也容易被一些人当作手中的权力进行非法寻租。如以权谋私、以权易钱、以权易物等等；也有一些人利用传媒产业体制的不完善，钻制度的空子，进行谋取个人私利的非法寻租活动。如以采编谋私、以稿件谋私、以版面谋私、以节目谋私、以广告谋私；新闻报道中的正面报道、负面的报道也成为一些人寻租的手段，用来有偿"经营"。这是近年来传媒产业内部一些违法案件的根本原因。以职权、稿件、版面、栏目、节目和广告等非法寻租,已形成传媒产业的一股行业不正之风,已成为侵害作为党和政府喉舌的传媒产业公信力和权威性的一个毒瘤。为此,需要重建传媒规制,避免各种寻租、设租、护租行为的产生。

9.1.2.3 条块分割造成了资源浪费

我国传媒市场条块分割,形成了森严的行政壁垒和区域市场封锁,传媒资源无法通过市场实现优化配置。所谓条块,从"条"的方面来说,就是按照国家的行政系统组织来进行,强调纵向的"归口管理";从"块"的方面来说,就是强调各级地方党委和政府的属地管理。这种条块限制造成了三方面的问题:一是不同地域同类媒体联合经营的问题;二是同一地域不同媒体的"跨媒体"经营的问题;三是传媒产业之外不同行业相互参与渗透经营的问题。市场的力量总是驱使资本向优质资源集中,在不形成恶意垄断的情况下,适度的规模扩张是产业总量提升的关键。而传媒产业本身的范围经济和规模经济的特点决定了它在极度分割的市场中难以获得量的激增并进而实现质的飞跃。现实是,地区分割、行业分割、媒体分割使得中国的传媒市场支离破碎,重重分割形成的壁垒成为各种地方媒体进一步成长的外在硬壳,使得一些实力雄厚的媒体无法向外扩张,成为阻滞传媒产业发展的罪魁祸首。

几十年来,我国传媒产业实行的是多头管理、行业所属、部门所有、条块分割的四级办报、办台体制。从国家级讲,中央宣传部门负责宣传内容和舆论导向;新闻出版署负责报刊和音像图书、网络的出版管理;广电总局负责广播电影电视事业的管理;教育部负责教育电视台管理,外宣办(国务院新闻办)负责对外宣传和互联网宣传管理;信息产业部负责互联网的建设管理;国家工商行政管理局负责上述业务的经营管理。省、市、县也大致参照上述模式按行政区域划分管理范围,分别在各自的区域和系统内办报、办台,实行大而全、小而全的"准封闭式"发展和管理。这种管理体制直接导致政出多门、条块分割、重复建设、地方保护等种种弊端,严重影响了产业竞争和产业发展。另外,这种多头管理存在着诸多弊端,各部门都有多种行政目标,所有者(国家)目标并不是他们的主要目标,造成了有利益的事"抢着管"、无利益的事"都不管"的现象。特别是组建传媒集团后,传媒发展的投资风险将加大,如果在国家和集团之间的责任权利没有明确界定,会带来一系列的问题。比如,传媒集团出现决策失误,造成国有资产流失,但相关责任将无从认定。因为,决策者既是经营者,又是资产所有者的代表,经营决策失误不需要承担什么责任,传媒集团资产的增减不会影响个人职务的升迁。而对所有者(国家)来说,如果经营者决策失误,需要由国家承担全部资产损失。为了避免条块分割造成的资源浪费,需要打破原有的传媒管理体制,重构新的规制框架。

9.1.2.4 产业融合对现行规制体制的挑战

传媒产业融合已是业界的共识,但产业融合带来的规制新问题是前所未有的。传媒业在传统产业分离的基础上,形成一种多重性的规制体制框架,即针对不同传统部门的特性而专门设计其规制内容及方式,并由不同规制实体负责具体实施。信息产业部负责电信业、互联网的管理,广电总局负责广播、电视的管理,新闻出版署负责报纸、期刊的管理(图 8-1(A))。这种管理体制在理论上是与传媒产业各子产业间分立的基础是吻合的。

但是,由于产业融合通常是发生在不同部门的产业边界或产业交叉地带,在此融合过程中产生的新产品、新服务等完全有可能跨越不同的传统部门。这样,在一个多重规制的环境中,这种新的传媒服务就要受到不同的规制者的许可与管理(图 9-1(B))。当产业融合这种新变化面临多重规制时,将会出现许多新问题。

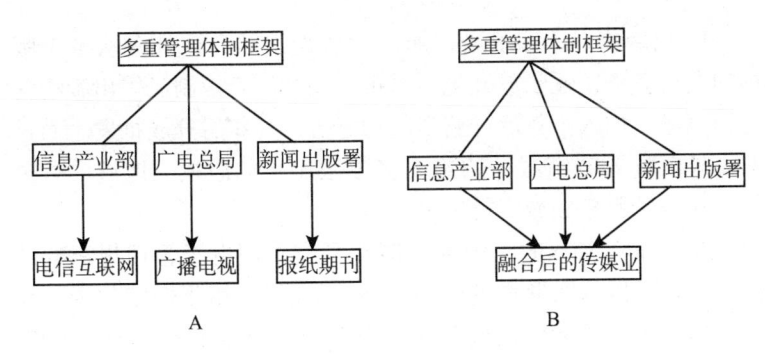

图 9-1　传媒产业多重规制与产业融合

从产业层面来讲，主要问题是在多重管制体制框架下，管制运用的不对称有可能产生对新的融合产品和服务的差别性对待；从企业层面来讲，主要问题是在多重管制体制框架下，"超管制"带来的交易费用增大及其活力的压抑。当某一融合产品和服务面临多重管制时，对那些希望开展此类业务的公司来讲，它要获得特别服务的管制许可证就必须向不同的管制实体申请，要得到不同的管制实体的批准，或一直同意。这就增大了审批程序的复杂性，不仅仅是因为多头审批使其程序增加，而且更主要的是不同管制实体之间的协调需要花费时间，甚至可能出现相互扯皮与推诿。显然，这就会增大公司的交易费用。因此，多重管制的存在很容易会导致"超管制"出现，不利于新媒体、新服务的发展（周振华，2003）。① 因此，要想推进传媒产业融合的发展，有必要对现有的规制体制进行重建。

9.1.2.5　加入 WTO 后，传媒产业经营环境发生了变化

我国于 2001 年底正式加入了世界贸易组织，在与传媒产业相关的领域中，我国在以下几个方面作出了承诺：②

---

① 周振华. 信息化与产业融合. 上海人民出版社，2003：404~405。
② 参见《中国加入世界贸易组织知识读本》（三）"中华人民共和国加入议定书"附件 9。

1. 出版物。中国承诺在加入世贸组织后允许外资从事出版物的发行业务，逐步放开包括书报、期刊、音像制品等出版物的分销服务。加入一年后开放出版物零售，三年后开放批发。而且取消外资进入分销服务的绝大多数限制，如股权、地域、数量等，在分销服务领域实行国民待遇。

2. 电影。加入时，中国承诺在符合本国电影管理规章的前提下，每年以分账形式进口20部外国电影，用于影院放映；允许外国服务提供者建设或改造电影院，并可以拥有不超过49%的股权。

3. 音像。中国承诺在不损害我国审查音像制品内容权利的情况下，加入时允许设立中外合作企业，从事除电影以外的音像制品的分销（包括零售、批发和租赁）和录像带的租赁。这里的音像制品，指磁带、VCD、DVD等形式的音像载体。其中将有大量的广播电视节目和电影片的内容。

4. 广告。中国承诺加入时允许外国服务提供商在我国设立中外合资广告企业，外资比例不超过49%；加入后2年内，允许外资控股；加入后4年内，允许外国服务提供商在华设立外资独资子公司。外资广告公司肯定要涉足传媒产业的广告代理领域。

5. 电信（网络）。中国承诺在加入后2年内，取消对增值电信（包括互联网ISP/ICP的相关业务）的地域限制，外资比例不超过50%。根据《世贸组织服务贸易总协定》的电信附则第2条B款规定，广播电视网络不包括在世贸组织基础电信协议范围之内。互联网信息服务是指ICP和ISP两类互联网服务，不涉及广播电视网络。

从上述条款看，我国在加入WTO时，采取了相对封闭的对外政策。但是，加入WTO意味着中国接受了以下原则：无歧视待遇的原则、最惠国待遇的原则、国民待遇的原则、贸易自由化原则、互惠原则、取消数量限制的原则、市场准入原则、透明度的原则和国际贸易中公认的其他的一些规则。入世后，这些原则对我国传媒产业的影响正变得越来越明显,其中最惠国待遇的原则、国民待遇的原则影响最大。

根据最惠国待遇原则,WTO 成员应遵守双向的、平等的对等交流原则。这意味着,在国际市场的大门向中国产品和企业开启的同时,外国产品和企业也将毫不客气地进入中国极不情愿打开的传媒市场。事实上西方媒体大国在中国相关法律法规尚不完善的背景下,其媒体和资本已经抓住了进入中国传媒领域的有利时机,并通过投资个案的做法,绕开中国敏感的新闻业务,实际投资了中国的传媒产业。例如,美国 IDG 集团绕开新闻业务,直接投资 IT 报刊,目前已拥有《计算机世界》、《网络世界》等 16 种信息技术出版物,年收入在 1 亿美元左右,并进入全国报业十强。① 另外,最惠国待遇原则又是多边的、无条件的,即 WTO 成员方给予任何第三方的优惠与豁免将自动地给予各成员方。依照此规定,鉴于西方媒体大国实际上已经投资了中国的传媒产业,因而 WTO 任何一缔约方都可以根据最惠国待遇原则向中国要求同等进入传媒产业的权利,否则就会引起国际贸易争端。因此,入世后中国的传媒市场实际上已经对国外媒体和国外资本开放了,这是 WTO 规则带给我们的客观结果。

根据国民待遇原则,WTO 成员的商品或服务进入另一成员领土后,应该享有与该国的商品或服务相同的待遇,这是 WTO 非歧视贸易原则的重要体现。依照该原则的规定,国外的传媒将逐渐享受与中国国内传媒相同的待遇。这意味着,西方媒体大国在采用投资、合作、控股等方式大举进军中国的期刊、非新闻类报纸市场的同时,国外原版期刊、报纸以及中国版外国期刊、报纸、书籍等,将直接与中国媒体在同一国际规则面前争夺中国读者消费市场。②

遗憾的是,和西方发达国家相比,我国在传媒立法上要滞后

---

① 向东. 论中国媒体产业法律制度创新. 经济体制改革,2002 (6):33~36.
② 于斌. 广播电视产业之法律规制研究:[博士论文]. 中国对外经济贸易大学.

许多。中国传媒业急需规制重构，以便更大范围迎接国际传媒产业的竞争，使我国传媒产业得到进一步的发展。

9.1.3 中国传媒产业规制重建的基本思路

中国传媒产业规制重建看起来似乎有两条路径可以选择：一条是直接打破现有的规制均衡体系，建立新的整体均衡，也即激进路径；另一条路径是在原有的均衡中形成新的局部均衡，然后过渡到新的整体均衡，也即渐进路径。中国的经济体制改革整体上采用渐进式改革的路径，考虑到传媒产业的意识形态属性和中国、俄罗斯经济体制改革的成败经验，中国传媒产业也应该实行稳中求进，由点到面的渐进式路径，避免激进的规制改革给传媒产业乃至社会带来动荡。

从传媒产业的历史看，我国现行的传媒规制体制是建立在传媒产业意识形态属性基础之上的，忽略了传媒产业的产业经济属性，导致了基于社会性规制考虑的经济性规制手段太过严厉。使传媒产业的发展受到束缚，外部资本无法顺利进入，内部无法扩张，这不仅仅是对传媒产业的伤害，也是对传媒产业及其关联产业可能给国家经济总体贡献份额的遏制。并且从社会效益的角度看，遏制了传媒产业在社会主义政治文明进程中的推动能力。因此，我国传媒产业规制重建的目标应该有利于传媒产业的发展和资源有效配置，有利于促进传媒产业融合，有利于更好地为中国特色社会主义现代化建设做贡献，有利于在社会主义物质文明、精神文明和政治文明不断推进的过程中发挥传媒特有的多重属性和功能，有利于参与国际竞争，提高传媒产业竞争力。基于上述原因，我们考虑从以下几个方面放松和重建传媒产业的规制体系。

9.1.3.1 建立融合性的规制机构

规制重建的一项重要任务是建立新的政府规制机构，从根本上解决目前我国传媒产业规制机构重叠、多头管理以及政企不分的问题。具体地说，新的规制机构必须是一个"融合的机构"，要体现如下原则：

1. 独立性原则。即确定规制者、实施规制者和被规制者应成为相互独立的三个不同的主体，形成相互制衡的关系。市场经济条件下，要实施有效的政府规制，必须建立独立的规制机构。美国的联邦通讯委员会（FCC）是由国会创立、总统任命、参议院通过的独立的规制机构，英国的独立电视委员会由政府的民族遗产部任命，负责对英国广播公司以外的其他电视广播机构发放营业执照、进行监督的独立规制机构。独立性的原则要求，一方面，国家最高立法机构应成立独立于任何产业部门的传媒产业立法机构，以保证立法过程尽量公开和透明；另一方面，必须改变长期以来作为规制者的行业主管部门与企业之间政企不分甚至政企一体化的体制，彻底切断规制者和被规制者之间的利益关系，以保证规制的公正。尤其是在我国广播电视部门，要打破目前"局台合一"造成的管办不分、政企不分的体制，摆脱各地广电行政部门与所主管的广电机构形成的利益共同体。鉴于中国长期的政企不分的计划经济体制惯性和转轨过程中既得利益的影响，要打破现有政府主管部门与企业之间千丝万缕的联系和利害关系比较困难，因此应该考虑重新组建一个新的完全独立于原来各行业主管部门的规制机构。该机构可在招聘原有行业主管部门部分懂技术、善管理的人员基础上，吸纳社会相关领域的专家组成。但为了真正保证该机构的独立性，由原行业主管部门转移过来的人员比例应适当控制。

2. 集中化原则。即将现规制体制下分散在各有关部门职能集中在一个综合性的规制机构，避免政出多门、多头管理。也就是，将目前归属于新闻出版总署的报纸、期刊等媒体管理职能、国家广播电影电视总局的媒体管理职能和信息产业部的互联网、电信业的管理职能统一归口到一个部门，彻底打破报纸、期刊、广播、电视、互联网、电信业分立的局面，以适应传媒产业融合的发展趋势。集中化原则的另一方面是要打破地区壁垒,各省区传媒产业规制部门归口管理,属于中央规制机构的派出部门,以便各个传媒机构可以跨地区经营。

3. 透明性原则。即政府规制必须公开、透明,特别是要实现信息公开、过程公开和结果公开。应鼓励消费者通过公开听证会等渠道积极参与规制过程。同时尽快形成司法监督、人大监督、行政督察和社会舆论监督的健全的全社会监督体系。

9.1.3.2 明确界定规制领域和放松规制领域

规制与放松规制要和技术进步相适应。随着信息技术的发展,传媒产业呈现为日益融合的趋势,以英美为首的西方发达国家逐步放松了对传媒产业的规制,大幅度地吸引了私有资本进入传媒产业,增强了传媒产业实力,保证了美英等国在全球化进程中的主导地位。当然,由于中国特定的社会文化、经济和政治环境,中国的传媒产业规制变革不能照搬欧美模式。但是,必须要明确界定规制领域和放松规制领域,让传媒的产业属性在市场环境中充分显现,政治属性或意识形态属性有相关责任部门充分掌控。具体办法是:

1. 放松进入规制。发生在电信、广播、电视和报刊等产业之间的融合经常受到产业规制环境的影响。事实上,只有在放松规制的条件下,才会出现企业之间互相介入,从而推动产业融合的发展。另外,目前我国的报纸、期刊、广播、电视等行业一直处于政府直接管制和保护之下,不仅私人资本和外国资本难以进入,就连业外国有资本也很难进入。严厉的进入规制导致传媒产业市场化进程远远慢于其他产业,资源配置低效率,极大影响了传媒产业的市场竞争。从理论和实践上,都可以证明非国有资本进入传媒产业与保证传媒产业的社会性规制目标的实现是不矛盾的。社会性规制的目标在于控制一些不良的社会后果,这完全可以用完善的制度来保障。相反,目前的这种规制制度,反而没有取得原先设想达到的社会性规制目的。推进产业融合必须打破现有的各个行业的行政垄断,促其向其他行业开放市场,如允许中国联通与广播电视结盟、增发电信市场上有线电视公司的经营许可证、允许电信、有线电视公司之间其他业务的交叉等。

要放松进入规制还需要对传媒机构进行产权改革,建立多元产权结构,政府从所有者转变为规制者,从直接参与经营转变为依靠法律或经济手段进行规制。具体思路是在国有资本控股的前提下,可以组建多元化产权的传媒公司,许可非国有资本对现有传媒机构进行并购。在这基础上,在控制外资持股比例的前提下,允许外资进入我国传媒产业。传媒产业是意识形态领域的重要工具,各国政府均十分注重对其进行有效的管理,以保持社会和政局的稳定。对外资进入本国的传媒产业,各国几乎都实行严格的准入制度,就连自我标榜"言论自由"的美国也不例外。对外资进入我国的传媒产业,应通过立法的形式,明确外资准入的行业、范围、条件和时间,以及准入的形式,要有总体的规划、布局和要求。使之做到既保证国家的文化安全和社会稳定,能够对传媒产业进行有效监管,又能够适度地吸纳外资,保持传媒产业市场的活力。

2. 完善行为规制。在放松进入规制的情况下,传媒的竞争性压力将增加,传媒的市场结构也将逐渐趋于完善,当然也要防止过度进入造成的过度竞争,维护传媒和消费者的利益。这就要求完善行为规制,具体内容是:

一是取消价格规制。传媒产品的价格是市场经济协调的产物,独立的市场主体从各自的利益和目标出发,通过市场实现商品交换,满足各自不同的需求,价格都是由供需双方决定。几年前各地的报业价格大战,众多报纸不约而同地选择了降价这一原始而有效的竞争策略,实际上,政府对传媒业的定价和限价已失去存在的意义。

二是放开数量规制。在市场经济中,市场需求成为报刊期数和版数、广电的频道数和节目时间的决定性因素,这样的数量规制基本失去意义。各个传媒机构都是根据读者需求和广告需求等因素来决定出版的期数和版数、频道数和节目时间。目前，这方面的审批权已经下放到地方管理部门，但程序还仍然在实行，以后可以取消，主要通过市场来调节传媒产品的数量。

3. 建立退出机制。建立退出机制，就是走出传媒"只生不死"的怪圈，真正建立"优胜劣汰"的市场淘汰机制。由于传媒业属于事业单位性质，目前在传媒业实行政企合一的体制，传媒单位的经营活动特别是重大的投资项目都由规制部门来计划安排，传媒单位缺乏实质性的生产经营决策权。生产经营好坏和自身的物质利益联系不紧密，如果发生亏损，则由政府财政补贴，基本上不存在因经营不善而退出市场。因此，必须实行政企分开，建立健全亏损传媒机构的退出机制，从而真正实现市场资源的有效配置。

4. 加强内容规制。在实行企业化经营之后，一些传媒机构发生了只顾追求经济利益，一味迎合大众的低级趣味，黄色、暴力新闻信息众多，而忽视了传媒的社会效益，甚至隐瞒或扭曲事实真相，报道虚假新闻，大搞有偿新闻。这些弊端在传媒发展史上都出现过，但是不能归咎于放松规制的改革。在西方报业发展历史上，曾经出现过度放松的规制状态，出现了传媒产业只顾经济效应，不顾社会效益的问题，随着社会对规制重要性的认识和规制的重建，这些问题得到了抑制，基本上走入了良性发展的轨道。考虑到传媒产业对社会影响巨大的特点，要加强对传媒内容的社会性规制，杜绝不健康、不正确的报道内容，实行新闻界有效的自律。

9.1.3.3 加快传媒立法，依法规制传媒市场

由于传媒的意识形态属性，包括美国在内的西方各国都有法律条文明确规定新闻自由必须在法律所许可的范围内。西方各国涉及新闻的法律都规定：新闻媒介不得以任何形式危害国家安全。这包括：不得煽动以武力及其他非法手段推翻政府，破坏国家制度和社会秩序；不得泄露国家机密；不得煽动宗教、民族对

立,等等。另外,国外经验证明,法律对垄断产业的调控起了至关重要的作用,政府规制也应该依法进行。而我国虽然有关传媒产业管理的法律文件将近160个,但以国家专门法的形式颁布实施的只有《著作权法》和《广告法》,至今尚未颁布一部《新闻法》,其余绝大部分是以"通知"、"意见"、"办法"的机关文件形式表现的。所以,我国有关传媒产业的法规文件权威性和严肃性不够,大大妨碍了政府规制的有效实施。为提高规制的效率,中国传媒产业应该由全国人大颁布相应的法律,法律要规定传媒产业规制的目标和程序,确定规制主体和对象,明确规制机构加强对法律的执法力度。从而使我国对传媒产业的规制,在法律框架下运行,不再像过去那样依靠政府行政协调的力量。

9.1.3.4 分类运作,区别监管

在传统规制体制下,传媒业的生产与经营被管得过宽、过严,造成了很多弊端,阻碍了传媒业的发展。同时,由于时代的进步及观念的创新,过去被视作"意识形态"的传媒业,现已引入市场竞争机制。为解决传统规制存在的问题,必须进行规制改革,可以借鉴国际上通行的做法和国内其他行业的经验,采取分类管理模式。所谓分类管理,就是把传媒业划分为公益性传媒事业和经营性传媒产业两类。公益性传媒指由国家财政支持,干部由国家任命,承担公共宣传喉舌功能的非竞争性传媒;经营性传媒是指由社会资本投资,以经营收入为主要经费来源的市场竞争性传媒。对传媒业进行分类管理,使得各类传媒业者目标明确,使命清晰,解决了传媒政治属性和经济属性的纷争与束缚。

对于公益性传媒的监管需把握三点:喉舌性质、党管干部体制、舆论导向职能。要减轻其市场竞争压力,让其专司宣传导向工作,提高宣传导向效率,增强宣传导向权威性。

对于经营性传媒的监管需把握三点:产业经营性质、党管方向体制、整合文化信息职能。重大失误,以追惩性规制为主。实行管办分离,切断利益纽带,让其独立经营,照章纳税,自负盈

亏，使其增强竞争力。

9.2 促进中国传媒业产业融合的产业政策

鉴于产业融合对传媒产业的发展、结构升级以及经济社会发展的重大影响，充分认识传媒产业融合提供的机会，将是未来促进中国传媒产业发展，提高国际竞争力的关键。促进传媒产业融合不仅需要建立融合的规制机构，还应制定相应的促进产业融合的政策。对于中国政府和产业界而言，能否采取更积极的态度，制定相应的对策，采取必要的措施，推动融合型产业的建立，获取长期的收益，是一项重要的课题。

9.2.1 推动"三网融合"战略，构建新型的产业体系

"三网"是指我国目前并行存在着的电信网、计算机网和有线电视网。根据国际电信联盟（ITU）提出的信息服务应达到的目标，"三网融合"可以"通过互联、互操作的电信网、计算机网和电视网等网络资源的无缝融合，构成一个具有统一接入和应用界面的高效网络，使人类能在任何时间和地点，以一种可以接受的费用和质量，安全地享受多种方式的信息应用"。这个目标是与我国"三网融合"的目标一致的。

在传媒产业，推行"三网融合"不仅是传媒产业融合的基础，而且可以充分利用电信网、互联网、有线电视网各自所具备的优势。例如，电信网的干线传输网络无论其容量还是维护水平都具有绝对优势，互联网在利用局域网实现 IP 接入方面也有独到优势，而有线电视网则在分配式带宽业务和不对称的宽带业务接入（Web 接入）方面优势明显。因此，"三网"除了继续依照其技术特性充分发挥独有的优势之外，还应该扩大各网业务范围，逐步实现"三网"核心网的互联互通和业务网的渗透

与交叉。

在"三网融合"的条件下,宽带互联网技术为传媒的网络化发展奠定了坚实的网络基础,而网络电视(IPTV)的出现,又为电信产业介入传媒产业的运营提供了业务的可能,由此产生了一种新型的产业体系,并已成为一种不可逆转的趋势。为此,我国必须放松传媒市场进入规制,允许业外资本进入,加快对外开放,迅速打破国内传媒产业和电信产业的垄断格局,为"三网融合"提供所需的市场环境。

9.2.2 依靠行政力量组建跨媒体集团

传媒产业的技术融合、业务融合和市场融合,其最终的执行和实施仍是在企业层面,其结果必然组建跨媒体集团。这是因为:

一是在产业融合的情况下,建立在技术融合和市场融合基础之上的多样化兼并,即使其业务呈现多样化,但不同业务往往是在同一运作平台(如同一的信息系统、或相同的客户资源系统、或同一销售渠道等)上开展的,从而相互之间具有某种互补性。因此,这种新型的多样化兼并所涉及到的企业更多的是在交叉市场上经营,其主要动机不再是分散风险,而是更大范围的业务整合。①

二是组建跨媒体集团,更能有效地实现产业关联效应。传媒产业主要是以一种信息流的方式沿着采访、编辑、校对、印刷(制作)、发行(播出)、广告、技术等生产流通环节构成相应的产业价值链,其产业链中的投入品和产出品从本质上来说是以无形信息流为主,并且一种原材料的输入,往往会以多种形态的产品输出,最后出售的产品又常常成为新一环节出售产品的原材料,出现价值链向下进一步的延伸。因此,传媒产业组建跨媒体

---

① 周振华. 信息化与产业融合中的公司结构分析. 经济学家, 2004 (3): 70.

集团，推动传媒产业链的延伸和完善，可以充分实现产业的关联效应。

三是组建跨媒体集团是传媒产业技术进步的需要。技术进步是现代传媒产业发展的重要动力，而大型传媒集团不仅能为传媒新技术的开发提供必要的物质支持，还能为技术的应用提供舞台。因为这些新技术的应用是建立在规模化的基础上的，没有达到一定的规模，新技术的优势是发挥不出来的，反而会增加单位运营成本。

跨媒体集团虽然是产业融合的结果，但是在我国必须适当采取行政手段推动跨媒体集团的形成，促进传媒产业融合。因为，行政垄断和非排他性产权的存在极大地阻碍了传媒资源的自由流动，各部门为了维持现有的利益格局，可能会阻碍部门或行业之间的资源整合方案。在传统形成的利益格局下，如果仅依靠市场的力量和经济的手段，必然会加大产业融合的难度。因此，必要时须借助于行政手段，对现有的行业行政管理部门加以调整，按照产业融合的方向与目标，加强现有各部门或行业间的资源整合。以广播电视产业为例，中国广播电视业一直处于政府直接规制和保护之下，不仅私人资本和外国资本难以进入，就连行业外国有资本也很难进入，所以，推动产业融合必须依靠行政力量，促使其开放市场。

9.2.3 大力发展信息技术，建立融合型的关键技术平台

技术融合是产业融合的最基本条件，没有技术融合，产业融合将很难发生，而没有信息技术的发展，就根本谈不上技术融合，因此，必须大力发展信息技术。同时，三网融合的关键是消除技术障碍，形成技术标准统一、技术透明、互联互通的技术平台。因此，从产业融合理论的角度上看，传媒产业的融合，不仅要实现三网融合，还必须建立融合型产业共性关键技术平台，建

立一个电信产业和传媒产业统一的传播平台。这就要求我们必须加快信息基础建设，加速科技成果的转换，大力推进"产学研"相结合的创新机制建设，形成有利于自主创新的组织体系和运行机制。

1. 加强信息基础建设。加强信息基础设施和基础研究的投入，可以夯实传媒产业融合的基础。从国际上看，凡是重视信息战略，在信息基础设施和基础研究中投资越大的国家，其信息技术融合与扩散的状况就越好，传媒产业融合的深度和广度就大。在中国，经过近几年信息基础设施的大量投入，目前骨干网的建设已略见成效和初具规模，然而在接入网发展缓慢情况下，骨干网建设可能造成大量的投资沉淀，因而，适时地调整信息基础设施投入方向，重视对接入网建设投资，具有极为重要的意义。

2. 加快形成自主知识产权。技术发展的不足正日益成为我国传媒产业和信息产业发展的瓶颈，近年来，我们通过引进国外技术迅速提高了信息产业的发展水平，但在引进技术的同时没有注意技术的消化和创新，导致核心技术严重不足，影响了产业的持续发展。核心技术的产业化、自主化是一个国家产业竞争优势的主要标志，技术标准将成为决定融合的传媒产业竞争优势的最重要因素。然而，我国的传媒产业起点比较低，技术基础比较薄弱。因此，在传媒产业融合的过程中，政府有必要对关键性技术、战略性技术集中各方面力量重点开发，拥有部分关键技术和设备的自主知识产权。

3. 加快建立以企业为主体的科技创新体制。发展高新技术的主体是企业，国家应该积极鼓励和引导企业进行高新技术投资，加强对骨干信息企业基础研究项目的政府扶持和奖励，采取有效措施促进各部门基础研究与开发的合作，通过高科技风险投资基金对高新技术企业予以支持，以促进各部门的资源整合和产业融合化的进程。在产业政策、技术政策、税收政策等方面加大对传媒科技研究、产品开发的资金支持和财税政策支持，对先进技术长期投资收益按50%税率减半征税等。另外，要完善科技进步激励机制，鼓励和支持科研人员以专利发明、技术成果入股或创办为传媒产业服务的科技型企业，形成多层次的激励与约束机制，建立健全现代企业制度。

4. 鼓励产学研结合和科技创新的国际合作。我国加入 WTO 以后，在传媒新技术方面与国外的相互依存性明显加强，在科技全球化的进程中，我国传媒产业的科技创新要主动加强对外合作。政府应当鼓励跨国公司在中国建立研发机构和中国传媒技术企业到国外去建立研发机构。在国际竞争和合作中，遵照平等互利、产权共有、利益共享的原则分享和吸纳国际先进的传媒技术，并最终提高整个传媒产业的科技水平和科技创新能力。另外，政府可以将大型传媒技术攻关项目和技术改造项目向全社会公开招标，使产业界、大学、研究机构共同协力在基础研究——应用研究——成果转化的流程中加强科技创新链条的衔接，通过产学研的有效结合消除科技创新活动系统失效的风险。

9.2.4 转变传媒产业投融资机制，创造市场融资的新环境

融合型传媒产业体系一般投资风险大，进入门槛比较高，在传媒产业融合拓展化的进程中，离不开大规模资金的投入。从目前我国的情况来看，推进传媒产业融合所需的资金缺口还很大。例如融合了各类传媒产业信息服务的数字有线电视网投资巨大，有线网络运营商存在资金来源不足的问题，单靠传统的财政、银行贷款、企业积累不足以完全满足项目投资的需要。可见，传媒产业融合需要广开新的投融资渠道，借助现代资本市场，建立风险投资机制。

1. 完善风险投资机制，引导风险投资基金重点投向传媒产业。从两个方面建立风险投资机制，一方面政府建立风险投资机制，如建立传媒新技术研发企业风险基金，在提供金融、信息和政府援助上扶持创新型的研发企业；另一方面由大企业建立风险

投资公司，拓展风险投资基金和研发资金的来源。

2. 通过资本市场直接融资。制定有关政策，大力扶持与推动符合传媒产业融合发展方向、技术创新能力强、市场前景好的公司通过资本市场筹集发展资金，获得更大的发展。一是支持已上市传媒公司通过增发新股、配股等再融资方式筹集新资金，扩大企业经营规模，提高核心竞争力；二是鼓励传媒企业之间采取联合、并购和重组等资本运作手段整合信息资源。

3. 建立普遍服务基金制度。我国幅员辽阔，经济发展不均衡，而传媒产业融合是一项系统工程，因此可考虑建立普遍服务基金制度，补贴承担普遍服务义务的传媒运营公司以及补充不发达地区"三网融合"所需要的资金。这将有助于改善消费环境，推进产业融合。

本 章 小 结

传媒体制改革是规制重建的基础。改革开放后，我国传媒制度变迁呈现阶段式演进特征，经历了企业化制度变迁期、市场化制度变迁期、产业化制度变迁期和资本化制度变迁期四个阶段。与我国的国企改革相比较，我国传媒产业制度变迁过程呈现了变迁滞后性、诱致性、政府主导性的特征。

目前，我国以连续的边际调整为特征的渐进式传媒体制改革，使得逐渐壮大起来的利益集团反过来成为进一步改革的阻力，并造成传媒生态环境的恶化。其深层次的原因在于：（1）固有的利益机制对传媒产业制度变迁形成了路径依赖；（2）现行传媒产业的产权制度是其利益机制形成的前提；（3）传媒产业制度变迁的成本——收益比较是路径依赖形成的现实原因。本章还根据"次优理论"，论证了在转轨经济中我国传媒产业产权改革的次优路径是：对公益性传媒事业和经营性传媒产业区别对待。对于公益性传媒事业要坚持以政府为主导，以激发活力、改善服务为重点，调整资源配置，逐步构建起高效的传媒服务体系；对于经营性传媒产业要坚持以市场为主导，以转企改制为重点，逐步形成以公有制为主体、多种所有制共同发展的经营性传媒产业格局。

本章认为：对我国传媒产业进行规制重建，既是产权制度改革的要求，又因为在传媒产业内存在"寻租"、条块分割现象影响了资源配置效率，急需通过规制调整来解决，更由于随着传媒产业融合的深入，加入WTO后传媒产业营销环境的变化，也对我国传媒产业的规制提出了新要求。

我国传媒产业规制重建基本思路是：（1）建立融合性的规制机构；（2）明确界定规制领域和放松规制领域；（3）加快传媒立法，依法规制传媒市场；（4）分类运作、区别监管。

产业融合是传媒产业的发展方向，促进我国传媒产业融合不仅需要规制改革，产业政策方面还需要进行如下调整：（1）推动"三网融合"战略，构建新型的产业体系；（2）依靠行政力量组建跨媒体集团；（3）大力发展信息技术，建立融合型的关键技术平台；（4）转变传媒产业投融资机制，创造市场融资的新环境。

第10章
结论及有待进一步研究的问题

在前文研究的基础上,本章归纳整理本书研究的基本结论和有待进一步研究的问题,以利于今后的进一步深入研究。

10.1 基本结论

1. 传媒产业具有意识形态和商品双重属性,决定了其追求经济效益与社会效益两种效益的统一。传媒产业生产的是精神产品,在生产、销售、消费过程中,有别于物质产品的生产,具有不同的特征:从生产过程看,传媒产业活劳动投入较多,物化劳动投入较少;从销售方式看,传媒产业具有"捆绑销售"、"二次售卖"、流通环节投入较少的特点;从消费方式看,传媒产品主要满足人的精神上的需要,可以多次重复消费。

2. 从经济理论上说,政府规制的根本原因是市场失灵,造成市场失灵的原因有:外部性、准公共品特性、信息不对称性、自然垄断性等技术经济因素。但是传媒产业除具有上述技术经济特征外,传媒还被认为是一种社会公器,具有意识形态属性,相对于其他自然垄断产业而言,传媒产业受到了更严厉的政府规制。西方传媒管理体制存在高度商品化的美国分权型模式、以公共事业体制为主的欧洲社会型模式和以多样性为目标的日本政府型模式三种规制模式。

3. 互联网出现后,电信、广播电视、报纸期刊三大产业的信息传送平台逐渐走向统一，信息接受终端也在形式和功能上实现了统一，从而使传媒产业融合具备了技术条件。在经历了技术边界消失、业务边界交叉、运作边界整合、市场边界模糊四个阶段后，三大产业之间的边界消失。传媒产业融合主要表现为四种形式：一是互联网向传统传媒产业延伸产生的网络媒体；二是传统传媒产业向互联网产业的渗透产生新的服务形式；三是电信产业向传统的传媒产业和互联网延伸；四是传媒产业内部各子产业之间的重组。

4. SCP范式在传媒业产业组织研究中具有局限性，规制、竞争和产业融合是传媒业产业组织研究中不容忽视的重要因素，就经济理论的现状看，构建一种全新的理论来解释传媒业产业组织的可能性不大，更现实的做法是将现有的产业组织理论、规制理论和产业融合理论结合在一起。为此，本书构建了一个用于解释传媒业产业组织的分析范式——RC - SCP 理论框架。

5. 通过对美国和中国的报纸、期刊、广播、电视、互联网五大产业市场结构的测度得出了如下结论：无论是市场规制严格的中国传媒市场，还是放松规制的美国市场，无论是报纸、期刊等纸质传媒市场，还是广播、电视等电子传媒市场，还是互联网新媒体市场，市场集中度都相当高，均呈现为程度不同的寡占型市场结构。

6. 规制虽然会影响传媒产业市场结构，但并不是造成传媒市场集中的根本因素，规制只属于影响传媒市场结构的外部因素，传媒产业具有网络型产业的技术经济特征是造成传媒市场集中的根本原因。原因是：传媒产业具有高沉没成本、低边际成本的特殊的成本结构特征，产生了先进入者垄断市场的可能性；传媒产品的网络外部性和正反馈效应极大地巩固了传媒领先者的垄断地位；传媒产品的经验品特性保护了领先者的市场地位。这些因素使一个传媒机构一旦在初始阶段领先，就会产生连锁效应使其在以后的各个环节都占有优势，可谓"一步领先，步步超前"，从而成为市场的垄断者。

7. 政府对传媒市场实施进入规制的好处是快速实现目标市场结构，缺点是实施成本巨大，同时也不能作为经常性的行为。但政府可以通过相对温和的不对称规制对市场结构进行调整和改善。通常有三种方式：一是针对在位传媒企业和新进入传媒企业实施的不对称规制；二是针对不同性质的传媒机构实施的不对称规制；三是针对传媒产业价值链不同环节的企业实施的不对称规制。

8. 对市场结构的考察与判断，需要兼具动态与静态两种思维方式。产业融合不仅仅是产业层面的技术、业务边界等方面的重大变动，而且将影响未来的传媒产业市场结构。产业融合对传媒产业市场结构的影响主要体现在四个方面：（1）打破了传媒产业各子产业间的分立，改变了产业竞争格局；（2）强化了范围经济特性，弱化了规模经济效应；（3）传媒产业各子产业间从纵向结构转向新型融合结构；（4）催生整合型企业，形成分层的市场结构。

9. 产业融合对产业组织的影响是长期的、动态的，对企业行为的影响主要表现在非价格竞争方面，产业融合要求传媒企业从调整企业兼并行为的动机、竞争由非合作博弈走向合作博弈、创建以范围经济为核心的传媒集团、组织以边缘竞争战略为目标的传媒联盟四个方面入手，调整企业战略，以适应传媒产业融合的市场要求。

10. 传媒产业的产业绩效需要从经济绩效和社会绩效两个方面来考察。通过对我国改革开放以来传媒产业的产业绩效进行全面考察，认为：我国资源配置效率和产业规模结构效率均有所提高，但是依然存在X非效率、严格的进入规制导致了超额利润、条块分割阻碍了资源的合理流动、存在着大量的小规模的传媒机构等问题。

11. 政府规制对传媒产业绩效的影响表现为：传媒产业的进入规制，不仅损害了受众和广告主的利益，扼杀了传媒产业的竞争活力，而且造成了社会福利的净损失，降低了产业绩效；政府补贴和行政摊派都会造成社会福利损失，且政府补贴比行政摊派效率更低；政府对内容的规制保障了传媒产业的社会绩效。

12. 产业融合是建立在革命性技术创新之上产业革命，必将为传媒产业带来更好的产业绩效和巨大的增长效应，为消费者带来更加多样化的选择。具体表现为：产业融合催生了新产品和新服务，扩大了受众的选择空间；增加了市场的竞争性，优化了资源配置效率；促进了资源整合，改善了产业规模结构效率；推动了技术创新和进步，改进了传媒产业的增长机制和方式。

13. 在转轨经济中我国传媒产业产权改革的次优路径是：对公益性传媒事业和经营性传媒产业区别对待。对于公益性传媒事业要坚持以政府为主导，以激发活力、改善服务为重点，调整资源配置，逐步构建起高效的传媒服务体系；对于经营性传媒产业要坚持以市场为主导，以转企改制为重点，逐步形成以公有制为主体、多种所有制共同发展的经营性传媒产业格局。

14. 对我国传媒产业进行规制重建，既是产权制度改革的要求，又因为在传媒产业内存在"寻租"、条块分割现象影响了资源配置效率，急需通过规制调整来解决，更由于随着传媒产业融合的深入，加入WTO后传媒产业营销环境的变化，也对我国传媒产业的规制提出了新要求。

15. 我国传媒产业规制重建基本思路是：（1）建立融合性的规制机构；（2）明确界定规制领域和放松规制领域；（3）加快传媒立法，依法规制传媒市场；（4）分类运作、区别监管。

16. 产业融合是传媒产业的发展方向，促进我国传媒产业融合不仅需要规制改革，产业政策方面还需要进行如下调整：（1）推动"三网融合"战略，构建新型的产业体系；（2）依靠行政力量组建跨媒体集团；（3）大力发展信息技术，建立融合型的关键技术平台；（4）转变传媒产业投融资机制，创造市场融资的新环境。

10.2 有待进一步研究的问题

本研究对传媒业产业组织问题进行了探索性研究，鉴于知识和能力有限，难以全部准确地把握所有传媒业产业组织的研究内容。传媒产业在我国属于新兴产业，理论研究上存在一定的滞后性。特别是从产业组织角度进行研究可供参考的资料较少。同时，对传媒业产业组织的研究涉及大量其他学科领域的理论成果和技术方法，这些都给论文的研究带来了一定的挑战。因此，论文还存在一些尚待进一步研究的地方，具体表现在以下几个方面：

1. 本研究提出的 RC-SCP 产业组织分析框架是建立在传媒产业基础之上的，随着技术的进步和产业融合向其他产业进一步拓展，该理论框架是否能够适合于大多数放松规制的自然垄断产业，是一个值得进一步研究的问题。

2. 本研究只是将政府规制和产业融合对市场结构、市场行为、产业绩效的作用分别进行了描述性分析或实证研究，没有建立起一套系统的分析模型，在今后的研究中有待进一步深化。

3. 虽然本研究有一些定量化分析，但对传媒产业绩效的实证研究略显薄弱。主要原因在于我国传媒产业的统计指标体系尚在完善之中，财务核算上相当部分是采用事业单位会计制度，仍然以收付实现制为核算基础，难以实行有效的成本核算。对传媒产业绩效和规制效果的研究有待于今后随着数据资料的完善而进一步深入。

参 考 文 献

1. G·J·施蒂格勒.产业组织和政府管制.上海三联书店.上海人民出版社.1996。
2. R·科斯,A·阿尔钦,D·诺思等.财产权利与制度变迁.上海三联书店,上海人民出版社.1994。
3. Y·巴泽尔.产权的经济分析.上海三联书店,上海人民出版社.1997。
4. 奥兹·谢伊著.张磊等译.网络产业经济学.上海财经大学出版社.2002。
5. 保罗·A·萨缪尔森.公共支出理论:经济学和统计学的回顾.纽约:麦克鲁希尔出版公司,1954。
6. 保罗·萨缪尔森,威廉·诺德豪斯.经济学.华夏出版社,1995。
7. 布赖恩·卡欣、哈尔·瓦里安著.常玉田、马振峰等译.传媒经济学.中信出版社.2003。
8. 臧旭恒.产业经济学.经济科学出版社.2002。
9. 曹鹏、王小伟.透视媒介资本市场.光明日报出版社.2001。
10. 陈富良.放松规制与强化规制——论转型经济中的政府规制改革.上海三联书店,2001。
11. 陈艳莹,原毅军.基于网络效应中介服务业市场结构研究.当代财经.2004(5)。
12. 处佳颖.网络型产业的激励性规制绩效分析综述.经济经纬.2005(6)。

13. 崔保国. 2006年：中国传媒产业发展报告. 社会科学文献出版社, 2006。

14. 戴元初. 中国传媒产业规制的解构与重构. 青年记者, 2006（2）。

15. 丹尼尔·F·史普博. 管制与市场. 上海三联书店, 上海人民出版社, 1999。

16. 丹尼斯·卡尔顿, 杰弗里·佩罗夫. 现代产业组织. 上海三联书店, 上海人民出版社, 1998。

17. 道格拉斯·C·诺思. 经济史中的结构与变迁. 上海三联出版社. 1994。

18. 邓伟根. 产业经济：结构与组织. 暨南大学出版社, 1990。

19. 邓向阳. 媒介经济学. 湖南大学出版社, 2006。

20. 丁敬平. 产业组织与政府政策. 经济管理出版社, 1991。

21. 董天策. 中国报业的产业化运作. 四川大学出版社, 2002。

22. 郭庆光. 传播学教程. 中国人民大学出版社, 1999.5。

23. 胡正荣. 传播学总论. 北京广播学院出版社, 1997。

24. 黄升民, 丁俊杰. 国际化背景下的中国媒介产业化透视. 企业管理出版社, 1999。

25. 黄升民、丁俊杰. 中国广电媒介集团化研究. 中国物价出版社. 2001

26. 黄升民. 媒介经营与产业化研究. 北京广播学院出版社, 1997。

27. 霍斯金斯等著, 支庭荣, 吴非译. 经济学在新媒介与传统媒介中的应用. 暨南大学出版社, 2005。

28. 金碚. 报业经济学. 经济管理出版社. 2002。

29. 金碚. 产业组织经济学. 经济管理出版社, 1999。

30. 景维民. 从计划到市场的过渡. 南开大学出版社, 2003。

31. 卡布尔. 产业经济学前沿问题. 中国税务出版社. 2000。

32. 科斯、诺思等著. 财产权利与制度变迁. 上海三联书店，1994。

33. 拉丰，泰勒尔. 电信竞争. 人民邮电出版社，2001。

34. 黎斌. 中国电视业资本运营系统分析. 中国传媒大学出版社，2006。

35. 李频. 中国期刊产业发展报告. 科学文献出版社，2006。

36. 李玮. 中俄传媒市场化道路比较. 国际新闻界. 2001（1）。

37. 李悦. 产业经济学. 中国人民大学出版社. 1998。

38. 刘志彪，王国生，安国良. 现代产业经济分析. 南京大学出版社，2001。

39. 龙茂发、马明宗主编，产业经济学概论，西南财经大学出版社，1996。

40. 陆地. 中国电视产业发展战略研究. 新华出版社，1999。

41. 陆小华. 整合传媒. 中信出版社，2002。

42. 罗文、马如飞. 产业融合的经济分析及启示. 科技和产业. 2005（6）。

43. 马健. 产业融合理论研究评述. 经济学动态. 2002（5）。

44. 彭永斌. 传媒产业发展的系统理论分析. 西南财经大学出版社. 2004。

45. 邵培仁. 媒介管理学. 高等教育出版社，2002。

46. 斯蒂格利茨. 经济学. 中国人民大学出版社，1997。

47. 宋建武. 中国媒介经济的发展规律与趋势. 中国人民大学出版社，2005。

48. 苏东水. 产业经济学. 高等教育出版社. 2000。

49. 泰勒尔. 产业组织理论. 中国人民大学出版社. 1997。

50. 唐绪军. 报业经济与报业经营. 新华出版社. 1999。

51. 田国强．一个关于转型经济中最优所有权安排的理论．经济学季刊．2001（1）。

52. 王桂科．我国媒介业的产业视角分析：［博士论文］．暨南大学，2004。

53. 王俊豪．英国政府管制体制改革研究．上海三联书店，1998。

54. 王俊豪．政府管制经济学导论．商务印书馆，2001。

55. 王守国．我国报业经营改革的制度变迁分析．河南社会科学．2004（3）。

56. 王述英．第三产业：历史·理论·发展．南开大学出版社．1994。

57. 王述英．现代产业经济理论与政策．山西经济出版社．1999。

58. 王玉琦，罗书俊．当代报业市场营销论纲．江西人民出版社，2002。

59. 威尔伯·施拉姆．传播学概论．陈亮等译．新华出版社，1984。

60. 吴飞．大众传媒经济学．浙江大学出版社，2003。

61. 吴克宇．电视媒介经济学．华夏出版社，2004。

62. 吴文虎．传播学概论百题问答．中国新闻出版社，1988。

63. 吴信训、金冠军．现代传媒经济学．复旦大学出版社，2005。

64. 吴信训、金冠军．中国传媒经济研究1949~2004．复旦大学出版社，2004。

65. 夏大慰，产业组织：竞争与规制．上海财经大学出版社，2002。

66. 肖光华、陈晓红．我国报业市场结构的实证分析．求索．2004（10）。

67. 肖光华．我国报业产业组织研究：［博士论文］．中南大学，2004。

68. 谢志刚．信息产品需求特性与垄断性市场结构．中国工业经济．2005（5）。

69. 杨飙、蔡尚伟．媒体竞争论．四川民族出版社，2001。

70. 杨蕙馨．企业的进入退出与产业组织政策．上海人民出版社，2000。

71. 于斌．广播电视产业之法律规制研究：[博士论文]．中国对外经济贸易大学。

72. 于立．产业经济学理论与实践问题研究．经济管理出版社．2000。

73. 于刃刚、李玉红．产业融合论．人民出版社．2006。

74. 余东华．产业融合与产业组织结构优化．天津社会科学，2005（3）。

75. 余晖．政府与企业：从宏观管理到微观规制．福建人民出版社，1997。

76. 喻国明．传媒影响力．南方日报出版社，2003。

77. 喻国明．解析传媒变局．南方日报出版社，2002。

78. 约瑟夫·熊彼特．经济发展理论——对于利润、资本、信贷、利息和经济周期的考察．商务印书馆，1997。

79. 昝廷全．中国传媒经济（第一辑）．科学出版社．2006。

80. 张更义．报纸广告实务．经济管理出版社，2002。

81. 张海潮．眼球为王：中国电视的数字化、产业化生存．华夏出版社，2005。

82. 张继缅．传媒经济概论．中央广播电视大学出版社．2004。

83. 张磊．产业融合与互联网管制．上海财经大学出版社．2001。

84. 赵曙光、史宇鹏．媒介经济学．湖南人民出版社．2003。

85. 赵曙光．媒介经济学案例分析．华夏出版社．2004。

86. 赵小兵，周长才，魏新．中国媒体投资理论和案例．复旦大学出版社，2004。

87. 植草益. 微观规制经济学. 朱绍文、胡欣欣等译校. 中国发展出版社，1992。

88. 植草益. 信息通讯业的产业融合. 中国工业经济. 2001（2）。

89. 周鸿铎. 传媒经济导论. 经济管理出版社. 2003

90. 周鸿铎. 报业经济. 经济管理出版社. 2003。

91. 周鸿铎. 广播电视经济学. 中国广播电视出版社，2000。

92. 周庆山. 传播学概论. 北京大学出版社，2004. 22。

93. 周振华. 现代经济增长中的结构效应. 上海三联出版社. 1991。

94. 周振华. 信息化及产业融合中结构高度化分析. 东南学术. 2004（3）。

95. 周振华. 信息化与产业融合. 上海三联书店. 2003。

96. 朱光华. 过渡经济中的混合所有制. 天津人民出版社，1999。

97. 庄卫民、龚仰军. 产业技术创新. 东方出版中心. 2005。

98. Advanced Interactive Media Group. Digital Newspapers: What, How and Why, http://www.newsstand.com.

99. Alan B. Albarran, The University of North Texas, United States Bozena Mierzejewska, University of St. Gallen, Switzerland, Media Concentration in the U.S. and European Union: A Comparative Analysis. http://www.cem.ulaval.ca/6thwmec/albarran_mierzejewsk.pdf Accessed 13 March 2005.

100. Albarran, A. B. Media economics: Understanding markets, industries and concepts, 2nd ed. Ames, IA: Iowa State Press. 2002.

101. Albarran, A., Chan-Olmsted, S. M. Global Media Economics: Commercialization, Concentration, and Integration of World Media Markets, Iowa State University Press 1998.

102. Albarran, B. Alan. Research Paradigms: Issues and Contributions to Mass Communication Theory, Mass Communication & Society. Media Eocnomics, 1998, I (3/4): 117-129.

103. Alexander, A., Owers, J. & Carveth, R. ed. Media economics. Hillsdale, N. J. : Lawrence Erlbaum Associates. 1993.

104. Alfonso Sanchez-Tabernaro, University of Navarra, Spain. Competition between Public Service and Commercial Television in the European Market. http: //www. cem. ulaval. ca/6thwmec/tabernaro. pdf. Accessed 13 March 2005.

105. Alfonso, G. and Salvatore, T. (1998), "Does technological convergence imply convergence in markets? Evidence from the electronics industry", Research Policy. 27, 445-463.

106. Alfonso, G. and Salvatore, T. Does technological convergence imply convergence in markets? Evidence from the electronics industry, Research Policy, 1998, 27.

107. Alison Alexander, James Owers and Rod Carveth. Media Economics, Third edition. Hill Sdale, Lawrence Erlbaum Associates. 2004.

108. Barrett, M. Strategic behavior and competition in cable television: Evidence from two overbuilt markets, *Journal of Media Economics*, 1996. 9 (2), 43-62.

109. Bates, B. J. What's a station worth? Models for determining radio station value, *Journal of Media Economics*, 1995. 8 (*1*), 13-23.

110. Bauman, Z. *Work, consumerism and the new poor* Buckingham., PA: Open University Press. 1998.

111. Baumol, W. J. Panzar, J. C and Willig, R. D. , Contestable Markets and the Theory of Industry Structure, Harcout Brace Javanovich Ltd. , New York, 1982.

112. Becker. A Theory of Competition Among Pressure Groups

for Political Influence. Quarterly journal of Economics, 1983.

113. Bernstein, Irving. The Economics of television film production and distribution. Sherman Oaks, Calif. 1960.

114. Boardman, A. E. & Vining, A. R. Public service broadcasting in Canada. *Journal of Media Economics*, 1996. 9 (1), 49 - 63.

115. Brian kahin, Hal R. Varian. Internet Publishing and Beyond: The Economics of Digital Information and Intellectual Property. The President and Fellows of Harvard College. 2000.

116. Brown, A. & Althaus, C. Public service broadcasting in Australia, *Journal of Media Economics*, 1996. 9 (1), 31 - 47.

117. Chan-Olmsted, S. Mergers, acquisitions, and convergence: The strategic alliances of broadcasting, cable television, and telephone services, *Journal of Media Economics*, 1998. 11 (3), 33 - 46.

118. Cilliers. Boundaries, Hierarchies and Network in Complex System. International Journal of Innovation Management, 2001, Vol. 5 (2).

119. Compaine, B. M. & Gomery, D. Who owns the media? 3rd Ed. Mahwah, NJ: Lawrence Erlbaum Associates. 2000.

120. Crew M. A. Paul R Kleindorfer. . Regulatory Economics: Twenty Years of Progress? . Journal of Regulatory Economics, 2002 (1).

121. David H. Goff, University of Southern Mississippi, United States. Regulatory Change in the Convergence Era: The Economic Significance of the UK Communication Act 2003. http: //www. cem. ulaval. ca/6thwmec/goff. pdf. Accessed 13 March 2005.

122. Doyle, G. Understanding Media Economics, London: Sage Publications. 2002.

123. Eli M. Noam. Columbia Business School, United State,

Local Media Concentration in America 2004, http: //www. cem. ulaval. ca/6thwmec/noam. pdf. Accessed 13 March 2005.

124. Garnham, N. Capitalism and communication: Global culture and information economics. London: Sage. 1990.

125. Geoge Stigler. Claire Friedland, What can the Regulators regulate: The Case of Electricity [J]. Journal of Law and Economics, 1962, (5).

126. Greenstein S. and Khanna T. What does industry convergence mean? In: Yoffie D. B eds. Competing in the age digital convergence. Boston, 1997.

127. Hoskins, Colin. Media economics: applying economics to new and traditional media. Thousand Oaks, Calif: Sage Publications. 2004.

128. Ian Elliott, Glasgow Caledonian University, United Kingdom *Lisa Fingland*, Glasgow Caledonian University, United Kingdom. Media Deregulation and Broadcasting Rights: A Case Study of Scottish Football. http: //www. cem. ulaval. ca/6thwmec/elliott_fingland. pdf. Accessed 13 March 2005.

129. Jame, Hiram Leonard. Economics of the radio industry. Chicago, New York, A. W Shaw company. 1925.

130. Lacy, S. & Simon, T. F. *The economics and regulation of United States newspapers*. Norwood, N. J. Ablex Publishing. 1993.

131. Low, Linda, Economics of Information Technology and the Media. Singapore: World Scientific Co. & Singapore University Press. 2000.

132. M. A. Utton. The Economics of Regulation Industry [M]. Basil Blackwell, 1986.

133. Markides, C. C. Diversification, refocusin g, and economic performance. MIT Press, Cambridge. 1995.

134. Mc Combs, M. & Nolan, J. The relative constancy approach

to consumer spending for media, *Journal of Media Economics*, 1992. 5 (2), 43-52.

135. Mercedes Medina, University of Navarra, Spain Monica Herrero, University of Navarra, Spain. Concentration and Vertical Integration in the European Television Production Market. http://www.cem.ulaval.ca/6thwmec/medina_herrero.pdf. Accessed 13 March 2005.

136. Miller, Roger Leroy and Arline Alchian Hoel. Media economics sourcebook. Saint Paul West Pub. Co. 1982.

137. Mosco, V. & Wasko, J. ed. *The political economy of information*. Madison, Wisc.: University of Wisconsin Press. 1988.

138. Noam, E. Video media competition: Regulation, economics, and technology. New York: Columbia University Press. 1985.

139. Owen, B. M. & Wildman, S. S. Video economics. Boston: Harvard University Press. 1992.

140. Owen, Bruce Metal. A Selected Bibliography in the Economics of Mass Media. Stanford University. 1970.

141. Peltzman, S. Toward a More General Theory of Regulation. Journal of Law and Economics, 1976, 19 (2).

142. Picard, R. G. The economics and financing of media companies. New York: Fordham University Press. 2002.

143. Picard, R. G. The rise and fall of communication empires, *Journal of Media Economics*, 1996. 9 (4), 23-40.

144. Picard, R. G., ed. Media firms: Structures, operations, and performance. Mahweh, N. J.: Lawrence Erlbaum. 2002.

145. Picard, Robert. Media Economics: Concepts and Issues. Newbury Park, Calif. Sage Publications. 1989.

146. Posner R. A.. Theories of Economic regulation [J]. Bell Journal of Economics, 1974, (3).

147. Reddaway, W. B. The Economics of Newspapers, Eco-

nomic Journal. 1963, V 73.

148. Rosenberg N. Technological Change in the Machine Tool Industry, 1840 – 1910. The Journal of Economic History, 1963, Vol. 23.

149. Stigler, G. J. The Theory of Economic Regulation. Journal of Economics and Management Science, 1971, 2 (1).

150. Vaile, Roland Snow. Economics of advertising. New York, Ronald Press Company. 1927.

151. Viscusi W. K. , J. E. Vernon, J. E. Harrington, Jr. Economics of Regulation and Antitrust. The M IT Press, 1995. 295.

152. Wood, W. C. Consumer spending on the mass media: The principle of relative constancy reconsidered, *Journal of Communication*, 1986. *36* (2), 39 –51.

153. Yoffie D. B. Introduction: CHESS and Competing in the Age of Digital Convergence. In: Yoffie D. B. eds. Competing in the Age of Digital Convergence. U. S. President and Fellows of Harvard Press, 1997.

后　　记

　　当前，传媒产业正处于激烈的变革时期，新传媒的兴起和传媒产业的融合，标志着一个新的传播时代的来临，传媒产业的发展亟须新的理论来指导。传媒产品具有意识形态属性，是一种规制较多的产业，因此，笔者将规制理论、产业融合理论与现代产业组织理论有机结合，构建了一个"政府规制、产业融合—市场结构—企业行为—市场绩效"（RC－SCP）的理论框架，提出了对传媒业产业组织理论的一些思考和个人观点，期望能有助于传媒经济理论研究的发展。在本书付梓之际，回想起的不是南开园中的苦读，而是老师们的殷殷关切和无私帮助。正是来自他们的点点滴滴的教诲与企盼，汇成了我执著前往的莫大勇气和动力，在此表示诚挚的谢意。

　　本书的顺利完成，不仅蕴涵了自身的勤奋努力，还凝结了师长们的悉心指导和谆谆教诲。在这里，我首先要特别感谢我的导师——王述英教授。在三年的博士求学生涯当中，她带领我们深入经济学的幽深领域，以独到的视角、一丝不苟的态度和理论联系实际的科研风范，给我以最多的教诲和机会，使我收益良多。在本课题的研究过程中，从论文选题、立论、主要分析框架确定、关键环节把握到初稿审阅、修改定稿，一直得到王老师的潜心指导，凝聚了王老师的心血。特别是在初稿审阅期间，她忍着腰椎疼痛，耗费大量的时间逐字予以检查和修改，让我深受感动和钦佩。

　　在本书的研究过程中，还得到了南开大学朱光华教授、景维民教授、段文斌教授、陈国富教授的热情指导，他们的质疑和建议让我受益匪浅，使我少走了不少弯路，深表感激！传媒业管理专家、河北日报社社长赵曙光博士在百忙之中欣然答应为本书作序，在此一并表示感谢。

此外，我还要对我的妻子、女儿和养育我的父母表示感激和歉意。多年来，我的妻子承担了所有的家务，才使我能够全身心地投入求学与课题的研究工作。由于工作学习繁忙，不能经常回家探望父母，也不能辅导女儿功课，我深感愧疚。在此用本书的顺利出版，向关心我、支持我、为我无私奉献的亲人们表示最真挚的谢意和回报。

最后，由于本人水平和时间所限，本书难免会有许多不足之处，有些观点还需进一步商榷，希望在后续的研究中不断得到完善，恳请读者不吝赐教。

柳旭波

2007年11月

责任编辑：吕　萍　马金玉
责任校对：徐领柱
版式设计：代小卫
技术编辑：潘泽新

传媒业产业组织研究
——一个拓展的 RC－SCP 产业组织分析框架
柳旭波　著

经济科学出版社出版、发行　新华书店经销
社址：北京市海淀区阜成路甲28号　邮编：100036
总编室电话：88191217　发行部电话：88191540
网址：www.esp.com.cn
电子邮件：esp@esp.com.cn
汉德鼎印刷厂印刷
永胜装订厂装订
880×1230　32开　10.75印张　280000字
2007年12月第一版　2007年12月第一次印刷
印数：0001—4000册
ISBN 978－7－5058－6786－4/F·6046　定价：20.00元
（图书出现印装问题，本社负责调换）
（版权所有　翻印必究）